教育部人文社会科学重点研究基地重大项目
“211工程”重点学科建设项目
湖北省学术著作出版专项资金资助项目

湖北方言研究丛书

顾问：邢福义　张振兴
主编：汪国胜

浠水方言研究

郭　攀　夏凤梅／著

华中师范大学出版社

序　言

汉语方言研究，意义重大。可以帮助我们追溯古代语音、语汇和语法之源流，更好地了解古代汉语，释读经典，研究中国文化，认识汉民族的发展；可以帮助我们全面了解“整体汉语”，有效地促进现代汉语共同语的发展，推进华语的全球化传播，加强全球华人的相互团结和寻根意识，提高华语在国际交往中的精确性和表述力。

湖北省有多种方言，包括西南官话、江淮官话、赣方言等，情况复杂多样，而且有相当大的代表性。多年来，学者们十分关注湖北方言。《湖北方言调查报告》，应是系统性很强的关于湖北方言的第一部重要著作。1936年，赵元任、丁声树、杨时逢、吴宗济等几位先生调查了当时湖北省的71个市县中的64个市县，于1948年由商务印书馆出版了《湖北方言调查报告》。序言中，作者们希望此书“成为方言调查报告的一个模型”，表达了老一辈著名语言学家对发展湖北方言研究的期盼。

湖北省智者众多，人才辈出。多位学者，从不同范围、不同角度，对湖北方言研究的推进作出了令人瞩目的贡献。在以往的研究基础上，由汪国胜教授领头，组织编写一套大型的“湖北方言研究丛书”，有二三十部。这是一个浩瀚的工程，将使湖北方言研究进入一个新的阶段。

这套丛书，由张振兴先生和我担任顾问。由于我比振兴先生大几岁，他一定要我来写序言。所知甚少，不敢多言。借用苏轼诗句，为这篇短序作结：“山鸣谷应，风起水涌”！

邢福义

2014年9月16日

前　言

湖北地处我国中部，处于汉语南北方言（官话和非官话）的交汇过渡地带，语言状况相当复杂。根据目前学界关于汉语方言的分区，湖北境内分布有赣语（鄂东南）和属于官话系统的江淮官话（鄂东北）及西南官话（其他地区）。就境内的赣语来说，相邻市县之间有的难以通话，可见内部差异之大。研究湖北方言，无论是对方言史、汉语史和语言（方言）接触问题的研究，还是对湖北地域文化的开发，和谐语言生活的建构，都有着重要的意义。

1936年，赵元任等先生全面调查了湖北方言，并于1948年出版了划时代的不朽之作《湖北方言调查报告》；同时，赵先生还重点调查了湖北钟祥方言，于1939年出版了方言重点调查的样本《钟祥方言记》，为我们留下了宝贵的方言史料。时隔70多年，湖北方言发生了哪些变化？赵先生当年的调查，重点是在语音，湖北方言在词汇、语法方面具有哪些特点？随着普通话的推广，特别是改革开放以来，人际交往的频繁，语言生活的活跃，给方言带来了怎样的影响？这些既是语言学关注的问题，也是社会学研究的课题。尤其是经济快速发展的城镇区域，方言面貌也在快速变化，有的甚至处于濒危状态。记录方言事实，抢救方言资源，已经成为语言学界的当务之急。上世纪90年代以来，湖北的语言学者就拟对湖北方言展开全面深入的调查和研究，特别是周边省份方言调查研究成果的不断推出，更增添了我们的使命感和紧迫感。但限于人力和财力等方面条件，工作难以推进，直到2007年才开始启动。2007年12月1日，华中师范大学“语言与语言教育研究中心”召开“湖北方言研究”项目会议，正式提出研究计划，并邀请张振兴先生到会讲学，就方言调查研究的有关问题提出具体要求。我们的设想是，通过调查研究，弄清湖北语情。力求做到两个结合：一是“点”“面”结合，以“点”见“面”，通过重点方言的调查，反映当今湖北方言的基本面貌；二是“语”“文”结合，以“语”观“文”，透过方言现象，发掘方言背后的文化内涵，展示地方文化的自然生态。项目的实施拟分两个阶段。第一阶段：方言重点调查；第二阶段：综合比较研究。先期启动第一阶段工程，计划选择20～30个市县方言点，进行全面深入的调查，形成系列成果“湖北方言研究丛书”。

为了便于第二阶段的比较研究，“丛书”在内容和体例上做了统一的规定，并制定了详细的内容大纲和体例规范。特别是语法方面，要求具有相对的系统性，既能显示方言语法的基本格局，又能突出方言语法的主要特点。当然，统一是相对的，在保证基本内容的前提下，作者可以根据各地点方言的实际情况做出适当的变通。比如，“方言的现代发展”要求写成一章，但如果觉得可写内容不多，难以成章，也可放在“导言”部分来叙述。全部书稿，哪怕是后记，要求风格统一，力求朴实，体现良好的学风和文品，反映湖北语言学者一贯坚持的崇实主张。

项目的实施和“丛书”的出版得到了多方面的大力支持。邢福义先生和张振兴先生作为顾问，身体力行，自始至终关心项目和“丛书”的进展，给予具体全面的指导。邢先生还亲自为“丛书”作序，表明对本项工作的高度重视和积极回应。张先生认真审读了每一部书稿，提出了非常详细的修改意见。项目由华中师范大学“语言与语言教育研究中心”组织实施，武汉大学、华中科技大学、中南民族大学等湖北高校的一批方言学者参与合作，得到教育部人文社会科学重点研究基地重大项目和“211工程”重点学科建设项目的资助。“丛书”被列入华中师范大学出版社重点图书出版计划，并得到湖北省学术著作出版专项资金的资助。出版社社领导为“丛书”的出版花费了不少心血。对于各方面的支持，我们在此表示衷心的感谢。“丛书”力求客观反映方言事实，揭示方言特点，期望成为一部有价值的作品，能够得到学界的关注和肯定，但能否真正实现这一目标，还有待实践的检验。我们期盼着读者的批评和建议。

汪国胜
2014年10月6日

目　　录

第一章　绪论 …… (1)

一、浠水概况 …… (1)

（一）地理人口 …… (1)

（二）历史沿革 …… (2)

（三）行政区划 …… (3)

（四）语言使用状况 …… (3)

二、浠水方言的内部差异 …… (3)

（一）声母 …… (4)

（二）韵母 …… (5)

（三）声调 …… (5)

（四）个别字音读法的分歧 …… (5)

三、关于浠水方言的研究 …… (5)

（一）系统研究 …… (5)

（二）专题研究 …… (6)

四、音标符号 …… (7)

（一）辅音 …… (7)

（二）元音 …… (7)

（三）声调 …… (8)

五、发音合作人 …… (8)

第二章　浠水方言语音 …… (9)

一、语音系统 …… (9)

（一）声韵调概括 …… (9)

（二）声韵调配合关系 …… (10)

（三）音变 …… (21)

二、语音特点 …………………………………………………… (27)
(一) 音系特点 …………………………………………………… (27)
(二) 异读 …………………………………………………… (27)
三、同音字汇 …………………………………………………… (29)
四、浠水音系与北京音系比较 …………………………………… (50)
(一) 声母比较 …………………………………………………… (50)
(二) 韵母比较 …………………………………………………… (52)
(三) 声调比较 …………………………………………………… (55)
五、浠水音系与中古音系比较 …………………………………… (56)
(一) 声母比较 …………………………………………………… (56)
(二) 韵母比较 …………………………………………………… (60)
(三) 声调比较 …………………………………………………… (70)
第三章　浠水方言词汇 …………………………………………… (73)
一、概述 …………………………………………………… (73)
(一) 构词方式 …………………………………………………… (73)
(二) 词义差异 …………………………………………………… (73)
(三) 特殊词语 …………………………………………………… (78)
二、分类词语表 …………………………………………………… (85)
(一) 天文 …………………………………………………… (86)
(二) 地理 …………………………………………………… (88)
(三) 时令　时间 …………………………………………………… (90)
(四) 农业 …………………………………………………… (92)
(五) 植物 …………………………………………………… (94)
(六) 动物 …………………………………………………… (97)
(七) 房舍 …………………………………………………… (101)
(八) 器具　用品 …………………………………………………… (101)
(九) 称谓 …………………………………………………… (105)
(十) 亲属 …………………………………………………… (107)
(十一) 身体 …………………………………………………… (108)
(十二) 疾病　医疗 …………………………………………………… (111)
(十三) 衣服　穿戴 …………………………………………………… (113)

(十四) 饮食 …… (114)
(十五) 红白大事 …… (117)
(十六) 日常生活 …… (119)
(十七) 讼事 …… (121)
(十八) 交际 …… (122)
(十九) 商业　交通 …… (123)
(二十) 文化教育 …… (126)
(二十一) 文体活动 …… (127)
(二十二) 动作 …… (129)
(二十三) 位置 …… (133)
(二十四) 形容词 …… (134)
(二十五) 副词 …… (138)
(二十六) 量词 …… (140)
(二十七) 固定词组 …… (143)
第四章　浠水方言语法 …… (151)
一、词法 …… (151)
(一) 重叠 …… (151)
(二) 语缀 …… (158)
(三) 小称 …… (163)
(四) 特殊词语模 …… (165)
(五) 方位 …… (168)
(六) 数量 …… (171)
(七) 指代 …… (175)
(八) 介引 …… (189)
(九) 关连 …… (194)
(十) 助词 …… (196)
(十一) 语气词 …… (199)
(十二) 体貌 …… (204)
(十三) 变音 …… (206)
二、句法 …… (209)
(一) 处置句 …… (209)

（二）被动句 …………………………………………………… (211)
（三）双宾句 …………………………………………………… (212)
（四）否定句 …………………………………………………… (214)
（五）比较句 …………………………………………………… (216)
（六）存现句 …………………………………………………… (218)
（七）可能句 …………………………………………………… (219)
（八）疑问句 …………………………………………………… (221)
（九）祈使句 …………………………………………………… (225)
（十）感叹句 …………………………………………………… (225)
（十一）心补结构 ……………………………………………… (227)
三、语法例句 ……………………………………………………… (232)
第五章　浠水方言语料记音 ………………………………… (258)
一、民歌 …………………………………………………………… (258)
二、儿歌 …………………………………………………………… (266)
三、谜语 …………………………………………………………… (269)
四、俗语 …………………………………………………………… (272)
附录 ……………………………………………………………… (277)
一、浠水县地图 …………………………………………………… (277)
二、浠水方言地图 ………………………………………………… (278)
主要参考文献 …………………………………………………… (279)
后　记 …………………………………………………………… (281)

第一章　绪　论

一、浠水概况

（一）地理人口

浠水县位于湖北省东部，长江中游北岸，大别山南麓。东邻蕲春县，西界团风县，西南与鄂州市、黄石市隔江相望。北及东北与英山、罗田两县毗连。地理方位为东经115°～115°38′，北纬30°12′～30°49′。全县东西宽61.3公里，南北长68.5公里，总面积2000平方公里。其地势自东北向西南倾斜，海拔最高点为1055米（三角山顶），最低处梅子湖海拔14.5米。全县地形有低山、丘陵、平原三种类型，素有“三山六丘一平原，田园水面在其间”之说。低山多分布于县东部洗马镇和三角山旅游风景区，面积407.8平方公里，占全县总面积的20.4%；丘陵、岗地遍及全县，面积1277.3平方公里，占全县总面积的63.9%；冲积平原多见于西南滨江地带，面积为314.9平方公里，占总面积的15.7%。

本县有浠河、巴河、蕲河、策湖、望天湖五大水系，均属长江水系。长江自巴河口入境，经巴河、兰溪、戴家洲、散花至茅山闸出境入蕲春县，过境江段41公里。浠河全长133.5公里，其中境内72.5公里、流域面积816.5平方公里。巴河为本县与罗田、团风两县的界河，全长151公里，流域面积579.93平方公里。蕲河，境内有三条河的流域面积属蕲河流域。一是洗马河，长19.8公里；二是刘铺河，长9.5公里；三是龙潭冲河，长8公里。上述三河流域面积为259.2平方公里，均属山溪性河流。策湖为本县第一大湖，位于县城南40公里处，面积约1.35万亩。望天湖位于巴河镇东北，濒临长江，距县城25公里，面积约1万亩。

浠水县为亚热带季风性湿润气候，境内太阳辐射的季节差别大，气候的显著特征是冬季低温少雨，夏季炎热多雨，秋季凉爽干燥，春季温度多变，一年四季分明。年平均气温为16.9度。1月最冷，平均气温4度左右；7月最热，平均气温29度左右。年降水量在1350毫米左右。

浠水自古以来就是九省通衢之要道。县城距省会城市武汉仅100公里，至邻近省会城市合肥、南昌、长沙，均在300公里左右。境内有巴河、兰溪、散花三处深水码头，上可入川，下可通沪。京九铁路贯通全境，到北京、上海、广州朝发夕至。沪蓉高速、武黄高速和大广北高速纵横过境。

2008年，浠水县辖12个镇、1个乡、1个经济开发区、2个场、649个村民委员会、5676个村民小组。国土面积2000平方公里，常用耕地面积43.58千公顷。年末总人口103.08万人。其中男53.94万人，女49.14万人；乡村人口83.28万人，城镇人口19.8万人。

（二）历史沿革

自南北朝刘宋元嘉二十五年（公元448年）置县，至今已有1500余年历史。原名“希水”，南梁普通元年（520年），改希水之“希”为“浠”。县名“浠水”自此始。在南朝齐、梁、陈期间，本地曾先后归属于北魏、北齐、北周，多沿袭南朝旧置。

隋朝，浠水县、蕲水县隶属蕲春郡。唐朝武德四年（621年），改浠水县为兰溪县，省罗田县入兰溪县。天宝元年（742年），改兰溪县为蕲水县，与蕲春县同隶淮南道蕲州。五代十国，蕲水县、蕲春县曾相继属杨吴。南唐、后周，所隶道、州如唐。宋代，蕲水县、蕲春县开始隶淮南路蕲州；至熙宁五年（1072年），分淮南路为东、西两路，蕲水、蕲春两县均隶淮南西路蕲州（防御州）。元朝，蕲水、蕲春两县均隶河南行省河南江北道蕲州路。至正十一年（1351年），徐寿辉（罗田籍）起义反元，称红巾军，建立政权，国号天完，年号治平，立国都于蕲水县治东北清泉寺。并于蕲水县治设莲台省（其职能相当于元中书省），总领百官，主持行政。至正二十年（1354年），陈友谅谋杀徐寿辉，改国号为汉。至正二十四年（1364年），朱元璋灭汉，改蕲州路为蕲州府，府治蕲春，隶湖广行省，蕲水县为其所辖。浠河以东（今本县境东部）从蕲春县析出，并入蕲水县。明洪武十一年（1378年），蕲水县改隶黄州府。崇祯十七年（1644年）明亡，本县仍被抗清军占领。清顺治二年（1645年）十二月，本县隶湖广行省汉黄德道黄州。雍正七年（1729年），改汉黄德道为武汉黄德道。

民国元年（1912年），省下设观察使，以督察各县行政。民国三年

(1914年)，撤观察使，于省下设道领县，蕲水县隶湖北省江汉道。民国十五年（1926年)，道撤销，县直属省。民国二十一年（1932年)，于省、县之间设行政督察区，蕲水县隶湖北省第三行政督察区。民国二十二年(1933年）6月，改县名为“浠水”。民国二十五年（1936年）4月，湖北省政府调整行政督察区，将原第三、第四两个行政督察区合并为第二行政督察区，督察区专员公署于次年由蕲州迁往黄州。浠水县为其辖县之一。民国二十八年（1939年)，改第二行政督察区专员公署为鄂东行署，代行省政府职权（因省政府迁恩施）。鄂东行署设于今罗田县三里畈。浠水县为其领县之一。民国三十四年（1945年)，抗日战争胜利后，撤销行署，恢复行政督察区，区治黄州，浠水县仍为其所辖。1949年4月8日，浠水县城解放；5月，县人民民主政府迁至县城；10月，将县人民民主政府改为县人民政府，隶湖北省黄冈专区。1968年，黄冈专区改为黄冈地区，本县仍为其所辖。1995年黄冈地区改为黄冈市，本县仍为其所辖。

（三）行政区划

全县共辖12个镇（清泉、巴河、竹瓦、汪岗、团陂、关口、白莲、蔡河、洗马、丁司垱、兰溪、散花)、1个乡（绿杨)、2个区（浠水经济开发区、三角山风景区）和1个场（策湖养殖场)，共有649个村（社区)，5676个村民小组（居民小组)。

（四）语言使用状况

浠水方言属于江淮官话黄孝片。近年来，会讲普通话的人越来越多。小学、初中的老师普通话基本都已达标；高中的老师，五十岁以上的可以通融，其余都用普通话教学。社会上，所谓的“窗口行业”，如银行、宾馆等均对外地人说普通话。进政府机关工作，能不能讲普通话是考核的一个项目。在重要场合，如大型会议、协议签订等，政府主要负责人都讲普通话。

二、浠水方言的内部差异

浠水方言内部一致性较高，差异主要体现在语音上①。

---

① 此处部分参考了陈淑梅为新版《浠水县志》所写的相关内容。

浠水方言可再细分为城关、东、北、西南、南5个区。其中，城关区以清泉镇为中心，包括周围的19个乡镇及东、北、西南、南四区的一部分，为浠水方言的主要区域。东区辖绿杨乡的关贩、土地桥、桃花冲等地。北区包括华桂乡和团陂镇的北部。西南区包括巴河镇街区和兰溪镇戴家洲。南区辖散花镇街区及其南部。

五区内部语音差异也不大，只表现在个别音素、个别声调的调值或个别字的读音上。主要如下：

（一）声母

浠水方言各区声母系统大致相同，主要分歧在于以下两点：

1．n、l的分混

同普通话相比较而言，浠水方言中的n、l大致表现为半分半混状态。这种半分半混，从渊源关系上更具体地表现为中古音“泥（娘）”母和“来”母不同演化结果之间的关系。大致的演化结果是：城关区“泥（娘）”母在洪音前念“l”、细音前念“ȵ”，“来”母则在洪音及细音前均念“l”；东区“泥（娘）”母在洪音前念“n”、细音前念“ȵ”，“来”母则在洪音及细音前均念“n”；北区“泥（娘）”母在洪音前念“l”、细音前念“ȵ”，“来”母则在洪音及细音前均念“l”，西南区“泥（娘）”母在洪音前念“n”、细音前念“ȵ”，“来”母则在洪音及细音前均念“n”；南区“泥（娘）”母在洪音前念“n”、细音前念“ȵ”，“来”母则在洪音念“n”，细音前则念“l”。

以上五区不同演化结果之间的关系列表概括如下：

中古音 地区	泥（娘）		来	
	洪音	细音	洪音	细音
城关	l	ȵ	l	l
东	n	ȵ	n	n
北	l	ȵ	l	l
西南	n	ȵ	n	n
南	n	ȵ	n	l

2．ts组与tʂ组的分混

浠水方言大部分地方都有ts、ts‘、s与tʂ、tʂ‘、ʂ这两套声母的区别，唯有西南区的巴河话，尤其是巴河镇上比较特别，ts组与tʂ组的字有许多混在一起，都念为 ts 组了。除了和 ɥ、ɥ- 韵母相拼时，巴河镇上仍保持一律念 tʂ、tʂʻ、ʂ 声母外，其余凡开口韵的字，来自中古精系或照系，在巴河镇上一律念 ts、tsʻ、s 而不念 tʂ、tʂʻ、ʂ。“资”、“知”巴河镇上一律念 tsɿ，“思”、“诗”巴河镇上一律念 sɿ，“灾”、“斋”巴河镇上一律念 tsai，“猜”、“钗”巴河一律念 tsʻai。

（二）韵母

浠水方言各地韵母系统包括城关，内部没有什么分歧，只有一点值得注意的，即巴河的 a 韵舌位较后，近似国际音标［ɑ］，特别当这个 a 单用时音值更与其他各区的 a 迥然不同，如“巴河”按城关音念是 pa˩ xo˧，按巴河音念则是 pɑ˩ xo˧。

（三）声调

浠水方言各区声调的一致性也很强。内部差异主要是：

1. 东区的阳去调值很低，介于 11 与 22 之间，跟城关区 33 不同。

2. 西南区的阴平调与阳去调调值很接近，外地人听起来容易混淆。如“诗”与“是”这两个字，高低几乎一样，但仔细审辨，两调调值还是有区别的，即阳去调值仍与城关相同，而阴平调值比阳去调值略低，大致比 22 稍高一点，但不到 33。

（四）个别字音读法的分歧

浠水方言有某些字在各地读法不同，虽然这些字为数很少，却很能体现出各地区方音的特色来。例如：

1. “税”字在浠水方言大多数地区都念 ʂɥəi˥，但是北区和西南区巴河镇上口音都念成 fei˥，与“费”同音，“税务局”读成了“费物局”。

2. “木”、“目”两字在浠水方言大多数地区都念 mu˩，而在西南区念 moŋ˩，与邻近的鄂州、黄冈两市相同。

三、关于浠水方言的研究

（一）系统研究

以下三部书对浠水方言进行了较为系统的研究。

1. 赵元任的《湖北方言调查报告》。赵元任等1936年调查了湖北方言。根据这次调查编纂的《湖北方言调查报告》，1948年由商务印书馆出版。该报告把浠水方言划入湖北方言第2区，并首次整理出了浠水方言的语音系统，对其中的各个声母、韵母和声调做了非常细致的描写和分析；制作了同音字表，在这个基础上进行了浠水方言的古今对比，讨论了浠水方言的音韵特点。详见该书卷一“分地报告”第四十八（第1048—1069页）。这次调查记录，为浠水方言后来的调查研究工作奠定了基础，为考察后来浠水语音的变化提供了参照。不过由于时间太过仓促等原因，所作“同音字表”空格太多，留下了一些缺陷。而且，语音以外，只有一个笼统的“会话”，缺乏系统的词汇和语法方面的内容，显得整体性不足。

2. 詹伯慧的《浠水方言纪要》。该书由日本东京龙溪书舍1981年出版。它较为全面地记录了浠水方言，描述分析浠水方言语音，并与北京音比较，同时叙述浠水方言词汇、语法特点，并附有浠水方言同音字表及常用浠水方言词表。

3. 浠水地方志编辑委员会的《浠水县志》。该书由中国文史出版社1992年出版。它在介绍浠水历史、地理、人物、经济等方面的同时，又分语音、词汇、语法几个方面对浠水方言进行了较为系统的概括。不过，这种概括属简略性质的，没有系统展开。其中，语音方面有声韵调的归纳，但缺乏声韵调的配合和同音字表；词汇和语法方面列举了一些较有代表性的内容，但缺乏系统整理。

（二）专题研究

专题研究的论文大致有如下这些：

刘赜《再答王屏楚先生问浠水方言》，《武汉大学学报》1957年第2期。

詹伯慧《浠水话动词“体”的表现方式》，《中国语文》1962年第8、9期。

程从荣《浠水方言的人称代词》，《语言研究》1997年第2期。

程从荣《浠水话双宾语句的特点》，《中南民族学院学报》1998年第1期。

郭攀《浠水方言中的“够冒”》，《语文研究》2003年第1期。

郭攀《浠水方言中叠合式正反问》，《中国语文》2003年第3期。

论文之外，还有一些尚未正式出版的成果。如：

潘自华的《浠水方言词汇》。该书收录了不少浠水方言常用词和俗语，为进一步的研究提供了一份珍贵的词汇资料。

周白的《浠水方言歌》。歌词中，巧妙地整合进了一些富有特色的浠水方言词语和句式。

四、音标符号

本书用国际音标标音。以下分项列举本书用到的音标符号。

（一）辅音

本书所用辅音符号如下表。

方法 \ 部位		双唇	唇齿	舌尖前	舌尖后	舌面前	舌根	喉
塞	不送气	p		t			k	ʔ
	送气	pʻ		tʻ			kʻ	
塞擦	不送气			ts	tʂ	tɕ		
	送气			tsʻ	tʂʻ	tɕʻ		
鼻		m		n	ɳ	ȵ	ŋ	
边				l				
擦	清		f	s	ʂ	ɕ	x	
	浊				ʐ			

（二）元音

本书所用舌面元音符号如下元音图。

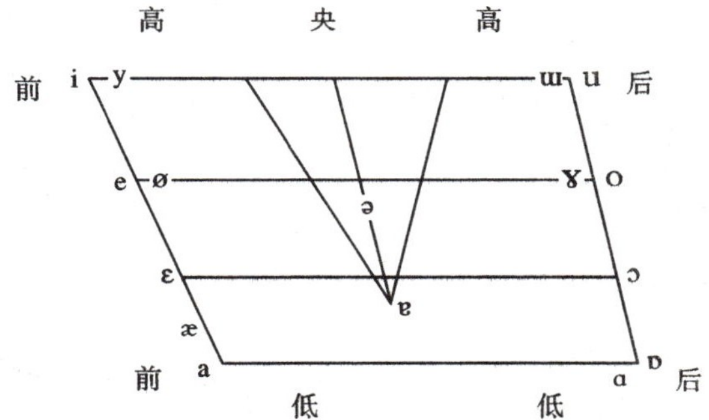

除元音图上标示的舌面元音外，还有一个卷舌元音 ɚ，三个舌尖元音：

ɿ 舌尖、前、高、不圆唇

ʅ 舌尖、后、高、不圆唇

ʮ 舌尖、后、高、圆唇

（三）声调

调值符号采用五度制，把字调的平均相对音高分成“低”、“半低”、“中”、“半高”、“高”五度，分别用1、2、3、4、5表示。调号用竖线作比较线，边上加横线表示高低升降。轻声则在音节前加圆点。例如浠水话的阴平是个低降调，记做˩，表示这个声调是低而略有下降的。

五、发音合作人

郭叙安，男，1936年生，农民，住清泉镇新铺村。没有上过学，但识字，也能看一些通俗读物。

万朝阳，男，1979年生，浠水县中药材公司职工，中专毕业。家住清泉镇街区，会说普通话。

叶巧巧，女，1980年生，浠水县洗马镇中药材公司职工，中专毕业。家住洗马镇，会说普通话。

李应林，男，1969年生，农民，浠水县竹瓦镇人。小学肄业，家住竹瓦镇，普通话说得不好。

第二章 浠水方言语音

一、语音系统

（一）声韵调概括

浠水方言声韵调的概括以城关区为依据，不包括其他区存在着差异的情况。

1. 声母

声母 24 个，包括零声母在内，排列如下：

p 巴部报帮　p‘爬蒲抛怕　m 马梅矛忙　f 法非反方
t 多豆定等　t‘拖头亭同　l 南老你犁
ts 资走争宗　ts‘雌醋擦参　s 思色三爽
tʂ 知舟占章　tʂ‘持轴穿窗　ɳ 女　ʂ 诗杀上双　ʐ 若饶人揉
tɕ 基家建将　tɕ‘欺恰千枪　ȵ 宜年业娘　ɕ 希休先向
k 该规感冈　k‘开葵砍康　ŋ 我挨傲安　x 何号寒杭
ø 衣乌威鱼

2. 韵母

浠水方言韵母共 40 个，排列如下：

ɿ 自瓷　ʅ 知池　i 鼻米立细　u 布普姑五　ʮ 猪出鱼雨
a 巴爬他沙　ia 加夏嗲亚　ua 瓜夸花袜　ʮa 抓刷要
o 母多哥果　io 略学约药
ɛ 百拍责克　iɛ 别铁夜且　uɛ 国或喂　ʮɛ 决靴月说
ɚ 而耳日二
əi 杯碑非吠　uəi 规亏回胃　ʮəi 追水锐吹
ai 摆在该太　uai 乖快怪歪　ʮai 衰帅率甩
əu 都初欧抠　iəu 丢九有休

au 桃高毫早	iau 标跳姚小		
ən 本生硬冷	in 兵听印顶	uən 棍昆文稳	ʮən 军训永春
an 班攀端甘	ian 边兼天炎	uan 宦宽欢关	ʮan 专川犬援
aŋ 胖长康郎	iaŋ 两将枪样	uaŋ 光筐王望	ʮaŋ 壮窗双装
oŋ 朋同孔从	ioŋ 穷兄用蓉		

对这个韵母表有两点说明：

(1) 以上韵母表也按照开口、合口、齐齿、撮口四呼排列，本书把 ʮ 和以 -ʮ 起头的韵母都看成撮口呼韵母。

(2)"əi" 韵（杯碑非吠）中的"ə"，有"ə"、"e"两个变体；"əu" 韵（都初欧抠）的"ə"，有"ə"、"o"两个变体，本书一律记作"ə"。

(3)"ɿ、ʅ、i、u、ʮ、a、o、ε"等韵，或以"a、o、ε、ə"为主要元音的韵母，逢入声调时有时能感到喉塞音"-ʔ"尾的存在，有时又不明显。本书一律省"-ʔ"尾。

3. 声调

浠水方言有 6 个声调：

调类	调值	例字
阴平	21 ˨˩	衣诗刚方
阳平	42 ˦˨	移时黄防
上声	34 ˧˦	以始古仿
阴去	35 ˧˥	意式故放
阳去	33 ˧	异是近晃
入声	313 ˧˩˧	益实入说

（二）声韵调配合关系

1. 声韵调配合关系

浠水方言声韵调配合关系，主要说明以下几点：

(1) 开口呼韵母除 o、oŋ、ε 三韵外，其余都不与零声母拼。a、an、əu 等韵母不能自成音节，与声母 ŋ 相拼后才能成为一个音节。例如 [ŋa˦˨]（伢）、[ŋan˨˩]（安）、[ŋəu˧˦]（偶）。

(2) 合口呼除 u 韵母能与 p、pʻ、m、f、k、kʻ、x 等声母相拼之外，其余凡以 u 开头的韵母（ua、uε、uai、uəi、uan、uən、uaŋ）都只能与 k、kʻ、x 等声母及 ø 声母相拼。

（3）ɥ韵母以及以ɥ起首的韵母，只与tʂ、tʂ‘、ʂ相拼。

（4）舌尖韵母ɿ只与ts、ts‘、s相拼，ʅ与tʂ、tʂ‘、ʂ相拼。

（5）əi韵主要与f声母相拼，也存在着少量与p、m相拼的情况。

（6）io、ɥɛ两韵的字绝大多数是入声调。舒声调中拼io韵的只有两个字："嚼"［tɕ‘io˧］和"学"［ɕio˧］。拼ɥɛ韵的只有"靴"［ʂɥɛ˩］、"穴"［tʂ‘ɥɛ˧］、"惹"［ɥɛ˧］等几个字。

（7）卷舌韵母ɚ只出现在"而、耳、二、日、儿"等少量的字中。

2. 声韵调配合表[①]

说明：

（1）表的纵列，按浠水方言声母部分所概括的七组依次排列。横排，依韵母部分开合齐撮四部分依次排列。其中，依张振兴先生的观点，ɥ以及以ɥ起首的圆唇韵母，可以看成撮口呼的韵母。因为它们所管的字虽然包含了北京话的一部分合口呼字，但大部分还是相当于北京话的y以及以y起首的韵母，而且，只有这样分析才能够在系统上与开合齐三呼配套。

（2）因页面长度的原因，只与ɥ相拼的ɳ除表十中列出之外，其他诸表均不具列。

（3）写不出较合适借字的词，用①②③等标示，并在表下加注。后文类似情况亦均采用此方法。

表一

	a	o	ɛ	ɚ
	阴阳上阴阳入 平平声去去声	阴阳上阴阳入 平平声去去声	阴阳上阴阳入 平平声去去声	阴阳上阴阳入 平平声去去声
p	巴　把坝罢八	波　跛播　博	白北	
p‘	爬　怕拔	婆颇破薄泼	呸　　　　拍	
m	吗麻马奶骂抹	模母　墓莫	①　墨	
f	伐法			
t	打　大达	多　朵剁　掇	得	
t‘	他　　　踏塔	拖陀妥唾夺托		
l	拉拿哪　那辣	啰罗裸　糯落		

① 本部分参考了陈淑梅为新版《浠水县志》所写的相关内容。

续表

	a	o	ɛ	ɚ
	阴阳上阴阳入 平平声去去声	阴阳上阴阳入 平平声去去声	阴阳上阴阳入 平平声去去声	阴阳上阴阳入 平平声去去声
ts	咱	啄 左佐坐作	责	
tsʻ	杂擦	搓 错鑿	泽册	
s	洒 萨	唆 锁 索	② 色	
tʂ	渣 蚱榨茬扎	着 捉	者这遮哲	
tʂʻ	叉茶③岔 插	绰	车 扯彻 撤	
ʂ	沙 傻 杀	硕	奢蛇捨舍社设	
ʐ		若		
tɕ				
tɕʻ				
ɕ				
k	家 嫁 夹	哥 果过 角	④ 锯 格	
kʻ	胯卡胯 掐	科 可课 渴	⑤ 克	
ŋ	鸦伢哑 轧押	屙鹅我 饿恶	啮扼	
x	蝦 哈罅下瞎	呵何火货贺喝	嘿 核黑	
ø		窝 卧	呃	儿耳 二日

① [mɛ˧]，对“母亲”的一种称呼。

② [sɛ˩]，表“笑”义的动词。

③ [tʂʻa˧]，表“敞开”义的动词。

④ [kɛ˩]，表“哽结”义的动词。

⑤ [kʻɛ]，表“勒”义的动词。

表二

	əi	ai	əu	au
	阴阳上阴阳入 平平声去去声	阴阳上阴阳入 平平声去去声	阴阳上阴阳入 平平声去去声	阴阳上阴阳入 平平声去去声
p	杯	掰 摆拜败		包 保报抱
pʻ		牌 派		抛跑 泡
m		埋买 卖		猫毛某冒帽
f	非肥菲肺			否
t		呆 歹带代	都 赌斗豆独	刀 倒到盗
tʻ		胎台 太	偷头土兔读突	涛桃讨套
l		奶来乃 耐	搂炉努緑路六	耮牢老捞闹

续表

	əi	ai	əu	au
	阴阳上阴阳入 平平声去去声	阴阳上阴阳入 平平声去去声	阴阳上阴阳入 平平声去去声	阴阳上阴阳入 平平声去去声
ts ts‘ s		灾　宰再在 猜才彩菜 腮　　赛	租　走奏助足 粗愁楚凑族促 苏　叟瘦　俗	遭　早躁皂 操巢草糙 骚　嫂扫①
tʂ tʂ‘ ʂ ʐ		斋　　债寨 钗柴踩 筛　　晒	州　帚昼纣竹 抽稠丑臭逐畜 收　手兽受叔 　柔　　　肉	朝　找照赵 超潮炒钞 烧苕少哨绍 　饶绕
tɕ tɕ‘ ɕ ȵ				
k k‘ ŋ x		该　改介 开　凯慨 哀埃矮爱艾 哈孩海　害	勾　狗购 抠　口扣 欧　偶沤 齁喉吼　后	高　稿告 敲　考靠② 　熬袄奥傲 蒿毫好耗浩
ø				

①［sau˧］，表“轻轻地扫”义的动词。　②［k‘au˧］，表“轻率地招惹”义的动词。

表三

	ən	an	aŋ	oŋ
	阴阳上阴阳入 平平声去去声	阴阳上阴阳入 平平声去去声	阴阳上阴阳入 平平声去去声	阴阳上阴阳入 平平声去去声
p p‘ m f	崩　本奔笨 烹盆 ①门　闷 分坟粉忿份	班　板半办 潘盘　判 　蛮满　慢 番凡反泛犯	邦　榜谤蚌 鳑旁髈胖乓 　忙莽 方房访放	绷　凸迸 嘭朋捧碰 　蒙猛②孟 风冯　讽奉
t t‘ l	敦　等吨邓 吞屯 ③伦冷愣论	丹　短担旦 贪团坦叹 　兰暖　滥	当　党档荡 汤堂倘烫倘 　郎朗　浪	冬　董冻洞 通同统痛 聋龙拢泷弄

续表

	ən	an	aŋ	oŋ
	阴阳上阴阳入 平平声去去声	阴阳上阴阳入 平平声去去声	阴阳上阴阳入 平平声去去声	阴阳上阴阳入 平平声去去声
ts tsʻ s	争　怎甑赠 村存　寸 孙　损逊	簪　攒赞暂 参蚕惨粲 三　伞算	脏　　葬藏 仓藏　创 桑　爽丧	宗　总纵 匆崇 松　怂送诵
tʂ tʂʻ ʂ ʐ	针　枕振阵 称成逞趁 身神审胜剩 　人	沾　展战栈 　缠产忏 山禅闪扇善	张　掌障丈 昌肠厂畅 伤裳赏　上	中　肿众重 充虫宠铳
tɕ tɕʻ ɕ ȵ				
k kʻ ŋ x	根　耿亘 坑　肯 恩　硬硬 亨痕很　恨	肝　敢干 刊　砍看 安严眼按岸 邯寒罕汉旱	冈　港岗 康　慷抗 肮昂　盎 　杭　　夯	公　拱贡共 空　孔控 烘洪哄
ø				翁　　甕

① [mən˩]，表"埋头"义的动词。

② [moŋ˥]，表"细小"义的形容词。

③ [lən˩]，表"拧"义的动词。

表四

	ɿ	ʅ	ua	uɛ
	阴阳上阴阳入 平平声去去声	阴阳上阴阳入 平平声去去声	阴阳上阴阳入 平平声去去声	阴阳上阴阳入 平平声去去声
p pʻ m f				
t tʻ l				

续表

	ɿ	ʅ	ua	uɛ
	阴阳上阴阳入 平平声去去声	阴阳上阴阳入 平平声去去声	阴阳上阴阳入 平平声去去声	阴阳上阴阳入 平平声去去声
ts	滋　子　字			
ts‘	慈此次　刺			
s	斯祠死四寺			
tʂ		知　纸置　执		
tʂ‘		痴迟耻稚直尺		
ʂ		尸时始试是湿		
ʐ				
tɕ				
tɕ‘				
ɕ				
ȵ				
k			瓜　寡挂　刮	国
k‘			夸　垮挂　咵	
ŋ				
x			花华　化话	或
ø			蛙娃瓦凹　挖	喂

表五

	uəi	uai	uən	uan
	阴阳上阴阳入 平平声去去声	阴阳上阴阳入 平平声去去声	阴阳上阴阳入 平平声去去声	阴阳上阴阳入 平平声去去声
p				
p‘				
m				
f				
t				
t‘				
l				

续表

	uəi	uai	uən	uan
	阴阳上阴阳入 平平声去去声	阴阳上阴阳入 平平声去去声	阴阳上阴阳入 平平声去去声	阴阳上阴阳入 平平声去去声
ts ts‘ s				
tʂ tʂ‘ ʂ ʐ				
tɕ tɕ‘ ɕ ȵ				
k k‘ ŋ x	圭　鬼桂跪 盔葵揆愧 灰回毁惠会	乖　拐怪 　　蒯快 　怀　　坏	滚棍 昆　捆困 昏魂混　诨	官　管　贯 宽　款 欢环缓幻患
ø	威危委畏味	歪　　　外	温文吻蕴问	弯完晚玩万

表六

	uaŋ	u	ia	io
	阴阳上阴阳入 平平声去去声	阴阳上阴阳入 平平声去去声	阴阳上阴阳入 平平声去去声	阴阳上阴阳入 平平声去去声
p p‘ m f		补布捕不 铺葡普铺　朴 　　　　　木 夫扶抚附父弗	①	
t t‘ l				 　　　　　掠

续表

	uaŋ	u	ia	io
	阴阳上阴阳入 平平声去去声	阴阳上阴阳入 平平声去去声	阴阳上阴阳入 平平声去去声	阴阳上阴阳入 平平声去去声
ts				
tsʻ				
s				
tʂ				
tʂʻ				
ʂ				
ʐ				
tɕ			加　假价　甲	嚼角
tɕʻ			卡　　恰	②却
ɕ			霞　　夏侠	学削
ȵ			虐	
k	光　广逛	姑古顾　谷		
kʻ	匡狂　矿	枯跍苦库③哭		
ŋ				
x	荒黄谎　幌	呼壶虎戽护忽		
ø	汪亡往④旺	污吴五恶务勿	鸦芽雅亚　押	哟　　　　⑤约

① [piaɹ]，象声词。

② [tɕʻio˧]，表“唠叨”义的动词。

③ [kʻu˧]，是一表“不变地处于某一状态”义的动词。

④ [uaŋ˥]，表“使人腻”义的动词。

⑤ [io˧]，表“母亲”义的名词。

表七

	iɛ	iəu	iau	in
	阴阳上阴阳入 平平声去去声	阴阳上阴阳入 平平声去去声	阴阳上阴阳入 平平声去去声	阴阳上阴阳入 平平声去去声
p	瘪　别憋		标　表	兵　丙并病
pʻ	①　②撇		飘瓢漂票	拼瓶品聘乒
m	搣咩　灭		喵苗秒缪妙	明敏　命
f				
t	爹　　　　跌	丢	刁　屌吊调	丁　顶订定
tʻ	特帖		挑条窕跳	厅亭挺听
l	③烈	留柳溜	撩聊了　料	林领　令

续表

	iɛ	iəu	iau	in
	阴阳上阴阳入 平平声去去声	阴阳上阴阳入 平平声去去声	阴阳上阴阳入 平平声去去声	阴阳上阴阳入 平平声去去声
ts ts‘ s				
tʂ tʂ‘ ʂ ʐ				
tɕ tɕ‘ ɕ ȵ	嗟　姐借　结 　茄且捷绝切 些邪写泻谢血 　　　　　业	纠　九救旧菊 秋求　瞅　曲 休　朽秀袖旭 　牛扭拗	交　绞教轿 敲乔巧窍撬 肖淆晓孝效 　尧鸟　尿	今　景敬近 清琴请庆 心形醒信杏 　吟　躏吝
k k‘ ŋ x	 邪爷也　夜叶			
ø		幽由友幼又浴	妖摇咬要耀	音盈引应④

① [p‘iɛ˧]，表“折”义的动词。
② [p‘iɛ˧]，表“谎言”义的名词。
③ [niɛ˧]，表“歪”义的形容词。
④ [in˧]，表“蔓延”义的动词。

表八

	ian	iaŋ	ioŋ	i
	阴阳上阴阳入 平平声去去声	阴阳上阴阳入 平平声去去声	阴阳上阴阳入 平平声去去声	阴阳上阴阳入 平平声去去声
p p‘ m f	边　扁变辩 篇骈谝片 　眠免　面			屄　比背被笔 披皮痞屁鼻劈 眯迷米咪谜密
t t‘ l	颠　典店电 天田舔 　连脸　练	 　良两①亮		低　底帝弟滴 梯堤体替狄涕 ②离里　泪粒

续表

	ian	iaŋ	ioŋ	i
	阴阳上阴阳入 平平声去去声	阴阳上阴阳入 平平声去去声	阴阳上阴阳入 平平声去去声	阴阳上阴阳入 平平声去去声
ts ts‘ s				
tʂ tʂ‘ ʂ ʐ				
tɕ tɕ‘ ɕ ȵ	肩　柬剑件 千前浅欠 先闲险现县 粘年碾　念	江　讲降匠 枪祥抢呛像 香降响向象 ③娘仰	 　穷 凶熊 	饥　己季忌及 期奇起气妓乞 希徐喜戏席隙 　尼谊　义溺
k k‘ ŋ x				
ø	烟炎演燕艳	央羊养恙样	庸容勇拥用	伊贻以意异乙

① [niaŋ˦]，表“看”义的动词。

② [ni˩]，是一表“不停地动”义的动词。

③ [ȵiaŋ˩]，表“娇气”义的形容词。

表九

	ʮa	ʮɛ	ʮəi	ʮai
	阴阳上阴阳入 平平声去去声	阴阳上阴阳入 平平声去去声	阴阳上阴阳入 平平声去去声	阴阳上阴阳入 平平声去去声
p p‘ m f				
t t‘ l				

续表

	ɥa						ɥɛ						ɥəi						ɥai					
	阴平	阳平	上声	阴去	阳去	入声	阴平	阳平	上声	阴去	阳去	入声	阴平	阳平	上声	阴去	阳去	入声	阴平	阳平	上声	阴去	阳去	入声
ts																								
tsʻ																								
s																								
tʂ	抓		爪			①						决	追			坠			②		拽			
tʂʻ											穴	缺	吹	垂							揣			
ʂ			耍			刷	靴					说		谁	水	税	瑞		衰		甩	帅	③	
ʐ																								
tɕ																								
tɕʻ																								
ɕ																								
ȵ																								
k																								
kʻ																								
ŋ																								
x																								
ø	④						⑤		惹	⑥		月				锐								

① [tʂɥa˩˨]，表“残废”义的动词。

②[tʂɥai˨˩]，表“不利索，缺乏行为能力”义的形容词。

③ [ʂɥai˧]，表“斥责”义的动词。

④[ɥa˧]，表“口无遮拦地说”义的动词。

⑤ [ɥɛ˨˩]，表“叫”义的动词。

⑥ [ɥɛ˥˧]，表“大声地叫”义的动词。

表十

	ɥən						ɥan						ɥaŋ						ɥ					
	阴平	阳平	上声	阴去	阳去	入声	阴平	阳平	上声	阴去	阳去	入声	阴平	阳平	上声	阴去	阳去	入声	阴平	阳平	上声	阴去	阳去	入声
p																								
pʻ																								
m																								
f																								

续表

	ʮən	ʮan	ʮaŋ	ʮ
	阴阳上阴阳入 平平声去去声	阴阳上阴阳入 平平声去去声	阴阳上阴阳入 平平声去去声	阴阳上阴阳入 平平声去去声
t t‘ l				
ts ts‘ s				
tʂ tʂ‘ ɳ ʂ ʐ	君　准郡 春群蠢 熏驯瞬训顺	专　卷眷赚 川船犬串 拴玄　眩	庄　　壮状 窗床闯　撞 双	猪　煮注巨局 区除处去　出 女 书　许恕竖述
tɕ tɕ‘ ɕ ȵ				
k k‘ ŋ x				
ø	云尹韵认	鸳元远怨院	瓤　让	鱼雨喂遇玉

（三）音变

音变主要包括“变调”、“韵母音变”和“声母音变”。浠水方言中的变调，存在两类情况：一是语法原因引起的变调，放到语法中“变音”部分讲；二是“轻声”。“韵母音变”有“儿化韵母音变”和“非儿化韵母音变”两种。以下用“儿化”径称“儿化韵母音变”，用“韵母音变”专称“非儿化韵母音变”。单纯的声母音变没有发现，声母的改变通常是同别的音变情况同时发生的，为举例方便计，还是单列“声母增音”一类。基于此，本部分内容即分“轻声”、“儿化”、“韵母音变”和“声母增音”四个专题展开。

1. 轻声

轻声，是指有的音节在一定场合里失去原调后所变成的一种既轻又短的调子。浠水方言轻声的调值是低而降的，出现情况跟北京话基本一致。大致有以下几种情况：

(1) 构词用的虚词素“子”、“头”等大都念轻声。书面上，轻声前用“·”加以标示。如：

椅子 i˧ ·tsɿ

杯子 pəi˩ ·tsɿ

桌子 tʂo˨˦ ·tsɿ

石头 ʂʅ˧ ·t‘əu

枕头 tʂən˧ ·t‘əu

锄头 tʂ‘əu˨ ·t‘əu

嘴巴 tɕi˧ ·pa

我嗟 ŋo˧ ·tɕiɛ

(2) 助词“的”、“了”、“倒”等都念轻声。如：

他的书 t‘a˩ ·ti ·ʂʮ˩

昨儿来的客 tso˨˦ ɚ lai˨ ·ti k‘ɛ˨˦

吃了饭 tɕ‘i˨˦ ·liau fan˧

坐倒说 tso˧ ·tau ʂʮɛ˨˦

(3) 句末语气词大都念轻声。如：

他走了 t‘a˩ tsəu˧ ·liau

他会来的 t‘a˩ xuəi˧ lai˨ ·ti

你去看电影呗 li˧ tɕ‘i˧ k‘an˧ tian˧ in˧ ·pɛ

你来不来耶 li˧ lai˨ ·pu lai˨ ·iɛ

(4) 用在名词、代词后面表示方位的“上”、“下”、“里”、“边”等都念轻声。如：

树上 ʂʮ˧ ·ʂaŋ

地下 ti˧ ·xa

水桶里 ʂʮəi˧ t‘oŋ˧ ·li

水边 ʂʮəi˧ ·pian

（5）动补结构中表可能的“得”、表否定的“不”、表趋向的“来”、“去”、“起来”、“下去”等往往念轻声。如：

吃得饱 tɕʻi˨˦ ·tə pau˧

长得好 tʂaŋ˧ ·tə xau˧

拉不动 la˩ ·pu toŋ˧

倒不出 tau˧ ·pu tʂʻʮ˨˦

拿来 la˨ ·lai

拿去 la˨ ·tɕʻi

拿起来 la˨ ·tɕʻi ·lai

坐下来 tso˧ ·xa ·lai

（6）正反问结构中的“不”念轻声。如：

来不来 lai˨ ·pu lai˨

吃不吃 tɕʻi˨˦ ·pu tɕʻi˨˦

看不看 kʻan˥ ·pu kʻan˥

好不好 xau˧ ·pu xau˧

（7）双音节词中不少后一音节念轻声，其中尤以名词为多。大致属于双声叠韵的词，后一音节多念轻声。非双声叠韵的词，也有部分念轻声的。如：

古怪 ku˧ ·kuai

蹊跷 tɕʻi˨˦ ·tɕʻiau

唐突 tʻaŋ˨ ·tʻəu

喇叭 la˧ ·pa

糊涂 xu˨ ·tʻəu

啰嗦 lo˩ ·so

豆腐 təu˧ ·fo

棺材 kuan˩ ·tsʻai

大方 ta˧ ·faŋ

体面 tʻi˧ ·mian

勤快 tɕʻioŋ˨ ·kʻuai

软和 ʮan˧ ·xo

2. 儿化

儿化，是某些非卷舌韵母和卷舌韵母 ɚ 结合并转化为卷舌韵母的现象。儿化了的韵母叫做儿化韵母，简称为“儿化韵”。

浠水方言有 13 个儿化韵母：

ar　uar　ɥar　ər　uər　ɥər　or　iər　ur　aur　iaur　əur　iəur

以上儿化韵与其儿化前非儿化韵之间的对应关系如下表：

原韵母	儿化韵	儿化词
a	ar	伢儿（小孩）；法儿（办法）
an		豆腐干儿；单儿（单子）
aŋ		舅郎儿；货郎儿
ua	uar	褂儿（褂子）；花儿
uan		官儿（官员）；弯儿
ɥan	ɥar	栓儿（门栓）；砖儿（砖）
ən	ər	根儿（根）；灯儿（灯）
uən	uər	棍儿（棍子）；魂儿（魂魄）
ɥən	ɥər	裙儿（裙子）；军儿（军）；云儿（云）
o	or	酒窝儿；窠儿（鸟窝）
i	iər	姨儿；椅儿
in		音儿；皮筋儿
u	ur	姑儿；屋儿
au	aur	包儿（包包）；宝儿（宝贝）
iau	iaur	要儿（草要子）
əu	əur	兜儿；树蔸儿
iəu	iəur	阄儿；啤酒儿

据考察，浠水方言的儿化及其相关问题大致具有以下特点：

（1）浠水方言 **n**、**ŋ** 韵尾加卷舌作用形成儿化韵后，**n**、**ŋ** 尾一律消失。换一个视角更概括地讲，儿韵因直接同前一音节元音发生关系，故前一音节的辅音韵尾全部被丢掉。

（2）儿化以后，主要元音一般不发生变化，发生变化的主要限于以下情况：i→iə[①]。

(3) 浠水方言儿化韵的词绝大多数是名词，少数是量词（阵儿、份儿)、动词（玩儿）等词类。名词中特别需要指出的是人名。许多名词非用于人名不能儿化，用了之后，即可儿化了。如“云儿”、“奶儿”、“军儿”。

(4) 存在着不少正处于儿化过程中的情况。即在词内，儿韵与非儿韵有一定程度的结合，但又未严格意义地整合，除快说或特别强调“细小、亲昵”义等情况之外，多数情况下仍处于一种分离状态的情况。如下列词中的“儿”：

字儿 tsɿ˧ ·ɚ

瓜子儿 kua˩ tsɿ˧ ·ɚ

刀把儿 tau˩ pa˧ ·ɚ

哪儿 la˧ ·ɚ

方格儿 faŋ˩ kɛ˨˦ ·ɚ

细车儿 ɕi˧ tʂʻɛ˩ ·ɚ

叶儿 iɛ˨˦ ·ɚ

树儿 ʂʮ˧ ·ɚ

猪儿 tʂʮ˩ ·ɚ

(5) 儿韵至儿化韵的演化总体上存在着如下几种情况，并且有由前至后演化的趋势。

①“儿”基本处于独立词位的情况。即处于儿化过程中的情况。

②“儿”与其前之音节结合，不仅未弱化元音成分，反而受前面音节的影响，增加了相应的音素。韵母和声母音变中儿韵的音变就存在这类情况，下有举例，此处不赘。

③“儿”与其前之音节整合，元音成分有所弱化，基本只保留卷舌的“r”部分[②]。

---

① 三点说明：一是因“i”与“r”距离较大，需要中介，故生理上要求添加一个“ə”。二是儿化是情绪义和理性义交织以后，在情绪因素的作用下，情绪义集中凸现的代表。三是浠水方言提供了全面反映儿化过程的较好的语料。

② 值得说明的是，浠水方言中的此类情况与北京话中的儿化还是存在着一些区别：一是“ɚ”与其前面的音节整合与否具有不定性；二是“ɚ”与其前面的音节整合的程度不及北京话高。

3. 韵母音变

浠水方言中韵母音变的情况也不是很多，这里主要概括两类情况：

(1) 前一音节涉后而发生的变化。如：

答应 ta˩˨ ·in→tai˩˨ ·in “答”因受“应”音节中“i”元音的影响而后加了一个“i”。

端阳 tan˨ ·iaŋ→tai˨ ·iaŋ “端”因受“阳”音节中“i”元音的影响而改“n”为“i”。

耽搁 tan˨ ·ko→taŋ˨ ·ko “耽”因受“搁”音节中舌根音“k”发音部位的影响而后加了一个“ŋ”。

难为：此词有两种音变：

一是：lan˧ ·uei→laŋ˧ ·uei “难”因受“为”音节中“u”靠后发音部位的影响而将前鼻尾改为后鼻尾了。

二是：lan˧ ·uei→lau˧ ·uei “难”因受“为”音节中“u”的影响而将“n”改为“u”了。

汉口 xan˦ ·k‘əu→xaŋ˦ ·k‘əu “汉”因受“口”音节中舌根音“k”发音部位的影响而后加了一个“ŋ”。

(2) 后一音节因前而发生的变化。正处于儿化过程中的“儿”受前面音节的影响，增加了相应的介音就属此类情况。如：

盖儿 kai˦ ·iɚ

菜薹儿 tsai˦ t‘ai˧ ·iɚ

细牛儿 ɕi˦ ȵəu˧ ·uɚ

枕头套儿 tʂən˦ ·t‘əu t‘au˦ ·uɚ

(3) 出现在合音中的韵母音变。合音可独立为一类现象，但也可归入声母或韵母音变。在此归为韵母音变。如：

堂屋 t‘aŋ˧ ·u→t‘au˩˨ “堂屋”快读之后，“aŋ˧ ·u”整合为“au˩˨”了，“堂”的韵母出现了丢失性变化。

做生意 tsəu˦ sən˨ ·i→tsəu˦ sɛ˩˨ “做生意”快读之后，“ən˨ ·i”整合为“ɛ˩˨”了，“生”的韵母中“ə”元音前化，“n”丢失。

4. 声母增音

浠水方言中的声母音变主要表现为正处于儿化过程中的“儿”受前面音节的影响，增加了相应辅音的情况。主要是前面音节韵尾为“ŋ”，增加声母“ŋ”的。例：

秧儿 iaŋ˨ ·ŋɚ

房儿 faŋ˨ ·ŋɚ

缸儿 kaŋ˨ ·ŋɚ

框儿 k'uaŋ˨ ·ŋɚ

二、语音特点

（一）音系特点

因为在浠水方言语音与北京话语音、中古音的比较中还要具体论及音系特点，所以浠水方言音系特点在此只作简要说明。

1. 声母特点

浠水方言 p、p'、m、f、t、t'、ts、ts'、s、tɕ、tɕ'、ɕ、k、k'、x 等声母发音均与北京话相同。tʂ、tʂ'、ʂ、ʐ 声母发音部位略前，卷舌程度不及北京话。有 ȵ、ɳ、ŋ 三个鼻音，其中ɳ是舌尖后鼻音，只拼“女”字；ŋ 为舌根鼻音，音值与湖北各地 ŋ 声母相同，这个声母只与开口呼韵母相拼。ø 包括 o、ɚ、i、u、ʮ 作起首音的情况，在这几个元音前，有时候有 ʔ 出现。

2. 韵母特点

浠水方言韵母中主要元音有 ɿ、ʅ、i、u、ʮ、a、o、ɛ、ə 9 个。韵母中没有 y 以及以 y 起首的撮口呼韵母，但有圆唇舌尖元音 ʮ 以及以 ʮ 起首的圆唇韵母。

3. 声调特点

音高上，调值多低平，无论是调内还是调间变化都不大。

音长上，6 个调都是长调，入声也不是短促的。

（二）异读

这里的异读，指的是广义上的一字多读现象，包括文白异读和新旧异读。新旧异读主要指不同场合下因语音演变、受标准音及别的方言影响而造成的一字多读等现象。

1. 文白异读

我们参考北京话或其他方言的情况，把以下这些字的不同读音姑且都看做文白异读。举例分为两组：一组是声母的异读，一组是韵母与声调的异读。记音时文读在前，白读在后，中间用斜线“/”分开。括号里的是代表性词或词组形式。

(1) 声母的异读

在（在这儿）tsai˧ tʂʿɛ˥ ·ɚ / tai˧ tɛ˥ ·ɚ

昨（昨儿）tso˨˦ ·ɚ / tsʿo˨˦ ·ɚ

这（这儿）tʂʿɛ˥ ·ɚ / tɛ˥ ·ɚ

匙（钥匙）io˨˦ ·ʂʅ / io˨˦ ·tʂʿʅ

像（像一个人）ɕiaŋ˧ i˨˦ ·ko zʐən˦ → / tɕʿiaŋ˧ i˨˦ ·ko zʐən˦

挂（挂包）kua˥ pau˩ / kʿua˥ pau˩

各（各人）ko˨˦ zʐən˦ / kʿo˨˦ zʐən˦

锅（一锅饭）i˨˦ ko˩ fan˧ → /i˨˦ o˩ fan˧

间（一间屋）i˨˦ tɕian˩ u˨˦ / i˨˦ kan˩ u˨˦

家（一家人）i˨˦ tɕia˩ zʐən˦ / i˨˦ ka˩ zʐən˦

卡（关卡）kuan˩ tɕʿia˧ / kuan˩ ka˧

下（一下儿）i˨˦ ɕia˧ ·ɚ / i˨˦ xa˧ ·ɚ

吓（吓了一跳）ɕia˨˦ ·liau i˨˦ tiau˥ / xɛ˨˦ ·liau i˨˦ tiau˥

牙（牙齿）ia˦ tʂʿʅ˧ / ŋa˦ tʂʿʅ˧

鸭（鸡鸭）tɕi˩ ia˨˦ / tɕi˩ ŋa˨˦

咬（咬一口）iau˧ ·i kəu˧ / ŋau˧ ·i kəu˧

眼（眼睛）ian˧ ·tɕin / ŋan˧ ·tɕin

瞎（瞎子）ɕia˨˦ ·tsɿ / xa˨˦ ·tsɿ

(2) 韵母和声调的异读

没（没得）mɛ˨˦ ·tɛ / mu˨˦ ·tɛ

捶（捶衣裳）tʂʿʮəi˦ ·i ·ʂaŋ / tʂʿʮ˦ ·i ·ʂaŋ

吹（风吹的）foŋ˩ tʂʿʮəi˩ ·ti / foŋ˩ tʂʿʮ˩ ·ti

嚼（用嘴嚼）ioŋ˧ tɕi˧ tɕio˧ / ioŋ˧ tɕi˧ tɕiau˧

跨（跨两省）kʿua˧ liaŋ˧ sən˧ / kʿa˦ liaŋ˧ sən˧

2. 新旧异读

新旧异读就是新读与旧读的差异。依旧前新后的顺序举例如下：

去：tʂʿʮ˥（多出现在“去不去”中）/ tɕʿi˥（多出现在单用场合）

挖：ua˩（挖土）/ua˨（挖耳朵）

闲：xan˧（"管闲事"之"闲"的老派读音）/ɕian˧（"管闲事"之"闲"的新派读音）

厕：sʅ˨（"茅厕"之"厕"的老派读音）/ts'ɛ˩（"茅厕"之"厕"的新派读音）

菊：tɕiəu˩（"菊花"之"菊"的老派读音）/tɕʮ˩（"菊花"之"菊"的新派读音）

三、同音字汇

同音字汇编排说明：

1. 字汇的编排据以下做法进行：按韵母分部，同韵的字按声母排列，声韵相同的字按声调排列。

2. 韵母的排列次序是：

ɿ	ʅ	i	u	ʮ
	a	ia	ua	ʮa
	o	io		
	ɛ	iɛ	uɛ	ʮɛ
	ɚ			
	əi		uəi	ʮəi
	ai		uai	ʮai
	əu	iəu		
	au	iau		
	ən	in	uən	ʮən
	an	ian	uan	ʮan
	aŋ	iaŋ	uaŋ	ʮaŋ
	oŋ	ioŋ		

3. 声母的排列次序是：

p	p'	m	f
t	t'	l	

ts　tsʻ　s
tʂ　tʂʻ　ɳ　ʂ　ʐ
tɕ　tɕʻ　ȵ　ɕ
k　kʻ　ŋ　x
ø

4. 声调的排列次序是：

阴平、阳平、上声、阴去、阳去、入声。

5. 对于异读情况，同音字汇对一些典型的字予以标注。标注的方法是：下加数字 1 和相应的注释以表示文读或新读，下加数字 2 和相应的注释以表示白读或旧读。例如：tsai˧ 在$_1$～这儿　tai˧ 在$_2$～这儿。

6. 有的字在后面用次一号字加注。加注有两个目的：一是解释意义，让外地人能懂；二是提示多音字读某个音的场合。例如“炸”有 tʂa˨˩˧、tʂa˥ 两种读音，油炸的“炸”读 tʂa˨˩˧，记做“炸油～”；炸弹的“炸”读 tʂa˥，记做“炸～弹”。

7. 用方框表示没有适当的可写的字。

ɿ

tsɿ˩　资咨孜滋姿恣
tsɿ˦　子籽紫仔姊
tsɿ˧　字自柿梓
tsʻɿ˨˦　词辞慈磁糍
tsʻɿ˦　此
tsʻɿ˥　次刺鱼～赐疵茨
tsʻɿ˨˩˧　刺～杀
sɿ˩　司思厕$_2$茅～丝私撕斯师狮
sɿ˨˦　祠
sɿ˦　死史
sɿ˥　四肆驷泗耜
sɿ˧　似寺饲俟伺事

ʅ

tʂʅ˩　只量词知枝肢支
tʂʅ˦　纸止只指趾
tʂʅ˥　志制至智置翅
tʂʅ˧　直$_1$～接值$_1$价～治$_1$～理殖$_1$生～
tʂʅ˨˩˧　质执职织汁帜
tʂʻʅ˩　痴魑
tʂʻʅ˨˦　持池迟驰匙弛
tʂʻʅ˦　耻齿侈
tʂʻʅ˥　稚□下滑
tʂʻʅ˧　直$_2$～接值$_2$价～治$_2$～理殖$_2$生～
tʂʻʅ˨˩˧　叱斥尺赤笞蚩
ʂʅ˩　诗施尸
ʂʅ˨˦　时莳
ʂʅ˦　始矢屎豕
ʂʅ˥　式势试拭嗜逝饰
ʂʅ˧　是食十氏视蚀市拾石
ʂʅ˨˩˧　实识失湿

i

pi˩ 屄
pi˧ 比妣匕彼
pi˥ 闭弼
pi˧ 币弊蔽避毖毙婢鼻₁～子
pi˨ 壁璧笔必秘毕碧逼
p'i˩ 披批坯砒
p'i˦ 痹皮陂疲啤琶脾
p'i˧ 鄙痞毗丕睥譬邳
p'i˥ 匹屁
p'i˧ 濞鼻₂～子
p'i˨ 辟劈霹癖僻噼
mi˩ 眯
mi˦ 弥迷醚靡糜縻梅枚眉煤媒
mi˧ 米美
mi˥ 眯较"mi˩"闭眼的程度要深，眼闭得更小
mi˧ 谜咪
mi˨ 觅蜜密谧幂汨
ti˩ 的低
ti˧ 氐抵底邸砥诋
ti˥ 帝谛蒂缔
ti˧ 地弟递第娣隶棣逮
ti˨ 敌嫡滴嘀涤翟
t'i˩ 梯
t'i˦ 提堤题啼
t'i˧ 体
t'i˥ 替剃屉
t'i˧ 狄笛籴荑
t'i˨ 嚏踢剔蹄惕涕倜
li˩ □不停地动。多指小孩子好动
li˦ 犁厘璃狸雷垒
li˧ 你里理哩李礼
li˧ 泪类累例利丽戾吏厉
li˨ 力立历鬲粒栗
tɕi˩ 鸡几机饥
tɕi˧ 嘴咀已挤
tɕi˥ 醉既祭记纪季继际寄剂济
tɕi˧ 集嫉忌罪
tɕi˨ 及级极即疾迹籍
tɕ'i˩ 期妻欺凄
tɕ'i˦ 其旗棋齐荠奇骑崎祺淇芪祈
tɕ'i˧ 起启绮岂
tɕ'i˥ 去₂来～气汽器砌弃契沏
tɕ'i˧ 妓歧岐企
tɕ'i˨ 七戚漆憩葺泣迄乞
ȵi˦ 疑尼泥呢昵倪霓旎
ȵi˧ 拟议仪蚁
ȵi˧ 腻义艺毅
ȵi˨ 逆溺匿
ɕi˩ 熙嘻熹兮西牺希稀烯唏浠欷曦羲须需虽携₂～带
ɕi˦ 徐随
ɕi˧ 喜洗铣徙葸
ɕi˥ 细戏婿岁
ɕi˧ 系习席叙
ɕi˨ 锡惜悉袭息熄媳隙夕汐析晰淅吸溪
i˩ 衣依医咿伊
i˦ 移遗夷姨颐彝
i˧ 以椅猗倚矣
i˥ 亿忆屹意噫

i˧	异易
i˨˩˧	一益抑逸佚溢译邑壹亦揖

u

pu˦	补哺
pu˥	布怖抪
pu˧	捕埠部步
pu˨˩˧	不
pʻu˦˨	葡菩蒲
pʻu˦	普谱潽甫浦脯圃
pʻu˥	铺埔
pʻu˧	扑$_2$～着
pʻu˨˩˧	卜仆扑朴瀑濮
mu˨˩˧	目苜木穆牧沐
fu˩	夫伕傅肤袱敷
fu˦˨	浮扶符
fu˦	抚府斧釜辅
fu˥	副富妇赋赴付附
fu˧	服负父
fu˨˩˧	弗福复幅覆佛腹氟蝮
ku˩	姑孤咕沽菇辜酤
ku˦	古鼓蛊估股牯
ku˥	顾固锢雇痼
ku˨˩˧	谷骨毂
kʻu˩	箍枯酷
kʻu˦˨	跍
kʻu˦	苦
kʻu˥	库裤
kʻu˧	□保持处于某一状态：一直～在屋里没出来
kʻu˨˩˧	哭窟
xu˩	乎呼
xu˦˨	胡湖糊蝴葫猢醐壶瓠弧鹄
xu˦	虎浒琥
xu˥	唬
xu˧	互护户沪核唬扈
xu˨˩˧	忽惚囫
u˩	乌呜钨污坞诬
u˦˨	无吴吾梧蜈
u˦	五伍捂武午侮妩忤芜
u˥	恶
u˧	误寤悟雾
u˨˩˧	屋勿物毋

ɥ

tʂɥ˩	猪诸潴朱株珠蛛铢洙诛茱侏
tʂɥ˦	主煮伫举
tʂɥ˥	驻铸著注箸炷蛀据句
tʂɥ˧	柱住具惧巨距矩
tʂɥ˨˩˧	菊$_1$～花桔橘局鞠
tʂʻɥ˩	区躯驱岖吹$_2$～拂
tʂʻɥ˦˨	除储橱厨瞿渠衢捶$_2$～打
tʂʻɥ˦	龋杵□处于一种木讷的状态：还～在那儿做么事
tʂʻɥ˥	去$_1$来～祛处
tʂʻɥ˨˩˧	出诎曲屈蛐
ɳɥ˦	女
ʂʻɥ˩	书输殳舒殊姝枢抒纾
ʂʻɥ˦	黍暑薯鼠
ʂʻɥ˥	恕庶曙戍墅
ʂʻɥ˧	树竖澍
ʂʻɥ˨˩˧	术述沭
ɥ˦˨	鱼渔与于余愚虞舆娱
ɥ˦	雨语羽宇禹

ʮ˥ 尉□喂食：～一口饭吃

ʮ˧ 俞愈谕喻愉瑜逾愈遇寓预豫御誉吁

ʮ˧˩˧ 域玉钰裕郁煜

a

pa˩˨ 巴吧疤粑笆芭叭

pa˧˦ 把靶

pa˥ 霸坝霸灞

pa˧ 罢耙

pa˧˩˧ 八爸捌

pʻa˧˩ 爬扒钯琶杷葩

pʻa˥ 怕

pʻa˧ 拔跋

ma˩˨ 吗嘛

ma˧˩ 妈麻

ma˧˦ 马码玛蚂

ma˥ 妈奶子："ma˧˩"的变读

ma˧ 骂

ma˧˩˧ 抹

fa˧ 乏伐筏罚阀

fa˧˩˧ 法珐砝发

ta˧˦ 打怛

ta˧ 大

ta˧˩˧ 答搭达嗒鞑哒妲褡跶

tʻa˩˨ 它他她

tʻa˧ 塌榻沓踏

tʻa˧˩˧ 塔拓蹋獭遢塌

la˩˨ 娜呐啦拉邋

la˧˩ 拿

la˧˦ 哪喇

la˧ 那旯

la˧˩˧ 纳钠捺衲腊蜡剌垃辣瘌

tsa˧˦ 咋咱

tsa˧˩˧ 匝咂

tsʻa˧ 杂□淋雨：莫在雨里～

tsʻa˧˩˧ 擦嚓

sa˧˦ 撒洒潵

sa˧˩˧ 卅萨飒靸

tʂa˩˨ 渣喳楂吒

tʂa˧˦ □遭受水浸了：～了水

tʂa˥ 炸诈榨蚱

tʂa˧ 栅～儿

tʂa˧˩˧ 砸扎眨闸札扎轧炸～鱼/用油～

tʂʻa˩˨ 差叉杈

tʂʻa˧˩ 查茶搽

tʂʻa˧˦ 敞敞开着的：钱敞倒用，冒得人管

tʂʻa˥ 诧姹岔刹衩汊

tʂʻa˧˩˧ 插茬察嚓镲

ʂʻa˩˨ 纱砂沙莎鲨裟挲痧

ʂʻa˧˦ 啥傻

ʂʻa˧˩˧ 杀刹歃唼煞霎

ka˩˨ 咖家₂～猪

ka˥ 嫁₂～妆架驾

ka˧˩˧ 夹嘎尬

kʻa˧˩ 跨₂～越

kʻa˧˦ 卡₂哨～咔

kʻa˥ 胯两腿之间的空间

kʻa˧˩˧ 掐

ŋa˩˨ 鸦桠

ŋa˧˩ 衙牙₂～齿蚜伢

ŋa˧˦ 哑

ŋa˧ 压碾压：压甘蔗

ŋa˨˩˧ 压$_2$～迫鸭$_2$野～押

xa˩ 哈蛤虾

xa˧ 哈傻：～巴儿

xa˥ 罅

xa˧ 下$_2$上～

xa˨˩˧ 瞎$_2$眼～

ia

tɕia˩ 家$_1$～庭嘉葭佳加茄袈跏嗟呼应词，伴随给予行为的一种呼声：～，拿倒

tɕia˧ 假贾

tɕia˥ 价嫁$_1$～妆稼驾架

tɕia˨˩˧ 夹甲颊荚钾戛胛枷

tɕʻia˧ 卡$_1$～子

tɕʻia˨˩˧ 恰洽袷钹

ɕʻia˦˨ 霞

ɕʻia˧ 下$_1$上～夏厦匣

ɕʻia˨˩˧ 侠峡狭辖暇遐黠

ia˩ 呀丫

ia˦˨ 崖芽牙$_1$～齿

ia˧ 讶雅

ia˥ 亚垭

ia˨˩˧ 押压$_1$～迫鸭$_1$野～

ua

kua˩ 瓜呱

kua˧ 寡剐

kua˥ 卦褂挂$_1$牵～

kua˨˩˧ 括刮

kʻua˩ 夸晗

kʻua˧ 胯跨$_1$～越垮侉

kʻua˥ 挂$_2$牵～

kʻua˨˩˧ 咵闲聊：～天

xua˩ 花哗

xua˦˨ 华桦骅铧

xua˥ 化

xua˧ 话滑猾画划华姓

ua˩ 哇蛙娲

ua˦˨ 娃

ua˧ 瓦佤

ua˥ 洼凹

ua˨˩˧ 挖袜

ɥa

tʂɥa˩ 抓

tʂɥa˧ 爪

tʂɥa˨˩˧ □残废了：手～了

ʂɥa˧ 耍

ʂɥa˨˩˧ 刷唰

ɥa˧ □口无遮拦地说话：大口～

o

po˩ 波玻

po˧ 跛

po˥ 播簸

po˨˩˧ 博搏剥驳拨脖亳钵礴

pʻo˦˨ 婆鄱

pʻo˧ 叵颇

pʻo˥ 破

pʻo˧ 薄

pʻo˨˩˧ 朴泼勃礴

mo˦˨ 魔膜模摩蘑貉

mo˧ 么

mo˧ 磨莫不要蓦幕墓暮

mo˨˩˧ 睦莫文读摸末抹茉寞

to˩ 多哆
to˧ 朵躲垛
to˥ 跺剁
to˧ 舵堕惰
to˨˩˧ 咄
t'o˩ 拖
t'o˥˧ 驮陀鸵驼砣沱庹
t'o˧ 妥椭
t'o˥ 唾
t'o˧ 夺
t'o˨˩˧ 脱拓柝托橐
lo˩ 啰₁应～
lo˥˧ 挪傩萝锣逻箩螺骡
lo˧ 裸
lo˧ 懦糯摞
lo˨˩˧ 诺₁～言洛烙络骆珞落漯
tso˩ 啄
tso˧ 左佐
tso˥ 左～手
tso˧ 坐座
tso˨˩˧ 作昨₁～日祚撮
ts'o˩ 搓磋蹉
ts'o˥ 错挫厝措锉痤瘥
ts'o˧ 凿戳
ts'o˨˩˧ 昨₂～日
so˩ 唆梭嗦娑蓑
so˧ 所锁琐唢
so˨˩˧ 索缩塑溯朔槊
tʂo˩ 蜇
tʂo˧ 着表待续性语气：吃了～
tʂo˨˩˧ 啄桌捉着浊灼倬焯拙茁卓酌斫濯擢涿琢
tʂ'o˨˩˧ 辍绰龊
ʂo˨˩˧ 硕烁铄
ʐo˨˩˧ 弱若偌箬啰₂应～诺₂～言
ko˩ 哥歌咯舸锅₁铁～
ko˧ 果裹馃蜾
ko˥ 个过
ko˨˩˧ 各₁～人割搁葛鸽阁蛤胳骼郭椁
k'o˩ 科苛坷柯珂颗棵稞窠蝌
k'o˧ 可
k'o˥ 课
k'o˨˩˧ 渴磕瞌嗑壳阔廓扩括各₂～人
ŋo˩ 屙
ŋo˥˧ 鹅讹俄峨
ŋo˧ 我
ŋo˧ 饿
ŋo˨˩˧ 恶鳄萼愕鄂腭遏噩
xo˩ 呵嗬
xo˥˧ 和河荷何禾盍曷
xo˧ 火伙
xo˥ 货和
xo˧ 贺合盒活祸
xo˨˩˧ 霍藿豁喝褐鹤壑阖涸貉纥
o˩ 哦锅₂铁～
o˥ 喔

io

lio˨˩˧ 略掠
tɕio˧ 嚼
tɕio˨˩˧ 爵角脚觉
tɕ'io˧ □唠叨：莫亘天的～

tɕʻio˨˩˧ 确却雀鹊

ȵio˨˩˧ 疟虐谑

ɕio˧ 学

ɕio˨˩˧ 削

io˩ 哟

io˧ □对母亲的一种称呼

io˨˩˧ 药约乐岳

ɛ

pɛ˧ 白

pɛ˨˩˧ 百佰柏伯

pʻɛ˨˩˧ 拍迫

mɛ˨˩˧ 麦没墨默脉陌

tɛ˦ 这$_2$～儿

tɛ˨˩˧ 得德

lɛ˨˩˧ 讷勒嘞肋$_1$～骨

tsɛ˨˩˧ 则责仄昃啧帻

tsʻɛ˧ 择泽贼

tsʻɛ˨˩˧ 策册测厕$_1$～所恻侧

sɛ˩ □笑：别个气的不得了，他还在那儿个～

sɛ˨˩˧ 塞色涩啬瑟穑

tʂɛ˧ 者

tʂɛ˦ 这$_1$～儿

tʂɛ˧ 遮鹧

tʂɛ˨˩˧ 哲折蛰浙摺褶谪赭柘蜇

tʂʻɛ˩ 车

tʂʻɛ˧ 扯

tʂʻɛ˦ 辄

tʂʻɛ˨˩˧ 坼掣闪电闪动

ʂɛ˩ 赊畬奢

ʂɛ˥˧ 蛇佘

ʂɛ˧ 舍

ʂɛ˦ 猞舍宿～赦

ʂɛ˧ 社射舌折亏本麝

ʂɛ˨˩˧ 设摄慑涉

kɛ˩ 哽说话哽结：～来～去的也不晓得～的个么事

kɛ˦ 锯用锯加工

kɛ˨˩˧ 革圪疙嗝隔

kʻɛ˦ □勒：颈～倒了

kʻɛ˨˩˧ 克刻咳客恪

ŋɛ˧ 咕

ŋɛ˨˩˧ 额厄扼

xɛ˩ 嘿

xɛ˧ 核

xɛ˨˩˧ 黑赫

ɛ˩ □应答声

iɛ

piɛ˦ 扁不圆的：谷不饱满，是～的

piɛ˧ 别

piɛ˨˩˧ 憋瘪蹩鳖

pʻiɛ˦ □轻轻地折：把棍儿～断了

pʻiɛ˨˩˧ 撇瞥

miɛ˧ 搣

miɛ˦ 乜咩

miɛ˨˩˧ 灭蔑篾

tiɛ˩ 爹

tiɛ˨˩˧ 跌迭

tʻiɛ˧ 特忒忑餮叠堞蝶谍碟喋牒

tʻiɛ˨˩˧ 铁贴帖萜

liɛ˧ □歪：莫在这儿打～眼啰

liɛ˨˩˧ 列劣烈冽裂洌趔猎鬣喏$_2$应～

tɕiɛ˩ 嗟喈
tɕiɛ˧ 姐
tɕiɛ˥ 借
tɕiɛ˨ 杰接节结秸洁拮诘揭截劫竭偈碣羯桀孑
tɕ'iɛ˦ 茄□做事拘谨，放不开手脚
tɕ'iɛ˧ 且趄
tɕ'iɛ˥ 睫婕捷
tɕ'iɛ˧ 绝
tɕ'iɛ˨ 切窃怯妾惬箧
ȵiɛ˨ 业聂蹑镊嗫颞捏涅孽蘖臬镍�
ɕiɛ˩ 些携₁～带
ɕiɛ˦ 斜偕邪谐
ɕiɛ˧ 写
ɕiɛ˥ 卸泻泄亵
ɕiɛ˧ 瀣协谢榭勰
ɕiɛ˨ 歇血屑楔叶蝎撷挟
iɛ˩ 耶椰咽
iɛ˦ 爷
iɛ˧ 也野冶
iɛ˧ 夜
iɛ˨ 页叶液谒噎靥腋掖曳拽晔烨

uɛ

kuɛ˨ 国帼
xuɛ˧ 或惑
uɛ˩ 喂招呼语

ʮɛ

tʂʮɛ˨ 决诀抉厥獗蹶撅掘崛倔撅攫
tʂ'ʮɛ˧ 穴
tʂ'ʮɛ˨ 缺阙瘸
ʂ'ʮɛ˩ 靴
ʂ'ʮɛ˨ 说
ʮɛ˩ □呼喊：～了半天也冒见人答应
ʮɛ˧ 惹
ʮɛ˥ □大声地呼喊：大声的～
ʮɛ˨ 热越阅悦粤曰月钺刖

ɚ

ɚ˦ 儿而
ɚ˧ 耳佴饵洱尔迩
ɚ˧ 二贰
ɚ˨ 日

əi

pəi˩ 悲卑碑杯呗邶
fəi˩ 非飞菲绯妃霏
fəi˦ 肥淝
fəi˧ 匪翡诽扉斐蜚
fəi˥ 痱肺费废沸狒

uəi

kuəi˩ 归龟圭硅鲑闺规皈
kuəi˧ 鬼轨诡宄
kuəi˥ 瑰桂贵瑰鳜
kuəi˧ 跪柜
k'uəi˩ 亏窥盔岿
k'uəi˦ 畦奎葵馗魁暌逵夔
k'uəi˧ 揆用腿往下压
k'uəi˥ 溃愧馈喟篑聩
xuəi˩ 灰恢诙挥辉晖徽麾
xuəi˦ 回徊蛔洄茴
xuəi˧ 毁贿诲
xuəi˥ 惠蕙汇彗慧悔晦绘烩桧秽讳卉喙

xuəi˧ 会
uəi˩ 威
uəi˨ 为唯维惟危韦违围帷
uəi˦ 尾伟纬炜伪委萎苇
uəi˥ 畏喂尉慰蔚偎
uəi˧ 魏为未位卫胃谓渭

ʯəi

tʂʯəi˩ 隹锥椎追骓
tʂʯəi˥ 坠缀赘
tʂʻʯəi˩ 吹₁～拂炊
tʂʻʯəi˨ 垂捶₁～打锤陲棰槌
ʂʯəi˨ 谁
ʂʯəi˦ 水
ʂʯəi˥ 睡税说
ʂʯəi˧ 瑞
ʯəi˥ 锐芮蕊

ai

pai˩ 掰捭
pai˦ 摆
pai˥ 拜湃
pai˧ 败稗
pʻai˨ 排俳徘牌簰
pʻai˥ 派哌
mai˨ 埋
mai˦ 买霾
mai˧ 卖迈
tai˩ 呆
tai˦ 歹傣
tai˥ 戴带
tai˧ 在₂～这儿待代贷袋黛岱玳迨怠殆
tʻai˩ 胎
tʻai˨ 台抬苔跆邰
tʻai˥ 太态汰呔泰
lai˩ 奶奶奶
lai˨ 来莱徕
lai˦ 乃奶乳房。文读氖鼐赉睐
lai˧ 耐奈赖籁癞濑
tsai˩ 哉栽灾
tsai˦ 宰仔崽
tsai˥ 再载
tsai˧ 在₁～这儿
tsʻai˩ 猜
tsʻai˨ 才财材裁
tsʻai˦ 采彩踩₁理～睬
tsʻai˥ 蔡菜
sai˩ 腮鳃
sai˥ 赛塞噻
tʂai˩ 斋
tʂai˥ 债
tʂai˧ 寨
tʂʻai˩ 侪钗差
tʂʻai˨ 柴豺
tʂʻai˦ 踩₂理～
ʂai˩ 筛
ʂai˥ 晒
kai˩ 该赅垓阶街皆
kai˦ 改解
kai˥ 界戒诫械届介芥疥盖概溉丐钙
kʻai˩ 开揩
kʻai˦ 凯恺铠楷锴剀

k'ai˥ 慨忾

ŋai˨˩ 哀哎挨

ŋai˦˨ 埃癌呆崖挨拖延：～到了四月份

ŋai˦˧ 矮蔼皑

ŋai˥ 爱嗳

ŋai˧ 碍艾隘

xai˨˩ 嗨咍

xai˦˨ 还孩咳

xai˦˧ 海

xai˧ 害亥氦骸

uai

kuai˨˩ 乖

kuai˦˧ 拐

kuai˥ 怪夬

k'uai˦˧ 蒯

k'uai˥ 块快筷会脍侩

xuai˦˨ 怀槐淮徊踝

xuai˧ 坏

uai˨˩ 歪

uai˧ 外

ʮai

tʂʮai˨˩ □不利索，缺乏行为能力：手冻～了

tʂʮai˦˧ 拽

tʂ'ʮai˥ 揣踹

ʂʮai˨˩ 衰摔

ʂʮai˦˧ 甩

ʂʮai˥ 帅率蟀

əu

təu˨˩ 都兜蔸篼

təu˦˧ 斗抖蚪陡肚堵赌睹

təu˥ 斗蠹

təu˧ 豆逗痘杜度渡镀读$_{1}$～书

təu˨˩˧ 独毒督笃犊牍渎

t'əu˨˩ 偷

t'əu˦˨ 图头投涂途徒屠荼

t'əu˦˧ 土吐口中一般性吐出：吐涎

t'əu˥ 吐透兔

t'əu˧ 读$_{2}$～书

t'əu˨˩˧ 凸突秃

ləu˨˩ 搂

ləu˦˨ 奴髅楼喽卢炉芦

ləu˦˧ 努弩驽娄篓鲁掳

ləu˥ 睩睁大眼睛看

ləu˧ 怒露漏陋

ləu˨˩˧ 六录禄绿碌陆鹿麓漉辘

tsəu˨˩ 邹陬诹租

tsəu˦˧ 走阻祖诅组俎

tsəu˥ 奏$_{1}$上～揍

tsəu˧ 镞$_{1}$箭～

tsəu˨˩˧ 卒足

ts'əu˨˩ 粗

ts'əu˦˨ 愁

ts'əu˦˧ 徂楚瞅

ts'əu˥ 奏$_{2}$上～凑辏腠醋

ts'əu˧ 族镞$_{2}$箭～蔟

ts'əu˨˩˧ 促猝

səu˨˩ 搜飕馊嗖苏

səu˦˧ 叟艘擞

səu˥ 数薮嗽素

səu˨˩˧ 俗粟宿缩速谡肃夙僳

tʂəu˨˩ 州洲周啁舟

tʂəu˦ 肘帚
tʂəu˥ 昼咒
tʂəu˧ 纣
tʂəu˨˧ 粥祝烛筑嘱瞩
tʂ‘əu˩ 抽
tʂ‘əu˨˦ 俦酬稠绸惆筹仇踌畴雠
tʂ‘əu˦ 丑
tʂ‘əu˥ 臭
tʂ‘əu˧ 逐
tʂ‘əu˨˧ 畜搐触怵
ʂəu˩ 收
ʂəu˦ 手守狩首
ʂəu˥ 兽
ʂəu˧ 受授绶寿熟售
ʂəu˨˧ 属叔蜀菽
ʐəu˨˦ 柔揉糅蹂鞣
ʐəu˨˧ 肉辱缛褥溽
kəu˩ 勾钩沟佝篝
kəu˦ 狗苟枸
kəu˥ 够垢诟构购媾彀
k‘əu˩ 抠眍
k‘əu˦ 口
k‘əu˥ 扣叩筘寇蔻
ŋəu˩ 区欧呕讴殴鸥瓯沤
ŋəu˦ 偶藕耦
ŋəu˥ 怄
xəu˩ 齁
xəu˨˦ 侯猴喉篌糇
xəu˦ 吼
xəu˧ 后厚候逅鲎

iəu

tiəu˩ 丢
liəu˨˦ 刘浏硫琉流旒留遛榴
liəu˦ 柳绺
liəu˥ 溜瘤
tɕiəu˩ 揪纠鸠赳阄
tɕiəu˦ 酒九久玖韭
tɕiəu˥ 究救灸疚咎厩
tɕiəu˧ 就旧舅鹫柩臼
tɕiəu˨˧ 菊2～花
tɕ‘iəu˩ 秋鳅楸丘邱蚯
tɕ‘iəu˨˦ 求球逑裘俅犰仇酋遒蝤囚泅虬
tɕ‘iəu˥ □苟且地待着：～在屋檐下
tɕ‘iəu˨˧ 曲
ȵiəu˨˦ 牛
ȵiəu˦ 扭牛纽钮妞忸
ȵiəu˥ 拗灵活地扭动：～腰
ɕiəu˩ 休咻貅羞馐修
ɕiəu˦ 朽
ɕiəu˥ 嗅秀绣锈岫
ɕiəu˧ 袖
ɕiəu˨˧ 宿
iəu˩ 犹忧优莜攸莜悠幽猷
iəu˨˦ 由油邮游尤鱿
iəu˦ 有侑宥友酉
iəu˥ 诱幼呦黝
iəu˧ 又右佑柚铀釉鼬
iəu˨˧ 欲浴狱

au

pau˩ 包胞褒刨
pau˦ 保饱宝葆堡褓
pau˥ 爆报豹鲍趵
pau˧ 抱暴曝鸨雹

p'au˩ 苞泡咆抛
p'au˨ 跑袍疱匏狍
p'au˥ 泡炮
mau˩ 猫锚
mau˨ 矛茅毛旄牦
mau˧ 卯茆铆
mau˥ 冒袤髦耄
mau˦ 貌茂冒帽瑁贸
fau˧ 否缶
tau˩ 刀叨鱽忉
tau˧ 倒岛捣祷
tau˥ 倒到
tau˦ 道稻蹈导盗悼
t'au˩ 掏韬滔涛焘叨绦
t'au˨ 桃洮陶淘萄啕逃饕
t'au˧ 讨
t'au˥ 套
lau˩ 孬耢
lau˨ 牢淖挠猱劳涝痨捞唠崂醪
lau˧ 脑恼瑙垴老佬姥
lau˥ 捞偷窃
lau˦ 闹淖
tsau˩ 遭蹧醩糟
tsau˧ 早澡蚤藻枣
tsau˥ 造灶
tsau˦ 凿皂
ts'au˩ 操糙
ts'au˨ 曹槽嘈漕
ts'au˧ 草
ts'au˥ 躁噪
sau˩ 搔臊骚瘙缫缲
sau˧ 嫂梢扫
sau˥ 燥潲
sau˦ □轻轻地扫：虫在脚上～了一下
tʂau˩ 召昭招朝钊啁
tʂau˧ 找沼
tʂau˥ 照诏罩兆
tʂau˦ 赵
tʂ'au˩ 抄超
tʂ'au˨ 潮晁嘲
tʂ'au˧ 吵炒
tʂ'au˥ 耖
ʂau˩ 梢捎鞘艄筲烧
ʂau˨ 苕
ʂau˧ 少
ʂau˥ 哨少年龄小
ʂau˦ 劭绍邵韶
ʐau˨ 饶娆荛
ʐau˧ 扰绕
kau˩ 高羔糕膏篙缟镐槁杲睾皋
kau˧ 搞稿
kau˥ 告诰郜
k'au˩ 敲尻
k'au˧ 考拷烤犒
k'au˥ 靠铐
k'au˦ □轻率地招惹：莫个～，打你一下你又受不了
ŋau˨ 敖熬嗷遨螯獒鏖翱
ŋau˧ 咬$_2$～断袄
ŋau˥ 奥澳噢懊拗坳凹媪
ŋau˦ 傲
xau˩ 蒿薅

xau˨ 毫豪壕嚎濠嗥
xau˧ 好
xau˥ 好
xau˧ 号浩皓昊颢灏

iau

piau˩ 标彪镖骠膘飙镳
piau˧ 表裱婊
p'iau˩ 飘骠缥瞟
p'iau˨ 朴瓢嫖剽
p'iau˧ 漂莩殍
p'iau˥ 票漂
miau˩ 喵
miau˨ 苗描瞄
miau˧ 杪秒渺缈淼藐邈
miau˥ 缪
miau˧ 妙庙
tiau˩ 刁叼雕貂凋碉鲷
tiau˧ 鸟轻率的举动
tiau˥ 掉吊钓
tiau˧ 调铞
t'iau˩ 挑
t'iau˨ 条迢笤髫蜩调
t'iau˧ 窕佻
t'iau˥ 跳眺粜
liau˨ 聊辽疗撩僚燎缭獠镣嘹潦
liau˧ 了
liau˥ □细长的状态：一～儿地
liau˧ 料廖寥撂
tɕiau˩ 交茭郊胶跤佼教娇骄焦礁蕉椒
tɕiau˧ 搅矫绞铰狡缴剿
tɕiau˥ 觉₁睡～较叫校
tɕiau˧ 嚼轿
tɕ'iau˩ 敲谯悄锹
tɕ'iau˨ 乔桥荞瞧憔峤
tɕ'iau˧ 巧
tɕ'iau˥ 峭壳俏窍翘诮鞘
tɕ'iau˧ 撬橇
ȵiau˨ 尧
ȵiau˧ 鸟袅
ȵiau˧ 尿
ɕiau˩ 肖消销硝宵箫萧潇霄嚣逍枭
ɕiau˨ 淆崤
ɕiau˧ 小晓骁筱
ɕiau˥ 笑孝啸
ɕiau˧ 校效
iau˩ 要腰邀夭妖幺吆
iau˨ 姚遥摇窑谣瑶肴
iau˧ 舀杳窈咬₁～断
iau˥ 要
iau˧ 耀曜鹞

ən

pən˩ 奔贲
pən˧ 本
pən˥ 奔竭力追求：往前～
pən˧ 笨畚□一种盛水的器皿
p'ən˩ 烹
p'ən˨ 盆彭膨
mən˩ □埋头、不作声：～倒做事
mən˨ 门们
mən˧ 闷焖懑扪
fən˩ 分芬纷吩氛

fən˨˦ 坟汾酚
fən˦˨ 粉
fən˧˥ 愤粪奋忿
fən˧ 份
tən˩ 登瞪蹬噔灯
tən˦˨ 等
tən˧˥ 凳饨
tən˧ 邓澄囤
t'ən˩ 吞
t'ən˨˦ 屯臀豚
lən˩ □轻轻地拧：用手慢慢地～
lən˨˦ 仑轮伦抡沦纶囵
lən˦˨ 冷
lən˧ 论
tsən˩ 曾增憎缯罾锃争挣
tsən˦˨ 怎
tsən˧˥ 甑争往力所难达的程度努力：你挑不起来的，再～也没用
tsən˧ 赠
ts'ən˩ 村皴
ts'ən˨˦ 存
ts'ən˧˥ 寸忖
sən˩ 森僧飧孙荪生牲笙甥
sən˦˨ 笋损隼榫
sən˧˥ 生下：生蛋逊
tʂən˩ 真缜针朕珍贞侦祯帧桢甄斟箴臻榛砧
tʂən˦˨ 枕诊疹稹鸩
tʂən˧˥ 震镇振赈
tʂən˧ 阵圳
tʂ'ən˩ 抻称嗔琛碜瞠
tʂ'ən˨˦ 谶陈臣尘沉谌呈程成诚城承橙澄丞乘
tʂ'ən˦˨ 逞惩
tʂ'ən˧˥ 龀秤趁
ʂən˩ 深身申呻绅伸莘砷声升
ʂən˨˦ 神绳
ʂən˦˨ 沈审婶
ʂən˧˥ 什胜圣晟
ʂən˧ 肾甚葚慎
ʐən˨˦ 人仁壬
kən˩ 根跟耕羹庚赓
kən˦˨ 亘艮哏梗哽耿鲠
kən˧˥ 更埂
k'ən˩ 坑吭铿
k'ən˦˨ 肯恳垦啃
ŋən˩ 恩嗯
ŋən˧˥ 硬下方硬物作用于人的感受：脚～的好痛啊
ŋən˧ 硬
xən˩ 亨哼
xən˨˦ 痕恒
xən˦˨ 很狠
xən˧ 恨

in

pin˩ 兵宾滨缤殡槟镔鬓豳斌彬冰
pin˦˨ 丙秉饼禀炳
pin˧˥ 并柄
pin˧ 病
p'in˩ 拼
p'in˨˦ 屏摒贫牝瓶频颦嫔平评萍苹凭

p‘in˧ 品坪
p‘in˥ 聘姘
p‘in˧ 乒
min˨ 民泯岷珉缗明鸣名铭茗酩冥蜈溟瞑闽
min˧ 抿敏皿闵悯
min˧ 命
tin˩ 丁钉叮盯酊
tin˧ 顶鼎
tin˥ 订
tin˧ 定锭腚
t‘in˩ 厅汀町
t‘in˨ 亭停婷廷庭霆蜓
t‘in˧ 挺艇梃
t‘in˥ 听
lin˨ 林琳淋霖鳞磷膦麟嶙遴粼辚临邻拎龄零玲伶翎铃聆凌灵
lin˧ 凛廪檩懔领岭
lin˧ 赁另令
tɕin˩ 今金斤津巾筋襟矜靳经精京惊荆晶睛
tɕin˧ 仅谨锦紧瑾井景警颈
tɕin˥ 进劲禁浸晋觐敬境径
tɕin˧ 尽近静净
tɕ‘in˩ 亲侵钦青清轻顷倾卿氢
tɕ‘in˨ 秦禽擒噙琴勤芹覃晴情擎
tɕ‘in˧ 寝请
tɕ‘in˥ 沁庆
ȵin˨ 宁拧狞咛凝佞呤
ȵin˥ 躏
ȵin˧ 吝蔺
ɕin˩ 新心芯欣辛锌薪昕忻歆鑫兴星腥猩惺
ɕin˨ 行形型刑邢陉荥硎铏
ɕin˧ 醒擤省
ɕin˥ 信性姓
ɕin˧ 囟幸杏
in˩ 因姻茵阴荫音喑殷湮英鹰莺婴樱缨嘤
in˨ 银淫吟垠迎营赢萦蝇
in˧ 隐瘾引蚓饮尹鄞寅夤颖影
in˥ 饮使……喝：给菜饮点水荫胤应映媵
in˧ □蔓延：竹儿都～了过来

uən

kuən˧ 衮滚磙鲧
kuən˥ 棍
k‘uən˩ 坤昆鲲琨锟髡
k‘uən˧ 捆
k‘uən˥ 困睏
xuən˩ 昏婚浑溷荤
xuən˨ 魂横
xuən˧ 混馄
xuən˧ 混～日子诨
uən˩ 温瘟
uən˨ 文纹雯蚊玟闻
uən˧ 稳吻刎紊
uən˥ □潜下；沉下：乌龟又～到水里去了
uən˧ 问

ɥən

tʂɥən˩ 谆均钧军君
tʂɥən˧ 准

tʂʮən˧ 郡
tʂʻʮən˩ 春椿淳
tʂʻʮən˨ 纯唇醇
tʂʻʮən˧ 蠢
ʂʮən˩ 熏薰醺勋
ʂʮən˨ 驯
ʂʮən˧ 吮
ʂʮən˥ 舜瞬训
ʂʮən˧ 顺
ʮən˩ 氲愠
ʮən˨ 云酝芸纭耘员陨殒昀筠
ʮən˧ 允狁匀
ʮən˥ 韵熨
ʮən˧ 运晕孕郓恽

an

pan˩ 般搬斑瘢班颁扳
pan˧ 板版坂阪舨
pan˥ 半
pan˧ 办伴拌绊扮
pʻan˩ 潘攀
pʻan˨ 盘蟠蹒磐
pʻan˥ 判叛畔盼爿襻
man˨ 蛮瞒馒
man˧ 满螨
man˧ 曼慢漫幔蔓谩鳗漫
fan˩ 番翻燔蕃幡蹯
fan˨ 烦凡帆钒繁蘩樊
fan˧ 反返
fan˥ 贩畈
fan˧ 饭范犯
tan˩ 单郸箪丹耽聃眈
tan˧ 胆疸
tan˥ 担
tan˧ 旦但蛋淡氮澹惮殚弹
tʻan˩ 滩摊瘫贪坍
tʻan˨ 覃谭檀潭谈痰郯弹坛昙
tʻan˧ 坦袒毯忐
tʻan˥ 叹探炭碳
lan˨ 难男南楠喃蝻腩谳赧囡蓝篮兰栏拦岚阑谰澜孪孪滦峦栾鸾
lan˧ 懒览缆揽褴婪暖卵
lan˧ 乱难烂
tsan˩ 簪钻
tsan˧ 趱
tsan˥ 赞纂攥
tsan˧ 暂錾
tsʻan˩ 参掺骖餐
tsʻan˨ 蚕残惭孱馋潺谗搀
tsʻan˧ 惨
tsʻan˥ 灿粲璨
san˩ 三叁酸
san˧ 散伞
san˥ 散馓算蒜
tʂan˩ 占粘沾毡瞻詹旃
tʂan˧ 展盏斩
tʂan˥ 战颤
tʂan˧ 栈站
tʂʻan˨ 缠单禅蝉婵廛
tʂʻan˧ 产铲阐
tʂʻan˥ 忏□翻滚：牛在田里打～儿
ʂan˩ 山舢衫杉芟膻珊删跚姗潸苫

ʂan˨ 禅
ʂan˧ 闪陕
ʂan˦ 汕扇煽骗
ʂan˧ 善缮鄯擅
kan˩ 干肝杆竿甘柑绀疳苷泔乾
kan˧ 感赶秆敢橄擀
kan˦ 干赣淦
k‘an˩ 看刊堪勘戡龛
k‘an˦ 砍坎侃槛阚
k‘an˦ 看瞰
ŋan˩ 安氨鞍胺铵桉庵鹌谙
ŋan˨ 严
ŋan˧ 俺眼
ŋan˦ 暗晏按案黯
ŋan˧ 岸
xan˩ 酣憨鼾
xan˨ 邗咸含晗韩翰寒邯涵颔闲[2]～事
xan˧ 罕喊撼捍悍憾
xan˦ 汉
xan˧ 汗旱焊罕瀚陷

ian

pian˩ 边笾编蝙鳊鞭
pian˧ 扁匾煸贬砭
pian˦ 变
pian˧ 便辩辨辫弁卞汴
p‘ian˩ 篇偏
p‘ian˨ 便骈胼翩
p‘ian˧ 跰□狡辩：说你错了还不信，还在～
p‘ian˦ 骗谝片
mian˨ 棉绵眠
mian˧ 免冕娩勉缅腼沔黾眄
mian˧ 面湎
tian˩ 颠癫巅滇
tian˧ 点玷典碘
tian˦ 店掂踮惦奠
tian˧ 电垫殿淀甸钿佃
t‘ian˩ 天添
t‘ian˨ 田畋填甜阗
t‘ian˧ 忝舔恬腆殄
lian˨ 连莲涟裢鲢联廉镰濂帘怜奁
lian˧ 脸
lian˧ 练炼敛殓链琏恋
tɕian˩ 煎尖间兼肩坚艰监奸
tɕian˧ 剪减拣捡僭简
tɕian˦ 建见舰剑鉴溅涧箭谏柬
tɕian˧ 贱件渐键健
tɕ‘ian˩ 千迁纤钎阡牵签谦铅愆掮骞
tɕ‘ian˨ 钱乾前黔钳潜
tɕ‘ian˧ 遣谴缱浅
tɕ‘ian˦ 欠嵌倩歉茜堑
ȵian˩ 粘拈黏研
ȵian˨ 年鲇鲶
ȵian˧ 辇撵捻碾
ȵian˧ 念廿
ɕian˩ 先仙鲜掀籼
ɕian˨ 贤闲[1]～事弦痫嫌涎娴
ɕian˧ 显冼跣
ɕian˦ 现献宪线腺羡
ɕian˧ 现限县
ian˩ 烟咽焉鄢腌文读

ian˨ 言延沿颜阎盐
ian˦ 掩
ian˥ 宴堰厌燕
ian˧ 炎艳雁赝焰

uan

kuan˩ 关观冠官棺纶矜
kuan˦ 管馆莞
kuan˥ 观罐灌鹳贯惯掼盥
k'uan˩ 宽髋
k'uan˦ 款
xuan˩ 欢
xuan˨ 还环洹桓鬟寰
xuan˦ 缓浣
xuan˥ 奂涣唤焕痪幻鹮
xuan˧ 换患豢宦獾
uan˩ 弯湾豌
uan˨ 丸完
uan˦ 宛腕碗婉蜿惋挽皖莞烷纨绾
uan˥ 顽
uan˧ 万

ɥan

tʂɥan˩ 专砖颛捐娟绢鹃涓
tʂɥan˦ 转啭卷
tʂɥan˥ 转沌
tʂɥan˧ 传撰赚馔篆卷倦眷圈隽镌
tʂ'ɥan˩ 穿川
tʂ'ɥan˨ 船椽
tʂ'ɥan˦ 喘
tʂ'ɥan˥ 串钏
ʂɥan˩ 栓拴闩喧渲
ʂɥan˨ 玄悬
ʂɥan˥ 涮眩炫绚
ɥan˩ 冤鸳渊鸢
ɥan˨ 元沅原源袁塬猿辕员圆园缘爰援媛垣
ɥan˦ 远
ɥan˥ 怨
ɥan˧ 愿院苑垸

aŋ

paŋ˩ 邦帮梆浜
paŋ˦ 绑榜膀
paŋ˥ 磅谤镑
paŋ˧ 傍棒蚌
p'aŋ˩ 鳑~头鱼
p'aŋ˨ 旁螃庞滂逄
p'aŋ˦ 膀
p'aŋ˥ 胖
p'aŋ˧ 乓
maŋ˨ 忙盲邙氓茫硭
maŋ˦ 莽蟒漭
faŋ˩ 方
faŋ˨ 芳防房坊妨舫
faŋ˦ 访纺仿鲂
faŋ˥ 放
taŋ˩ 当裆
taŋ˦ 党挡档
taŋ˥ 当
taŋ˧ 荡砀凼宕
t'aŋ˩ 汤
t'aŋ˨ 堂膛棠螳唐塘糖搪瑭
t'aŋ˦ 躺淌傥倘
t'aŋ˥ 烫趟

laŋ˨˦ 囊嚷曩馕狼琅郎廊啷榔螂锒
laŋ˧˩ 朗
laŋ˧ 浪
tsaŋ˩ 脏臧赃
tsaŋ˥˧ 葬
tsaŋ˧ 脏藏奘
ts'aŋ˩ 仓苍舱沧鸧
ts'aŋ˨˦ 藏
ts'aŋ˥˧ 创怆
saŋ˩ 丧桑
saŋ˧˩ 嗓搡
saŋ˥˧ 丧
tʂaŋ˩ 张章漳彰璋獐樟嶂蟑
tʂaŋ˧˩ 掌涨长
tʂaŋ˥˧ 胀障帐瘴
tʂaŋ˧ 丈杖仗
tʂ'aŋ˩ 昌娼猖鲳
tʂ'aŋ˨˦ 常嫦长苌肠
tʂ'aŋ˧˩ 场厂敞氅倘
tʂ'aŋ˥˧ 唱倡畅怅
ʂaŋ˩ 商墒熵伤觞
ʂaŋ˨˦ 尝偿裳
ʂaŋ˧˩ 赏
ʂaŋ˧ 上尚
kaŋ˩ 缸肛冈纲钢刚罡
kaŋ˧˩ 港扛争吵：莫～，和气一些
kaŋ˥˧ 岗杠
k'aŋ˩ 康糠慷
k'aŋ˧˩ 扛
k'aŋ˥˧ 亢抗伉
ŋaŋ˩ 肮昂大声地叫
ŋaŋ˨˦ 昂
ŋaŋ˥˧ 盎印
xaŋ˨˦ 杭航吭沆行
xaŋ˧ 巷夯

iaŋ

liaŋ˨˦ 梁粱墚良粮踉凉椋
liaŋ˧˩ 两辆俩魉
liaŋ˥˧ □看：回家～一下儿
liaŋ˧ 量亮谅
tɕiaŋ˩ 江将姜浆糨疆缰
tɕiaŋ˧˩ 讲奖蒋桨
tɕiaŋ˥˧ 降酱绛犟
tɕiaŋ˧ 僵匠
tɕ'iaŋ˩ 枪腔跄炝锵羌戕
tɕ'iaŋ˨˦ 墙强襁蔷樯嫱祥翔详
tɕ'iaŋ˧˩ 抢
tɕ'iaŋ˥˧ 呛
tɕ'iaŋ˧ 像₂相～
ȵiaŋ˩ □娇气：～得很
ȵiaŋ˨˦ 娘
ȵiaŋ˧˩ 仰
ɕiaŋ˩ 相箱厢湘缃香乡襄镶骧芗
ɕiaŋ˨˦ 降
ɕiaŋ˧˩ 想响享饷
ɕiaŋ˥˧ 向
ɕiaŋ˧ 象像₁相～项巷
iaŋ˩ 央秧殃怏鸯泱鞅
iaŋ˨˦ 阳杨扬羊洋佯徉
iaŋ˧˩ 养痒氧
iaŋ˥˧ 恙炀疡
iaŋ˧ 样漾

uaŋ

kuaŋ˩ 光咣胱
kuaŋ˧ 广犷
kuaŋ˥ 逛
kʻuaŋ˩ 匡筐诓框眶哐诳
kʻuaŋ˧˩ 狂
kʻuaŋ˥ 矿圹旷况邝
xuaŋ˩ 荒慌肓
xuaŋ˧˩ 黄簧璜潢磺蟥癀皇煌惶蝗凰
　　　徨湟遑隍篁
xuaŋ˧ 谎恍幌
xuaŋ˧ 晃
uaŋ˩ 汪枉
uaŋ˧˩ 王亡
uaŋ˧ 网罔惘魍往
uaŋ˥ □使人腻：糍粑吃了～人的很
uaŋ˧ 忘望妄旺

ɥaŋ

tʂɥaŋ˩ 庄桩装妆
tʂɥaŋ˥ 壮
tʂɥaŋ˧ 撞戆状幢
tʂʻɥaŋ˩ 窗疮
tʂʻɥaŋ˧˩ 床
tʂʻɥaŋ˧ 闯
tʂʻɥaŋ˧ 撞
ʂɥaŋ˩ 双霜孀
ɥaŋ˧ 壤嚷穰攘瓤
ɥaŋ˧ 让

oŋ

poŋ˩ 崩绷嘣
poŋ˧ 凸
poŋ˥ 蹦泵迸
pʻoŋ˧˩ 朋棚鹏硼蓬篷抨
pʻoŋ˧ 捧
pʻoŋ˥ 碰
moŋ˧˩ 蒙朦檬蠓艨萌盟虻艋
moŋ˧ 蜢猛懵
moŋ˥ □细小
moŋ˧ 孟梦
foŋ˩ 风疯枫丰沣封峰蜂锋烽
foŋ˧˩ 冯逢缝
foŋ˥ 讽
foŋ˧ 奉俸凤
toŋ˩ 东冬咚
toŋ˧ 董懂
toŋ˥ 冻栋
toŋ˧ 动洞恫
tʻoŋ˩ 通捅彤
tʻoŋ˧˩ 同铜筒桐峒侗酮仝佟童僮
　　　潼瞳
tʻoŋ˧ 统桶
tʻoŋ˥ 痛
loŋ˩ 聋
loŋ˧˩ 龙胧咙隆珑农浓脓哝侬
loŋ˧ 拢垄笼陇泷
loŋ˥ □软的：饭做～了
loŋ˧ 弄窿癃
tsoŋ˩ 宗棕综踪鬃粽
tsoŋ˧ 总
tsoŋ˥ 纵
tsʻoŋ˩ 匆葱聪淙骢
tsʻoŋ˧˩ 从丛琮枞崇

soŋ˩　松菘嵩忪
soŋ˧　怂耸悚
soŋ˥　宋送
soŋ˧　诵颂讼
tʂoŋ˩　中钟仲忠衷盅螽终锺舂
tʂoŋ˧　肿
tʂoŋ˥　种众
tʂoŋ˧　重
tʂʻoŋ˩　冲充忡
tʂʻoŋ˧˩　虫
tʂʻoŋ˧　宠
tʂʻoŋ˥　铳
koŋ˩　公蚣供龚恭工攻功宫弓躬觥肱
koŋ˧　拱巩珙
koŋ˥　贡汞
koŋ˧　共
kʻoŋ˩　空崆倥箜
kʻoŋ˧　孔恐
kʻoŋ˥　控
xoŋ˩　烘轰
xoŋ˧˩　宏红虹鸿洪弘泓闳
xoŋ˧　訇哄讧
oŋ˩　翁嗡
oŋ˧　瓮

ioŋ

tɕʻioŋ˧˩　穷琼穹邛
ɕioŋ˩　凶匈胸汹兄
ɕioŋ˧˩　熊雄
ioŋ˩　庸墉雍慵镛臃痈邕
ioŋ˧˩　容蓉溶熔榕镕融绒戎茸
ioŋ˧　甬恿勇蛹涌踊俑
ioŋ˥　拥
ioŋ˧　用佣

四、浠水音系与北京音系比较

（一）声母比较

浠水方言声母 24 个，北京话声母 22 个，二者之间存在着一些差别，其对应情况大致如下表。

浠水	北京	例字	北京话声母存在差别的字
p	p	白半比兵并	畔（pʻ）、秘（m）
pʻ	pʻ	拍潘盆捧贫	别（p）
m	m	马毛门敏命	
f	f	翻凡奋风复	喷（pʻ）、哺（p）、税（ʂ）

续表

浠水	北京	例字	北京话声母存在差别的字
t	t	打胆当底掉	
t‘	t‘	他通踢铁厅	
l	n	拿脑男难农	
	l	拉来雷力列	
ts	ts	字灾最早总	就（tɕ）、摘（tʂ）
ts‘	ts‘	词擦才草从	择（ts）、崇（tʂ‘）
s	s	四色随扫速	续（ɕ）、师（ʂ）
tʂ	tʂ	纸竹掌抓追	这（t）、翅（tʂ‘）、剧（tɕ）
tʂ‘	tʂ‘	迟彻车丑唱	区（tɕ‘）、撞（tʂ）伸（ʂ）
ɳ	n	女	
ʂ	ʂ	杀社少熟谁	虚（x）、常（tʂ‘）
ʐ	ʐ	若饶柔肉人	酿（n）、
tɕ	tɕ	机接轿救讲	像（ɕ）、企（tɕ‘）、嘴（ts）
tɕ‘	tɕ‘	期且秋亲钱	催（ts‘）、吃（tʂ‘）、歼（tɕ）
ȵ	ø	业研验	
	n	念娘鸟	
ɕ	ɕ	席写歇学香	酵（tɕ）、岁（s）
k	k	高够工国广	械（ɕ）、解（tɕ）
k‘	k‘	克开考看困	敲（tɕ‘）、挂（k）
ŋ	ø	额哀咬偶昂	
x	x	活海后或黄	鞋（ɕ）
ø	ø	二狱因屋韵	

以上表为基础进一步说明几点：

1. 浠水方言与北京话个体声母基本上是一致的。如浠水方言双唇、唇齿音组是“p、p‘、m、f”，北京话也是“p、p‘、m、f”，而且，其声韵配合情况亦基本一致。当然，个体声母也有不一致或不完全一致的情况。

(1) 浠水方言保留有声母“ŋ”，北京话没有。浠水方言“ŋ”声母的字，北京话一般读开口呼零声母。如“爱、哀、矮、哎、埃、艾、安、暗、按”等。

(2) 因从古音“泥（娘)”、“来”二母演化至今音的情况不尽相同，故浠水方言与北京话相关个体声母的对应情况不尽一致。“泥（娘)”演化至浠水方言，演化出声母三个“l、ɳ、ȵ”，“来”演化出声母“l”，而北京话由“泥（娘)”、“来”演化出的声母分别是“n”和“l”。这样，二者对应情况即互有参差。浠水方言的“l”对应了北京话的“n”和“l”。浠水方言的“ɳ”对应了北京话的“n”。浠水方言的“ȵ”对应了北京话的“n”和零声母。

2. 个体声母基本一致情况下，浠水方言与北京话的声韵配合情况也存在着不少不一致的情况。主要如下：

(1) 部分浠水方言读“ts、ts‘、s”的字，北京话读“tʂ、tʂ‘、ʂ”。如“摘、争、初、愁、师、生”。

(2) 部分浠水方言读“tʂ‘、ʂ”的字，北京话读“tʂ、tʂ‘”。如“滞、婵、晨”。

(3) 北京话 tɕ 组与撮口呼相拼时，浠水方言部分读 tʂ 组，如：居句决捐卷圈倦军郡（tʂ）躯渠屈缺权拳犬劝群（tʂ‘）许靴熏训（ʂ）。

(4) 北京话 tɕ 组与齐齿呼相拼时，浠水方言部分读 k 组，如：架角街阶解界届戒介豇（k）掐敲（k‘）下吓鞋蟹衔咸苋巷项（x）。

（二）韵母比较

北京话有 39 个韵母，浠水方言除不定性喉塞音外有 40 个韵母，二者之间存在着一些差别，其对应情况大致如下表。

浠水	北京	例字	例外字
a	a	八打插沙杀	蔗（ɤ）、跨（ua）[①]
	ia	架掐伢哑下	
ia	ia	加价甲恰亚	
ua	ua	瓜挂垮花袜	括（uo）
ɥa	ua	抓耍刷	
o	o	波坡婆破末	剖（ou）
	uo	多脱搓措所	
	ɤ	哥各科可饿	
	au	薄凿着烙酪	

① 括号里是北京话韵母。下同。

续表

浠水	北京	例字	例外字
io	yɛ	略掠确鹊岳	
	iau	脚角嚼药钥	
ɛ	ɤ	得择册哲设	贼（ei）、说（uo）、吓（ia）
	ai	白柏拍脉麦	
	o	迫魄泊墨脉	
iɛ	iɛ	憋蔑爹铁聂	黠（ia）
	yɛ	雪薛噱鳕谑	
uɛ	uo	国帼或获惑	
ɥɛ	yɛ	决掘倔缺月	说（uo）、热（ɤ）
ɚ	ɚ	儿尔洱二贰	日（ʅ）
ɿ	ɿ	资此次思寺	
	ʅ	师狮驶仕事	
ʅ	ʅ	知直止齿是	
i	i	皮蜜帝技艺	吃（ʅ）、液（iɛ）、逮（ai）
	ei	被配眉妹内	
	uei	队退嘴醉岁	
	y	律娶徐序絮	
u	u	布不负舞物	佛（o）
ɥ	y	居渠语雨玉	
	u	猪住处暑入	
əi	ei	杯飞非费肺	
uəi	uei	归鬼贵回伪	
ɥəi	uei	追吹谁瑞锐	
ai	ai	抬来猜开孩	岩（ian）
	iɛ	街阶芥鞋蟹	
uai	uai	乖块筷歪外	
ɥai	uai	揣摔衰甩帅	
əu	ou	楼走手口后	六（iou）、绿（y）、缩（uo）
	u	读兔奴路叔	
iəu	iəu	丢柳久袖右	粟（u）
	y	畜育欲浴狱	
au	au	草找烧搞好	

续表

浠水	北京	例字	例外字
iau	iau	标飘跳叫桥	谬（iəu）
ən	ən	本真人肯很	硬（iŋ）
	əŋ	灯冷僧郑耕	
	uən	敦顿轮存孙	
in	in	民林勤新引	
	iŋ	兵定零轻幸	
	yn	寻讯巡汛峻	
uən	uən	滚坤昏荤问	横（əŋ）
ɥən	uən	准唇纯淳蠢	扔（əŋ）、永（yŋ）
	yn	军君群裙闰	
	ən	刃忍纫认任	
an	an	办盘滩三旱	
	ian	间淹晏咸苋	
	uan	短团暖酸算	
ian	ian	编变棉肩烟	
	yan	全泉旋璇漩	
uan	uan	关宽还玩万	
ɥan	uan	专赚船栓软	
	yan	捐卷员元院	
	an	染冉苒然燃	
aŋ	aŋ	帮党桑康航	泵（əŋ）
	iaŋ	豇巷项	
iaŋ	iaŋ	良江酱香秧	
uaŋ	uaŋ	广矿况黄网	
ɥaŋ	uaŋ	装壮窗双霜	
oŋ	uŋ	东龙从众空	
	əŋ	绷蓬捧梦风	
	uəŋ	翁嗡瓮	
ioŋ	yŋ	穷兄胸雄用	

以上表为基础进一步说明几点：

1. 浠水方言与北京话个体韵母之间的对应情况大致概括为三类。

(1) 浠水方言与北京话个体韵母基本一致。这类情况不是很多，只有以下12个韵母：ia、ua、ɚ、ʅ、u、uai、au、iau、uən、uan、iaŋ、uaŋ。

（2）浠水方言与北京话个体韵母不一致。较明显的是浠水方言有一系列北京话所没有的ɥ类韵（8个）：ɥa、ɥɛ、ɥ、ɥai、ɥəi、ɥan、ɥən、ɥaŋ。它们在北京话中读撮口呼（tɕ组）和合口呼（tʂ组），少数读开口呼（ʐ声母）。如：缺月撅靴居许语卷权远军群运（撮口呼）抓猪出书入摔帅追吹转穿涮软准纯蠢（合口呼）染然髯忍认（开口呼）。

与之不同，浠水方言没有北京话的撮口呼。北京话撮口呼在浠水方言中多数读ɥ类韵，少数读齐齿呼。如：决居区雨权元军云运（ɥ类韵）雪谑略却约狱全旋寻讯竣（齐齿呼）。

（3）浠水方言与北京话个体韵母部分一致。它属于一种一对多的情况，即浠水方言某韵母除与北京话相应韵母一致之外，还同时对应北京话非一致的其他韵母。如浠水方言中的"an"，除了与北京话"an"一致之外，还同时对应北京话非一致的"ian"、"uan"二韵母。

2．对浠水方言与北京话个体韵母之间的对应情况补充说明两点。

（1）上述基本一致和部分一致中的"一致"是从浠水方言视角进行概括的，若转换视角则不难发现，这种对应存在着复杂性，即不是简单的一一对应关系，而往往亦是另一视角的一对多。如北京话韵母"ia"除了与浠水方言"ia"一致之外，还与浠水方言"a"部分对应。

（2）浠水方言与北京话个体韵母之间部分一致中"部分不一致"的情况，往往反映出了浠水方言与北京话的声韵配合情况存在着的不一致。如浠水方言"an"、"ən"除与北京话"an"、"ən"一致性对应之外，还与北京话"uan"、"uən"非一致性对应，而这种非一致性对应，反映出了浠水方言与北京话声韵配合情况中存在着的如下不一致：浠水方言开口呼的an（端短团暖乱钻窜酸算）、ən（敦顿盾伦轮遵存孙损）与t、ts组拼合的情况，北京话则表现为合口呼的uan、uən与t、ts组拼合，一种方言不用介音"u"，另一种方言用介音"u"。

（三）声调比较

浠水方言有阴平、阳平、上声、阴去、阳去、入声6个声调，北京话只有阴平、阳平、上声、去声4个声调。二者之间的基本对应情况是：

浠水方言的阴平、阳平、上声在北京话中也分别读为阴平、阳平和上声。

浠水方言的阴去、阳去两个声调，北京话都读为去声。

浠水方言的入声，北京话分别读为阴平、阳平、上声和去声。

五、浠水音系与中古音系比较

（一）声母比较

浠水方言声母与中古音声母的对应情况略如下表①：

<table>
<tr><td colspan="3" rowspan="2"></td><td colspan="4" rowspan="2">清</td><td colspan="4">全浊</td><td colspan="3" rowspan="2">次浊</td><td colspan="2" rowspan="2">清</td><td colspan="4">全浊</td></tr>
<tr><td colspan="2">平</td><td colspan="2">仄</td><td colspan="2">平</td><td colspan="2">仄</td></tr>
<tr><td colspan="3">帮组</td><td colspan="2">帮 p</td><td colspan="2">滂 pʻ</td><td colspan="2">並 pʻ</td><td colspan="2">並 p</td><td colspan="3">明 m</td><td colspan="6"></td></tr>
<tr><td colspan="3">非组</td><td colspan="8"></td><td colspan="3">微 ø</td><td colspan="2">非
敷 } f</td><td colspan="4">奉 f</td></tr>
<tr><td colspan="3">端泥组</td><td colspan="2">端 t</td><td colspan="2">透 tʻ</td><td colspan="2">定 tʻ</td><td colspan="2">定 t</td><td>泥</td><td>l
ȵ，ɳ</td><td>来 l</td><td colspan="6"></td></tr>
<tr><td rowspan="2">精
组</td><td colspan="2">洪</td><td rowspan="2">精</td><td>ts</td><td rowspan="2">清</td><td>tsʻ</td><td rowspan="2">从</td><td>tsʻ</td><td rowspan="2">从</td><td>ts</td><td colspan="3" rowspan="2"></td><td rowspan="2">心</td><td>s</td><td colspan="2" rowspan="2">邪
tsʻ，ɕ</td><td rowspan="2">邪</td><td>s</td></tr>
<tr><td colspan="2">细</td><td>tɕ</td><td>tɕʻ</td><td>tɕʻ</td><td>ts，tɕ，tɕʻ</td><td>ɕ</td><td>ɕ</td></tr>
<tr><td colspan="3" rowspan="2">庄组</td><td rowspan="2">庄</td><td>ts</td><td rowspan="2">初</td><td>tsʻ</td><td colspan="2" rowspan="2">崇tsʻ</td><td rowspan="2">崇</td><td>tsʻ，s</td><td colspan="3" rowspan="2"></td><td rowspan="2">生</td><td>s</td><td colspan="4" rowspan="2"></td></tr>
<tr><td>tʂ</td><td>tʂʻ</td><td>tʂ</td><td>ʂ</td></tr>
<tr><td colspan="3">知组</td><td colspan="2">知 tʂ</td><td colspan="2">彻 tʂʻ</td><td colspan="2">澄 tʂʻ</td><td colspan="2">澄 tʂ，tʂʻ</td><td colspan="9"></td></tr>
<tr><td colspan="3">章组</td><td colspan="2">章 tʂ</td><td colspan="2">昌 tʂʻ</td><td colspan="2">船 tʂʻ</td><td colspan="2">船 ʂ，ɕ</td><td colspan="3"></td><td colspan="2">书 ʂ</td><td colspan="2">禅 tʂʻ，ʂ</td><td colspan="2">禅 ʂ</td></tr>
<tr><td rowspan="3">日
母</td><td rowspan="2">开</td><td>止（附质）</td><td colspan="8" rowspan="3"></td><td rowspan="3">日</td><td colspan="2">ø</td><td colspan="6" rowspan="3"></td></tr>
<tr><td>其他</td><td colspan="2" rowspan="2">ʐ</td></tr>
<tr><td colspan="2">合</td></tr>
<tr><td colspan="2" rowspan="2">见晓组</td><td>洪</td><td rowspan="2">见</td><td>k</td><td rowspan="2">溪</td><td>kʻ</td><td rowspan="2">群</td><td>kʻ</td><td colspan="2">k</td><td rowspan="2">疑</td><td colspan="2">ŋ、ø</td><td colspan="2" rowspan="2"></td><td rowspan="2">晓</td><td>x</td><td rowspan="2">匣</td><td>x</td></tr>
<tr><td>细</td><td>tɕ</td><td>tɕʻ</td><td>tɕʻ</td><td colspan="2">tɕ</td><td colspan="2">ȵ</td><td>ɕ，ʂ</td><td>ɕ，ʂ</td></tr>
<tr><td colspan="3">影组</td><td>影</td><td>ø，ŋ</td><td colspan="6"></td><td>喻</td><td colspan="2">ø</td><td colspan="6"></td></tr>
</table>

① 浠水方言音系与中古音系比较部分，重点参考了商务印书馆 1988 年版《方言调查字表》、商务印书馆 1948 年版《湖北方言调查报告》和中国文史出版社 1992 年版《浠水县志》中的相关内容。

从上表中大体可以看出中古音各声母在浠水方言的读音。以下分中古声母、今浠水方言声母、例字、例外字诸项进一步举例说明。

帮母：p 簸波本鞭北兵巴贝摆杯保膘八板变鞭搬笔（p‘谱鄙卜）

滂母：p‘铺盼抛劈鄙怕派配披泡品襻片偏拼判胖拍破（p 坡玻）

並母：p‘（古平声）平赔婆爬耙菩排皮袍瓢盘贫盆旁朋凭叵颇坯飘攀

p（古仄声）步败毙备臂背暴办辫伴钵笨薄棒白病爸（p‘勃泊）

明母：m 来免麻埋米妹毛庙慢棉篾密门忙命木磨谟魔（ø 戊）

非母：f 废夫斧飞富法发反分方放风丰封

敷母：f 俘麸肺费副翻芬芳纺服蜂

奉母：f 符腐肥妇乏犯饭坟房缝（p‘捧；p 缚）

微母：ø 无味万晚问网忘

端母：t 多到都带低堆刀钓陡答胆但店当打钉东丁

透母：t‘拖土胎剃腿讨挑偷毯舔铁吞汤听桶泰厅（t 贷）

定母：t‘（古平声）驼图徒挑桃条头潭甜田团堂疼停同题太

t（古仄声）大肚代第队道掉豆淡但蛋佃段荡邓洞读渡（t‘突）

泥母：l（在洪音韵前）乃挪努南

ȵ（在细音韵前）尿宁年娘

ɳ 女（说明：还没有发现其他例字）

来母：l锣炉庐来犁李累雷老料柳篮镰卵轮浪零龙（t 隶）

精母：ts（在洪音韵前）左租祖栽载最子资早走簪钻卒增总

tɕ（在细音韵前）姐际嘴祭焦酒尖接剪溅节进浆鲫井（tɕ‘雀歼）

清母：ts‘（在洪音韵前）搓醋菜彩催此草凑参擦村仓聪

tɕ‘（在细音韵前）且蛆趋取砌悄锹秋签寝亲七枪青（tɕ 侵）

从母：ts‘（古平声、在洪音韵前）才材财裁瓷慈曹蚕存层

tɕ‘（古平声、在细音韵前）齐樵钱前全秦藏墙情

ts（古仄声、在洪音韵前）坐在皂暂（ts‘造族）

ts、tɕ、tɕ‘（古仄声、在细音韵前）自聚噍就集罪贱截尽匠净践截捷嚼

心母：s（在洪音韵前）梭酥腮斯撕私死丝臊三撒酸蒜孙桑赛素

ɕ（在细音韵前）写须岁西虽洗笑小箫修鲜先雪信想熄姓幸

邪母：ts‘、ɕ（古平声）祠辞词邪斜徐随

s（古仄声、在洪音韵前）似巳祀寺

ɕ（古仄声、在细音韵前）序叙绪续遂隧穗

庄母：ts 阻邹窄争责

tʂ 眨榨债斋斩抓盏装捉

初母：tsʻ 初楚岑测册

tʂʻ 叉差出～炒插铲疮窗锄

崇母：tsʻ（古平声）巢愁馋谗

s（古仄声）柿士仕事

tʂ（古仄声）寨栈壮状

生母：s 梳所数师搜色省节～

ʂ 沙双筛杉山杀闩刷霜（tʂʻ 产）

知母：tʂ 著猪蛛追罩站展转珍张桌摘中竹哲

彻母：tʂʻ 痴耻超抽丑撤趁椿畅畜～牲

澄母：tʂʻ（古平声）茶除厨池迟持锤朝～代绸沉缠椽陈

tʂ、tʂʻ（古仄声）苎柱痔赵赚侄丈郑重轻～直治逐宙（tsʻ 择）

章母：tʂ 者遮煮枝制指锥招洲针战真准掌蒸祝种

昌母：tʂʻ 车处齿吹臭穿春出唱秤尺铳

船母：tʂʻ（古平声）船塍

ʂ、ɕ（古平仄全范围）蛇射示舌神实顺绳食赎（tʻ 盾）

书母：ʂ 赊鼠世税试水烧手闪深湿扇说身伤（tʂ 翅；tʂʻ 舂）

禅母：tʂʻ（古平声）殖植垂仇酬臣承成

ʂ（古平仄）社是氏时睡瑞绍受十善晨纯常上石熟

日母：ø（止摄开口及"质"韵）儿耳二而惹如染任燃软闰瓤

ʐ（宵尤真屋韵前）人若肉饶桡揉

见母：k（今洪音）哥过寡该怪贵高勾敢割管根骨钢光（kʻ 刽桧矿昆）

tɕ（今细音）加鸡几娇叫九劫今急简结斤

溪母：kʻ（今洪音）可枯开块亏口看宽阔捆糠肯刻坑空（x 恢）

tɕʻ（今细音）契欺气巧牵轻吃丘恰

群母：kʻ（古平声今洪音）咳葵狂

tɕʻ（古平声今细音）茄奇期桥求钳琴勤强穷

k（古仄声今洪音）跪柜归共

tɕ（古仄声今细音）忌轿旧舅及件俭近屐

疑母：ŋ、ø（今洪音）我牙艾熬藕眼硬额瓦鱼外玩原玉

ȵ（今细音）宜严银娘

晓母：x（今洪音）火吓花海灰吼喝喊欢昏荒黑轰（ø歪；kʻ况）

ɕ，ʂ（今细音）喜稀险血香蓄胸许熏

匣母：x（今洪音）河划鞋回坏话厚汗缓活滑还魂红（ø完丸；k械）

ɕ，ʂ（今细音）霞校峡衔嫌协辖贤行~为幸形悬玄喧

影母：ø、ŋ 阿窝椅阴烟碗稳秧屋爱挨袄安暗鸭淹

喻母：ø 也易姨摇油盐演引匀羊钥赢用卫为围有圆远运王荣熊雨孕泳役（tʂ 捐）

据上述对比，大致可看出中古声母至现今浠水方言声母的如下演化情况：

1. 古全浊声母“並、奉、定、从、澄、崇、船、群、邪、禅、匣”在浠水方言中清化为相应的清声母。今读塞音、塞擦音时逢古平声字送气，逢古仄声字不送气。

2. 古帮组的帮、滂、明，今浠水方言读 p、pʻ、m。

3. 古非组的非、敷今浠水方言读 f，微母今浠水方言读合口零声母。

4. 古端组的端、透、泥、来，今浠水方言读 t、tʻ、l、ȵ、ŋ。

5. 古精组的精、清、心，今浠水方言洪音读 ts、tsʻ、s，细音读 tɕ、tɕʻ、ɕ。邪母的情况稍微复杂一些。一方面，古仄声的演化情况基本同于心母，另一方面，古平声的字则分别读 tsʻ、ɕ。

6. 古庄组的庄、初、崇、生，今浠水方言分别读 tsʻ、s 和 tʂ、tʂʻ、ʂ。

7. 古知组的知、彻，今浠水方言分别读 tʂ、tʂʻ，澄母则相对复杂一些，基本情况是：古平声的字读 tʂʻ，古仄声的字分别读 tʂ、tʂʻ。

8. 古章组的章、昌、书，今浠水方言读 tʂ、tʂʻ、ʂ。船母则一方面古平声字读 tʂʻ，另一方面，古平仄字均可读 ʂ、ɕ。

9. 古日母，今浠水方言止摄开口及“质”韵为零声母，宵尤真屋韵前读 ʐ。

10. 古见晓组的见、溪、晓，今浠水方言洪音前读 k、kʻ、x，细音前读 tɕ、tɕʻ、ɕ。疑母今洪音前读 ŋ、ø，细音前读 ȵ。

11. 古影组的影母，今浠水方言开口一二等大多读 ŋ，少数读零声母。喻母今浠水方言读零声母，极少例外。

（二）韵母比较

浠水方言韵母与中古音韵母的对应情况略如下表：

韵母比较表（一）

声母 / 呼等 / 摄别	开												
	一			二				三　四					
	帮系	端系	见系	帮系	泥组	知庄	见系	帮系	端系	庄组	知章	日母	见系
果		o	o	a	a	a	a						iɛ
假				a	a	a	ia			ɛ；iɛ		ɥɛ	
蟹		ai	ai	ai	ai	ai	ai	i	i		ʅ		i
止								i	i；ɿ	ʅ	ʅ	ɚ	i
效	au	au	au	au	au	au	au；iau	iau	iau		au	au	iau
流	əu	əu	əu					əu	iəu	əu	əu	əu	iəu
咸		an	an；o			an	an；ian	ian	ian		an	ɥan	ian；
深								in	in	ən	ən	ən	in
山		an	an	an		an	ian	ian	ian		an	ɥan	ian
臻		ən	ən					in	in	ən	ən	ən	in
宕	aŋ	aŋ	aŋ	aŋ		ɥaŋ	aŋ；iaŋ		iaŋ	ɥaŋ	aŋ	aŋ	iaŋ
江				aŋ	aŋ	ɥaŋ	iaŋ						
曾	ən；oŋ	ən	ən					in	in		ən	ən	in
梗				ən	ən	ən	ən；in	in	in		ən		in
通													
咸入		a	o			a	a		iɛ		iɛ		iɛ
深入									ʅ	ɛ	ʅ	ɥ	i
山入		a	o	a		a	a	iɛ	iɛ		ɛ	ɥɛ	iɛ
臻入								i	i	ɛ	ʅ	ɥ	i
宕入	o	o	o	o		o	o；io		io		o	o	io
江入				o		o	io						
曾入	ɛ	ɛ	ɛ					i	i	ɛ	ʅ		i
梗入				ɛ		ɛ	ɛ	i	i		ʅ		i
通入													

韵母比较表(二)

摄别 \ 声母 \ 等 \ 呼	合												
	一			二			三四						
	帮系	端系	见系	帮系	庄组	见系	帮系	泥组	精组	庄组	知章	日母	见系
果	o	o	o										ɥɛ
假					a	ua							
遇	u	əu	u				u	i;ɥ	i	əu	ɥ	ɥ	ɥ
蟹	i	i	uəi;uai			uai	əi		i		ɥəi		uəi
止							i;əi;uəi	i	i	ɥəi	ɥəi		uəi
效													
流													
咸							an						
深													
山	an	an	uan		ɥan	uan	an;uan	ian	ian		ɥan	ɥan	ɥan
臻	ən	ən	uən				ən;uən	ən	in		ɥən	ɥən	ɥən
宕			uaŋ				aŋ;uaŋ						uaŋ
曾			oŋ										
梗						uən;oŋ							ɥən;ioŋ
通	oŋ	oŋ	oŋ				oŋ	oŋ	oŋ	oŋ	oŋ	ioŋ	oŋ;ioŋ
咸入							a						
深入													
山入	o	o	o		ɥa	ua	a;ua	iɛ	iɛ		ɥɛ		ɥɛ
臻入	u	əu	u				u	i	i		ɥ		ɥ
宕入			o				o						
曾入			uɛ										ɥ
梗入						uɛ							ɥ
通入	u	əu	u				u	əu	əu	əu	əu	əu	ɥ;iəu

从上表中大体可以看出中古各摄在浠水方言中的读音。下面进一步举例说明。说明内容的顺序是：中古音摄别、浠水方言韵母、中古音开合等、《广韵》韵母、例字。

果　o　果开一（歌）　多拖驮舵挪罗左搓歌可我荷河个
　　　　果合一（戈）　波坡婆磨朵妥惰糯~米骡锉坐锁锅科卧火祸窝
　　a　果开一（歌）　阿哪~个
　　iɛ　果开三（戈）　茄~子
　　ɥɛ　果合三（戈）　瘸靴
假　a　假开二（麻）　巴怕爬麻拿茶榨叉查沙伢加芽虾
　　ia　假开二（麻）　霞丫
　　ua　假合二（麻）　瓜夸瓦花华蛙
　　ɛ　假开三（麻）　遮车蛇赊社
　　iɛ　假开三（麻）　爹姐且些邪爷也夜
　　ɥɛ　假开三（麻）　惹
遇　u　遇合一（模）　补铺菩姑苦吴虎壶乌
　　　　遇合三（虞）　夫麸符无
　　əu　遇合一（模）　都~城土图奴路祖粗素
　　　　遇合三（鱼）　阻初锄梳
　　i　遇合三（鱼）　蛆徐趋聚需
　　ɥ　遇合三（鱼）　猪褚除煮杵书署专~如汝女驴句区具愚迂雨喻
蟹　ai　蟹开一（泰）　带太奈癞蔡盖艾害蔼
　　　　蟹开一（咍）　戴胎抬耐来栽菜才腮该开呆海亥爱
　　　　蟹开二（皆）　拜排埋斋豺阶揩械挨
　　　　蟹开二（佳）　摆派牌买奶债钗柴筛~子街捱鞋矮
　　　　蟹开二（夬）　败迈寨
　　　　蟹合二（皆）　乖怪蒯怀槐淮坏
　　　　蟹合二（佳）　拐歪
　　　　蟹合二（夬）　快筷
　　i　蟹开三（祭）　例祭艺蔽毙
　　　　蟹开三（废）　刈
　　　　蟹开四（齐）　闭陛迷低梯提泥犁挤妻齐西鸡溪倪系缢蓖~麻批

		蟹合一（泰）	蜕兑
		蟹合一（灰）	催罪碎坯陪媒堆腿队内雷
	ʅ	蟹开三（祭）	滞制世誓
	əi	蟹开一（泰）	贝沛
		蟹合一（灰）	杯盔桅灰回煨
		蟹合三（废）	废肺秽
	uəi	蟹合四（齐）	桂奎惠
	uai	蟹合一（泰）	会～计刽桧外
	ɥəi	蟹合三（废）	吠
止	i	止开三（支）	彼譬皮靡离寄企奇宜戏椅移披被
		止开三（脂）	比屁琵地尼梨饥器祁伊姨悲备眉
		止开三（之）	你李基欺棋疑喜医矣以
		止开三（微）	机气祈毅稀衣
		止合三（支）	累嘴髓随
		止合三（脂）	垒类泪醉翠粹
	ɿ	止开三（支）	紫刺疵撕
		止开三（脂）	资次瓷私师狮
		止开三（之）	辎～重事史
	ʅ	止开三（支）	知池枝侈翅是
		止开三（脂）	致迟指示尸视
		止开三（之）	置耻治痣齿诗时
	ɚ	止开三（支）	儿尔
		止开三（脂）	二贰
		止开三（之）	而耳饵
	əi	止开三（支）	碑
		止合三（微）	飞费～用肥
	uəi	止开三（支）	吹睡规亏跪危毁委为
		止合三（脂）	锤锥水谁龟葵位维
		止合三（微）	微尾味归魏挥威围
	ɥəi	止合三（脂）	追
效	au	效开一（豪）	保袍毛刀讨桃脑老早草槽嫂高烤熬薅豪袄

		效开二（肴）	包炮刨猫闹罩找炒巢梢酵敲咬坳
		效开三（宵）	朝今～超赵招烧绍饶扰绕
	iau	效开二（肴）	交巧孝校
		效开三（宵）	表飘瓢苗燎焦锹樵消娇桥嚣腰摇
		效开四（萧）	雕挑条尿料萧浇窍尧晓
流	əu	流开一（侯）	陡偷头楼走凑叟沟口藕吼喉欧
		流开三（尤）	肘抽绸周臭收仇邹搊愁搜柔揉
	iəu	流开三（尤）	扭流揪秋就修泅鸠丘求牛休忧有油
		流开三（幽）	丢纠～正幽幼
咸	an	咸开一（覃）	耽贪谭南簪惨蚕感龛含暗
		咸开一（谈）	胆毯淡蓝惭三柑喊酣
		咸开二（咸）	站立战车～斩谗
		咸开二（衔）	搀衫
		咸开三（盐）	沾占闪蟾
		咸合三（凡）	泛凡
	ian	咸开二（衔）	嵌监
		咸开二（咸）	减咸～宁
		咸开三（盐）	贬镰尖签潜检钳验险掩炎盐
		咸开三（严）	剑欠严杴腌
		咸开四（添）	店添甜鲇～鱼兼谦嫌
	ɥan	咸开三（盐）	染冉
	a	咸开一（合）	答踏纳拉杂
		咸开一（盍）	塔腊
		咸开二（洽）	眨插闸掐夹～墙裌恰峡
		咸开二（狎）	甲指～匣鸭
		咸合三（乏）	法方～乏
	o	咸开一（合）	喝合鸽
	iɛ	咸开三（叶）	镊猎接妾捷叶页
		咸开三（业）	劫怯业胁
		咸开四（帖）	跌贴碟协
深	in	深开三（侵）	禀品林侵心寻今钦琴吟音淫

	ən	深开三（侵）	沉针深甚岑森
	ɛ	深开三（缉）	涩蛰惊～
	i	深开三（缉）	立集习急泣及吸揖作～
	ʅ	深开三（缉）	执湿十
	ʮ	深开三（缉）	入
山	an	山开一（寒）	丹滩檀难栏赞餐残散鞋带～了肝看岸鼾寒安
		山开二（山）	扮盼瓣绽破～盏铲山间眼苋
		山开二（删）	班攀蛮栈雁晏晚
		山开三（仙）	展缠毡扇善
		山合一（桓）	般潘盘瞒短团暖乱
		山合三（元）	反翻饭
	ian	山开二（山）	简眼
		山开二（删）	奸颜
		山开三（仙）	鞭篇便～宜棉碾连煎迁钱仙涎遣件谚焉延
		山开三（元）	建健言掀堰
		山开四（先）	边片辫面颠天田年怜荐千前先肩牵砚显贤烟
		山合三（仙）	恋全选旋｜卷圈圆～权圆缘
	uan	山合一（桓）	官宽玩欢完豌
		山合二（山）	鳏顽幻
		山合二（删）	关还～原弯
		山合三（元）	晚万
	ʮan	山合二（删）	篡撰闩
		山合三（仙）	卷圈圆～权圆缘转传砖穿船软
		山合三（元）	劝元喧冤园
		山合四（先）	犬玄渊
	a	山开一（曷）	獭达捺辣擦萨
		山开二（黠）	八拔抹～布｜札察杀轧
		山开二（辖）	铡瞎辖管～
		山合三（月）	发罚
	ua	山合二（黠）	滑挖

		山合三（月）	袜
		山合二（辖）	刮
	ʮa	山合二（辖）	刷
	ɛ	山开三（薛）	哲彻辙折~断舌设
	iɛ	山开三（薛）	别灭列薛杰孽
		山开三（月）	揭歇
		山开四（屑）	憋撇篾竹~铁捏节切~开截楔结洁
		山合三（薛）	劣绝雪
	ʮɛ	山开三（薛）	热
		山合三（薛）	悦阅
		山合三（月）	月越曰粤
		山合四（屑）	决缺血穴
	o	山开一（曷）	割渴喝吆~
		山合一（末）	钵泼钹沫掇脱夺撮阔豁活
臻	ən	臻开一（痕）	吞跟恳恨恩
		臻开三（真）	珍趁陈真神身晨衬
		臻开三（臻）	榛臻
		臻合一（魂）	本喷~水盆门墩盾矛~嫩论尊村存孙
		臻合三（谆）	轮遵笋榫~头
		臻合三（文）	分芬坟
	uən	臻合一（魂）	昆坤昏魂温
		臻合三（文）	蚊问
	ʮən	臻开三（真）	忍认
		臻合三（谆）	润闰均菌匀椿准春顺舜纯
		臻合三（文）	军群熏熨云
	in	臻开三（真）	宾贫民鳞津亲秦新巾仅银衅挑~因寅
		臻开三（殷）	斤勤欣殷
		臻合三（谆）	俊荀巡
	ɛ	臻开三（栉）	瑟虱
	i	臻开三（质）	笔匹一~布弼密栗漆疾膝吉乙逸

		臻开三（迄）	讫乞
		臻合三（术）	律黢~黑
	u	臻合一（没）	不骨~头窟~窿忽
		臻合三（物）	佛仿~物
	ʅ	臻开三（质）	侄质实失
	ʮ	臻合三（术）	戌橘术白~出述
		臻合三（物）	屈
宕	aŋ	宕开一（唐）	帮旁忙当汤堂囊郎葬仓脏桑缸糠昂行~列
		宕开三（阳）	张畅肠章昌商常
		宕合三（阳）	方纺房亡芒麦~
	iaŋ	宕开三（阳）	娘凉浆枪墙箱祥僵羌强仰香秧羊
	uaŋ	宕开三（阳）	庄疮床
		宕合一（唐）	光旷荒黄汪一~水
		宕合三（阳）	网望逛匡狂况王
	ʮaŋ	宕开三（阳）	瓤让霜
	o	宕开一（铎）	博薄摸托铎落诺作凿索绳~各鄂郝鹤恶善~
		宕开三（药）	着酌绰若弱
		宕合一（铎）	郭扩~充霍
		宕合三（药）	缚
	io	宕开三（药）	掠雀鹊削脚却虐约钥~匙
江	aŋ	江开二（江）	邦胖棒港夯项巷
	iaŋ	江开二（江）	江腔降~伏
	ʮaŋ	江开二（江）	桩撞窗双
	o	江开二（觉）	剥桌戳浊捉朔
	io	江开二（觉）	觉~得确岳学角
曾	ən	曾开一（登）	灯能增层僧肯恒
		曾开三（蒸）	征~求橙蒸称绳升承仍
	in	曾开三（蒸）	冰凭菱凝兴应蝇
	ɛ	曾开一（德）	北墨得特肋则贼塞刻黑
		曾开三（职）	侧测色

	uɛ	曾合一（德）	国或惑
	i	曾开三（职）	逼匿力鲫熄极亿翼
	iɛ	曾开一（德）	特肋
	ʅ	曾开三（职）	饬直织食识植
	ɥ	曾合三（职）	域
	oŋ	曾开一（登）	崩疼
		曾合一（登）	弘
梗	ən	梗开二（庚）	烹彭冷撑澄生庚坑硬亨衡
		梗开二（耕）	橙～子争耕
		梗开三（清）	贞侦程正声成
	uən	梗合二（庚）	横
	ɥən	梗合三（庚）	荣永
		梗合四（青）	萤
		梗合三（清）	琼
	in	梗开二（耕）	茎樱～桃幸莺鹦～鹉
		梗开二（庚）	行～为
		梗开三（庚）	兵平明惊庆竞迎英
		梗开三（清）	饼聘名领精清晴姓颈轻婴赢
		梗开四（青）	拼瓶铭丁听停宁灵青腥经磬形
		梗合三（清）	倾营
	ɛ	梗开二（陌）	百拍白陌～生拆泽窄格客额吓恐～
		梗开二（麦）	麦摘责策革核审～轭
	uɛ	梗合二（陌）	虢
		梗合二（麦）	获
	i	梗开三（陌）	碧戟逆
		梗开三（昔）	璧僻辟脊籍惜席益译
		梗开四（锡）	壁劈觅嫡踢笛溺历绩戚寂锡击吃
	ʅ	梗开三（昔）	隻尺适石
	ɥ	梗开三（陌）	剧～烈，戏～
		梗合三（昔）	疫役

	oŋ	梗开二（庚）	猛孟
		梗开二（耕）	棚萌
		梗合二（耕）	轰宏
	ioŋ	梗合三（庚）	兄
通	oŋ	通合一（东）	篷蒙东通同笼棕聪从送工空烘红翁
		通合一（冬）	冬统农宗松
		通合三（东）	风丰冯梦隆嵩中虫终充崇弓
		通合三（锺）	封缝浓龙纵从怂~恿松冢宠重钟冲舂茸恭恐共
	ioŋ	通合三（东）	戎绒穷雄融
		通合三（锺）	茸胸雍容
	u	通合一（屋）	卜扑仆木谷哭斛屋
		通合三（屋）	福覆服穆
	əu	通合一（屋）	秃独鹿族速
		通合一（沃）	督毒
		通合三（屋）	六陆肃竹畜~生逐祝叔熟缩肉
		通合三（烛）	绿足促粟续烛触赎束属辱
	iəu	通合三（屋）	育畜~牧蓄储~
	ʮ	通合三（屋）	菊曲郁
		通合三（烛）	曲~折，歌~局玉欲

从上述对比中，主要可看出中古韵母至现今浠水方言韵母的如下演化情况：

1. 古入声韵今浠水方言读为元音韵。

咸摄：答 ta（合韵）、腊 la（盍韵）、插 tʂʻa（洽韵）、甲 tɕia（狎韵）、叶 iɛ（叶韵）、劫 tɕiɛ（业韵）、协 ɕiɛ（帖韵）、法 fa（乏韵）

深摄：执 tʂʅ（辑韵）

山摄：割 ko（曷韵）、八 pa 挖 ua（黠韵）、瞎 ɕia 刷 ʂʮa（鎋韵）、烈 liɛ 悦 ʮɛ（薛韵）、揭 tɕiɛ 月 ʮɛ（月韵）、结 tɕiɛ 决 tʂʮɛ（屑韵）、末 mo（末韵）

臻摄：笔 pi（质韵）、乞 tɕʻi（迄韵）、骨 ku（没韵）、出 tʂʻʮ（术韵）、物 u（物韵）

宕摄：博 po（铎韵）、略 lio（药韵）

江摄：握 ŋo（觉韵）

曾摄：黑 xɛ（德韵）、色 sɛ（职韵）、域 ɥ（职韵）

梗摄：格 kɛ 逆 ȵi（陌韵）、摘 tsɛ（麦韵）、昔 ɕi（昔韵）、吃 tɕ'i（锡韵）

通摄：木 mu 竹 tʂəu（屋韵）、酷 k'u（沃韵）、属 ʂəu（烛韵）

2. 咸、深两摄舒声字，今浠水方言读为 -n 尾韵。

咸摄：贪 t'an（覃韵）、三 san（谈韵）、赚 tʂɥan（陷韵）、鉴 tɕian（鉴韵）、尖 tɕan（盐韵）、欠 tɕ'ian（酽韵）、点 tian（忝韵）、犯 fan（范韵）

深摄：心 ɕin（侵韵）、品 p'in（寝韵）、任 ɥən（沁韵）

3. 梗、曾两摄舒声字，今浠水方言也读为 -n 尾韵。

梗摄：彭 p'ən（庚韵）、幸 ɕin（耿韵）、景 tɕin（梗韵）、名 min（清韵）、醒 ɕin（迥韵）、横 xən（映韵）、颖 in（静韵）

曾摄：能 nən（登韵）、证 tʂən（证韵）

4. 部分古合口字今浠水方言读开口。

端系合口一等：裸 lo（果摄）、土 t'əu（遇摄）、最 tsai（蟹摄）、短 tan 脱 t'o（山摄）、顿 tən 突 t'əu（臻摄）、冬 toŋ 毒 təu（通摄）

5. 模、没、屋、沃、烛韵端系字和鱼、虞韵庄组字，今浠水方言读 əu，与流摄字读音相同。

模韵端系：徒奴租土努祖组度怒做醋诉（əu）

没韵端系：突卒猝（əu）

屋韵端系：秃独读牍鹿族速六陆宿竹筑祝粥叔肉（əu）

沃韵端系：笃督毒（əu）

烛韵端系：绿录足促俗烛嘱触束蜀属辱（əu）

鱼韵庄组：初锄蔬阻楚助（əu）

虞韵庄组：数（əu）

流摄：偷楼欧走呕豆凑候抽愁周丑瞅手售（əu）

6. 鱼、虞、术韵知见系字，今浠水方言读 ɥ。

鱼虞术知系：除舒如吕汝厨枢主住树出术述（ɥ）

鱼虞术见系：居虚余巨许预愚于雨句喻橘（ɥ）

（三）声调比较

浠水方言的声调与中古音声调的对应关系可用下表表示。

古类＼影响条件＼今值＼今类		阴平 21	阳平 42	上声 34	阴去 35	阳去 33	入声 313
平	清	21					
	次浊		42				
	全浊		42				
上	清			34			
	次浊			34			
	全浊					33	
去	清				35		
	次浊					33	
	全浊					33	
入	清						313
	次浊						313
	全浊					33	313

中古声调至现今浠水方言声调的演化情况，以下举例说明。其中，说明内容的顺序是：中古调类、清浊条件、现今浠水方言调类和调值、浠水方言例字、例外字及相关说明。

平声：清、阴平 21　　知安丁边三飞天偏初开（丕脂：上声 34；拥：阴去 35）
　　次浊、阳平 42　　麻鹅云（聋研：阴平 21；逾：阳去 33）
　　全浊、阳平 42　　民文陈才平祥时（苔期骑鲸混瘊：阴平 21）
上声：清、上声 34　　展剪纸短好海袄手粉口（癸：阳平 42）
　　次浊、上声 34　　马有语五女武阮染暖老
　　全浊、阳去 33　　是在户士厚淡坐似父社亥
去声：清、阴去 35　　唱盖账正变至爱志怪放（殡：阴平 21；统：上声 34）
　　次浊、阳去 33　　帽漏岸（辆绕刃：上声 34；疗：阳平 42）
　　全浊、阳去 33　　向望大树助阵备饭定（假：上声 34）
入声：清、入声 313　　割锡屋七积帖桌接说竹菊得足福急决职铁（伏：阴平 21）

次浊、入声 313 纳入麦药六月玉末（拉：阴平 21）

全浊、阳去 33　杂食白服宅核舌

全浊、入声 313 俗合局实识昨达

据中古声调至现今浠水方言声调的上述演化情况，其演化状况进一步概括为如下几点：

1. 平分阴阳：中古平声按声母清浊，今浠水方言分别读阴平和阳平。

2. 上声只有一个：中古清和次浊声母字今读上声，全浊声母字今读作阳去。

3. 去分阴阳：中古去声按声母清浊，今浠水方言分别读阴去和阳去。

4. 入声保留：中古入声在浠水方言里仍作为一个独立的调类保留着，但中古入声中的全浊声母，现今浠水方言或读入声，或读阳去。

第三章　浠水方言词汇

一、概述

（一）构词方式

构词方式可以分为语音方式和语法方式两大类。语音方式包括叠音和变音；语法方式包括复合、附加和重叠。

浠水方言中叠音方式构成的词极少，仅如“蛐蛐儿”、“爹爹”、“婆婆”等几个。

变音构词也不多，常见的有以下一些。

泡　两读，变音构成二词。

1. p'au˧，水面形成的气泡或类似物。例：水里冒泡了。

2. p'au˩，松散。例：这地很肥，土很泡。

光　两读，变音构成二词。

1. kuaŋ˩，光芒。例：光从窗子里照进来了。

2. kuaŋ˧，磨而使光亮。例：把刀在石头上光几下。

关于语法构词，我们将在语法章详细介绍。

（二）词义差异

词义差异，以北京话为比较对象，主要涉及词义差异诸情况中同词异义的情况[①]。

---

① 广义上讲，异词同义也可包含在词义差异范围。浠水方言在这方面也有众多表现。如制作范畴义的表示，北京话用的是“做”，浠水方言则选用的是“舞”，而且跨不同层次，渐呈现出万能化的趋向。舞 u˧：1. 采摘蔬菜范畴的概括。舞菜，是摘菜、掐菜、挖菜等具有区别特征采摘蔬菜行为的统括。2. 制作菜肴范畴。舞菜，就是做菜，包括炒、蒸、煮等。3. 做饭范畴。舞饭，就是做饭。4. 一般行为范畴。翻皮筋不知怎么做，通常问道：么舞的？不知他人做什么事，通常问道：舞么事？

这里的“同词”是广义性的，单位大小上，包括了部分词与短语划分上存在着交织关系的对象；音义要素依据上，主要为音同义近、音近义同或音义皆相近、相关。另外，为了便于集中讨论词义问题，“同词”只选择浠水方言与北京话记录形式相同的同形词部分。

同词异义，主要概括为以下几种不同情况。

1. 指称对象不同

词	浠水方言	北京话
天道	天气。～不好莫出门。	自然的和社会的规则。～酬勤。
气色	气味。屋里头好大一股大～。	神色。脸上～不好。
头皮	头屑。他好多～呀。	头上的皮肤。～发麻。
背心	后背。睏醒睡觉把～盖好。	不带袖子和领子的上衣。穿着一个～。
指头	手指。他伸出两个～。	手指的顶部。～受伤了。
博士	木匠。大伯在湾里是个有名的～。	学位的最高一级。他在读～。
火气	运气。今昼今天打牌～好。	怒气；暴躁的脾气。他～很大。
手巾	毛巾。把～洗一下儿。	细小的擦鼻涕等的毛巾。用～擦一下。
家业	工具。博士冒得没有～就不能做事。	家庭的产业。继承～。
屋	家。他～里冒得没有人了。	房子。他还住在茅草～里。
过	传染。他的感冒～的我了。	通过。考试～了。
过	动物生产。猪娘～了细猪儿。	行为曾经发生。他来～。
车	转动。我～个身他就跑了。	车子。我有一辆～。
收	藏。你把钱～到哪里去了？	接受。钱～到了。
落	克扣。那个裁缝光～顾客的布。	掉落。布～在地上了。
做	发出（气味）。饭～味了。	劳动、工作。～事情。
盘	玩弄、戏弄。他把闹钟～垮了。	运作。把货～走。
过早	吃早间小点。～了再做哇。	时间早了。～恋爱不好。
欠	想念。他～妈妈。	亏欠。他～钱不还。
引	照料。我想请个人帮我～伢儿。	引领。帮他～路。
嚼	数落。我最怕我老娘～我。	嚼。他经常～口香糖。
发毛	发脾气。他一～就骂人。	发怵。说得我心里～。
横	瞪（眼睛）。他用眼睛～我。	跟竖相对的坐标。将东西～着放。
不好	生病。听说你有点儿～？	不具有好的性状。他性格～。
见不得	看不惯。我～他哭的样儿。	不能够见。他就是一个～阳光的人。
过细	小心。你～点儿，莫把杯子打了。	仔细。他看书很～。

飞	不安分。你莫～，小心落下来了。	飞翔。鸟是能～的动物。
好	很。他昨日～早就来了。	与“坏”相对的性状。书是个～东西。
造孽	可怜，值得同情。他从小死了娘，好～。	做坏事。你别～，积点儿德吧。
未必	难道。妈妈～会害你？	不一定。他～会来。
才	很。他～聪明，你去问他！	刚刚。他～来就要走。
一路	一起。他们～来的，也～走的。	整个行走时间段。他们～地说着话。

2. 意义内容以及范围大小不同

一般情况是浠水方言指称的范围较北京话大。

词	浠水方言超出的所指及例句	北京话与浠水方言相同的所指及例句
毛	头发。头～好长啊。	毛发。他有胸～。
嘴	牙。清早起来要洗～。	口。满～胡言乱语。
脚	小腿。～上长满了毛。	足。～板着地。
手	小臂。他～上有劲。	手部。～指灵活。
说	指责。不是我～你，你就是错了。	讲。光～不做假把式。
吃	吸。～一根烟。	进食。人要～饭，穿衣。
歇	睡觉。我九点就～了。	休息。～一会儿再做事。
青	黑色。他穿了一身～衣裳。	绿色。麦苗儿～了。
大	粗。树枝儿又长～了。	体积大。鸡公山是一座～山。
深	长。你手上的毛好～啦。	从上到下的距离大。这里的水很～。
长	高。小虎儿又长～了。	两点之间距离大。山高水～。
细	小。～树总会长大的。	条状物侧剖面小。～水长流。
个	鸡、牛等动物的单位。来了一～牛。	人的单位。来了一～人。

3. 古义沿用程度不同

有一些词语，浠水方言中古义沿用较多，北京话则相对较少①。如强程度副词：

至。文言中常表强程度义。例：

(1) 商君治秦，法令至行。(《战国策·秦策一》)

(2) 水至清则无鱼，人至察则无徒。(《文选·答客难》)

浠水方言沿用例：这人～抠门小气哇，一分钱也舍不得用。又：这人～好抬杠争论。

---

① 这在词形上也有相应的表现，即以单音节词为主，复音词极少。

生、死。文言中常表强程度义。例：

(1) 生憎野鹤性迟回，死恨天鸡识时节。(元稹《古决绝词》)

(2) 苦怜燕子寒相并，生怕梨花晚不禁。(林逋《春阴》)

浠水方言沿用例：这人真是死要面子活受罪。又：他就是胆小，生怕别个别人笑他。

酷。文言中常表强程度义。例：

(1) 陶公少有大志，家酷贫。(《世说新语·贤媛》)

(2) 魏武有一妓，声最清高，而情性酷恶。(《世说新语·忿狷》)

浠水方言沿用并蕴含有“一味地”义之例：这个人就是酷狠，冒得没有么事什么真本事。

浠水方言中还普遍存在着一般动和使动同形的情况，其使动义，基本皆是古义的沿用。如：

痛　①（对人）痛爱：个这么小就晓得痛人。②使人痛爱：这细伢儿真痛人。

上　①向上的行为：往上走。②使之上：快点，上士。

下　①向下的行为：往下走。②使之下：快点，下士。

飞　①腾空运行：麻雀飞不高。②使人飞：不行，该飞相了。

拱　①往前顶或往下掘的行为：猪在拱槽了。②使人拱：拱卒，让卒子过河。

出　①由里至外的行为：出太阳了。②使人出：出车，将军。

4. 类义间混整情况存在着差异

一般说来，浠水方言中密切相关的类义间的混整情况要多一些。这些混整情况主要有如下这些：

(1) 易于引起误解的关联性对象的混整。如一个词，既指称对象整体，又指称对象的某部分。既指称概念类型中的属，又指称种。既指男性，又指女性。

谷　　①水稻植株。②水稻籽实。

洋芋　①土豆植株。②土豆块茎。

苕　　①红薯植株。②红薯块茎。

屋　　①整座房子：做～。②房间：堂～｜房～。③家里：舅爷～底（舅舅家里）。

男的　　①男人。②丈夫。

媳妇儿　①妻子。②未婚妻。

曾　　　①曾祖父。②曾祖母。

爷　　　①叔或伯。②姑姑。

男人　　①男性成年人。②丈夫。

堂客　　①妻子。②已婚妇女。

菜　　　①与饭相对，总指素菜、荤菜。②蔬菜。

(2) 一个词内部不同词类义间的混整。其中，主要是名动性词类义间的混整。名词义中表农具及一般工具义与其相应的表功能性行为义间混整情况。例如：

锄　　这儿有一个干锄。他用干锄锄地。

犁　　这是犁。用犁犁田。

耙　　这是耙。用耙耙田。

錾　　这是錾滚。用錾滚錾田。

耖　　这是耖子。用耖子耖田。

耱　　这是耱子。用耱子耱田。

铲　　这是铲子。用铲子铲土。

车　　这是水车。用水车车水。

磨　　这是磨子。用磨子磨豆腐。

抿　　这是抿子。用抿子抿泥巴。

抹　　这是抹布。用抹布抹桌子。

锁　　这是锁。用锁锁门。

刷儿　这是刷儿。用刷儿刷桌子。

闩　　这是门闩。用门闩闩门。

名词义与量词义之间亦存在着大量混整情况。例如：

碗　　这是碗。盛了一碗饭。

锅　　这是一口锅。舞了一锅饭。

锅铲　这是锅铲。盛了一锅铲菜。

盆　　这是盆儿。装了一盆儿水。

桶　　这是桶。买了一桶水。

缸儿　这是缸儿。挑了一缸儿水。

杯儿　这是杯儿。倒了一杯儿水。

瓶儿　这是瓶儿。倒了一瓶儿水。

罐儿　这是罐儿。装了一罐儿水。

（三）特殊词语

这里的特殊词语，指的是与北京话相比较，在表达相同或相近性词义的时候浠水方言所用的较为特殊一些且在分类词语表中不便展开说明的词语。在此，主要包含以下四类特殊词语。表述过程中，涉及标记的问题，参见后续分类词语表的说明。

1. 称谓词语

(1) 亲属称谓词语

①祖父母称“爹、奶”。外公、外婆称“家爹、家婆”或“家公、家婆”。现在年轻人（尤其是小孩）也常用“爷爷、奶奶”称祖父母，用“爹爹、家家”称外祖父母。

②父亲现在多称“爸”或“爸爸”，也有称“伯”或“伯伯”的，背称则一般用“老头儿”。称呼对方父亲有称“老子”的，继父称“继父老子”或“后来老子”。母亲的称呼较为复杂。具体说来，一般称“妈”或“妈妈”，但也有如下称呼的：

嬷 mɛ˧　母亲。

娅 ia˩　母亲（兰溪一带）。

姼 i˦　母亲（城关附近）。

□ io˩　母亲（与蕲春交界一带）。

姨 i˨　母亲（与蕲春交界一带）。

大 ta˩　母亲。

母亲的背称是“老娘”，称对方母亲也有称“娘老子”的。

③岳父、岳母的面称与父亲、母亲相同，背称、旁称为“丈人、丈母娘”或“岳父老子、岳父老头儿，岳母娘”。

④干爹、干妈称“亲爷、亲娘”。这种加“亲”，而实表“非亲”的称呼是很有趣的。加“亲”的还有父母亲与岳父母之间的互称，即“亲家、亲家母”。

⑤父辈的亲属称呼以“爷、伯、姨”为核心语素。其中，父方的兄弟姊妹可统称“爷”，内部区别依据序位。老大为“大爷”，老二为“二爷”，

老么为“细爷”。父方男性妻子则据男性相应序位称为“大娘、二娘……细娘”，父方女性丈夫则统称“姑爷”，内部区别是“姑爷”前加姓氏，如“陈姑爷”、“李姑爷”等。“伯”的情况同“爷”差不多，只是用得相对较少。

母方男性称舅，内部区别二法：一是前加序数，如“大舅、二舅……细舅”；二是前加称呼对象的名字，如“华儿舅、安儿舅”等。母方女性称姨，内部区别亦采用与男性相同的二法，如“大姨儿、二姨儿……细姨儿”、“藕儿姨儿，花儿姨儿”等。

⑥哥哥和弟弟合称“弟兄”。弟弟称哥哥为“哥”，哥哥称弟弟，面称一般称以名字，如“火春”、“木生”。背称和旁称都是“兄弟”。

姐姐和妹妹合称“姊妹”。妹妹称姐姐为“姐”，姐姐称妹妹，面称一般称以名字，背称和旁称都是“老妹”。

⑦丈夫称“男的、男人”，妻子称“女的、堂客、屋里的、伢的妈”。夫妻背称（或傍称）“伙计”。浠水方言“媳妇儿”（儿化）和“媳妇”（不儿化）不同，“媳妇儿”指“未婚妻”，而“媳妇”指“儿媳”（“今天媳妇要上班，要我帮忙带孙子”）。

⑧姐妹丈夫之间的关系称“连襟”、“一担挑”。

⑨浠水方言词缀“伙的”表亲属关系，如“兄弟伙的、弟兄伙的、姊妹伙的、妯娌伙的、父子伙的、舅侄伙的、郎舅伙的”等。

（2）社会称谓词语

①成年男性、女性口语称“男人、女人”；小孩的称呼多用词“伢儿”，如“大伢儿、细伢儿、奶伢儿、毛毛伢儿、男伢儿、儿伢儿、女伢儿、姑娘伢儿、后生伢儿、媳妇伢儿、徒弟伢儿、学生伢儿”。

②浠水方言社会称谓词语较明显的特点有二：

一是贬义称谓较北京话差异较大，而且数量多，如：

泛指某人（贬义）称“伙计、老几”；什么都不知道的人称“洋绊”；不懂装懂的人称“半瓢水”；旧时对广东人贬称“广广”，对河南人贬称“奤子、河南奤子”，称江西人为“老俵”；卖淫的称“卖屄的”；人贩子称“卖伢的”；姘头称“皮绊”；乞丐称“告花子”；不正经的人称“邪货”、二流子”；不务正业的男性青年人称“二杆子”；老实人称“老实坨子、糯米坨子”；不喜欢说话的人称“闷罐子”；笨拙而又实在的人称“憨子”；不通事理的人称“洋绊、半铫子、日大瞎”；傻子称“哈巴、苕、苕货、傻屌”；性格直率的人称“直筒子、炮筒子”；阴险的人称“阴蚊子”；做事不合常理的人称“活宝”；懒惰的人称“懒瘟神”。

二是类亲属称谓内部区别方法有特色。称谓的核心部分，父辈，比父亲年长的称“伯”，年小的称“叔”；比母亲年长、年小的均称“婶”或“姑”。同辈，年长的称“哥”、“姐”。称谓的非核心的相关个体区别方法主要有：“姓＋核心称谓”、“姓＋家＋核心称谓”、“姓＋序位＋核心称谓”、“姓＋家＋序位＋核心称谓”、“名字＋序位＋核心称谓”。如：“王哥”、“张家叔”、“王三哥”、“王家三哥”、“又荣三哥”。

2. 婚丧词语

(1) 婚俗词语

请媒：男女双方到了婚配年龄，男方托媒人到女方提亲，一般要提三年，称为“请媒”。

撮酒喝：媒人受一方所请，登门提亲，俗称“撮酒喝”，有“成不成，酒三瓶”之说。

查八字：媒人提亲后，如果双方家长认可，便请算命先生为子女算命，测八字，看是否相合，称为“查八字”。

过礼：也就是过彩礼。婚礼前男方给女方家送的最重要的一道礼，包括礼金、礼品等。

送端阳：婚礼前男方给女方家在传统的端阳节时送节日礼的一种行为。所送礼品中有肉、糖、糍粑、点心及衣料等。

送中秋：婚礼前男方给女方家在传统的中秋节时送节日礼的一种行为。

送年礼：婚礼前男方给女方家在传统的春节时送节日礼的一种行为。

看日子：冬播之后，便是农家办喜事的日子，媒人到女方拿八字（即出生年、月、日、时），由男方请阴阳先生定婚期。

取庚帖：又称“要年庚八字”，男方到女方家中要取女方的生辰时间时，必须送给女方家长的一道礼，礼品一般为肉、糖、烟、酒等。

送日子：婚期选定后，男方用衣料将写有婚期的红纸条包好，再备一份礼品，一同送往女方家中。

哭嫁：新娘出嫁前夜，由要好的姐妹陪嫁到第二天天亮。这中间，要哭嫁，历数父母养育之恩，诉说离别娘家之情。哭嫁时，母亲往往也跟着哭，诉说难以割舍之情。

眼泪钱：新娘出嫁时叔父、姑姑、舅舅、姨等亲戚送给新娘的礼金。

夜嫁：一种夜晚嫁女的风俗。新娘出嫁上轿的时间一般在天黑时，送嫁队伍打着灯笼送行。现在虽没有花轿，但仍然保持了夜嫁女的习俗。

迎亲：娶亲的队伍准备两乘轿子迎亲，媒人坐二人抬小轿，新郎坐四人抬大轿，吹喇叭，打对子锣，抬嫁妆的一行浩浩荡荡来到女方门前等候"发亲"，迎亲人的多少视女方嫁妆多少而论。

抢糖：送嫁和迎嫁的队伍相遇之后，迎嫁的男方要抛洒糖果、烟等物，众人奋力争抢，称为抢糖。

盘女婿：婚嫁吉日，新郎要亲自去接新娘。新娘家亲朋好友要"盘女婿"，即逗弄新郎。从新郎进门到吃酒处处设障，如门顶泼水、席间对联、肉中穿线、缠紧筷子等难为新郎，考验新郎的性情和才智。新娘家"盘女婿"，新郎家就"盘新姑娘"，几个年轻后生抬着花轿前后左右颠簸戏弄新娘。新郎新娘进门拜堂，入洞房，喝团圆酒，这时"盘新姑娘"进入高潮，众人有说四言八句的，有对歌的，有开玩笑的，无论老少辈均可戏新娘。浠水有"新婚三天无大小"的说法，人们认为越闹越发，不闹就觉得冷清。

喊彩词：布置新房铺床时由一儿女双全的妇女喊彩，其他妇女应和。如"铺床铺床，(啊!)，喜气洋洋。(啊!)，男生八个，(啊!)，女生一双。(啊!)，铺床撑一撑，(啊!)，生儿像磉礅。(啊!)，铺床按一按，(啊!)，生儿像门扇。(啊!)……铺牙床，铺牙床，红枣花生撒一床。上头挂的绫罗帐，下面睡的双鸳鸯。夫妻和睦家欢畅，生活美满福寿长"。

喝喜酒：新娘接回的晚上举行团圆酒宴。新郎、新娘及媒人、众亲朋一起吃喜宴。

闹洞房：团圆酒后，人们开始闹洞房。客人逐渐散去，新娘开始卸妆。男家还有人"听房"，一连几天，只听到男女双方交合之后，才不闹房。

拜客：婚后第二天天亮后，新婚夫妇要早起梳洗好举行"拜客"活动，新婚夫妇给长辈、亲戚磕头，长辈和亲戚给新婚夫妇红包。

回门：婚后第三天，新媳妇要"回门"。新郎、新娘早上一起双双到女家，下午一同回到男家，新娘将在娘家做的嫁鞋带回婆家，还要给大嫂姑娘们欣赏，以证明新娘的女红手艺。

(2) 丧葬词语

盘出：一个人如果病得特别严重，眼看不行了，处于弥留之际，家人就要把他从房里抬出来，在堂屋左面的地面上铺上稻草，安个地铺，让他头朝上睡在铺上。

洁身：一个人离开阳世，不能让他把不干净的东西带入阴间，因此要象征性地给他擦澡。

穿寿衣：擦完澡后，把事先准备好的寿衣给死者穿上。一套寿衣，从头至脚都是黑色的。

下榻：人如果断了气，就用两条板凳搁一个铺板，把死者抬到铺板上。死者头上还要枕几片青瓦。待死者身子快冷时用手将嘴唇和眼抹一下，让其合拢。铺板下面用一个碗倒入香油，放上一根灯草，点上长眠灯。

烧落气纸：人一断气，就要在他下榻的铺板头部下方焚烧纸钱，同时还放鞭炮，以告诉他人这一噩耗。

烧床铺草：人死后，将他睡过的床上铺的稻草全部搂出去烧掉。

搭灵屋：在本家附近搭建纸做的房子，里面还要摆放纸人、纸马等器物，意思是安放死者的灵魂。

接重殇：人死了必须要请八个重殇，他们的职责，一是到死者生前亲朋好友家通知这一噩耗，并接他们在出殡前参加悼念仪式；二是给死者下葬的地方挖一个坟坑，叫打井；三是将死者入殓、送火葬场直至送到坟墓下土为安。重殇应该受到主人的尊重，打井时要送酒菜到坟地让他们过中(吃中饭)，坐席时要将第一席留给他们，出殡时，主人要一路给他们作揖甚至磕头，恳求他们把亡者抬平稳，让其一路走好。

入殓：人死的第二天，重殇就要将死者从铺板抬进棺材，叫入殓。棺材要放在堂屋中间，用板凳搁着，棺材大头（即死者头部）朝堂屋下方。死者睡在棺材里头部要枕三块瓦片，手里要放上一些钱。棺材下面仍然要点上长眠灯。

戴孝：老人去世了，他的后辈们要有戴孝的标志。过去一般是孝子孝女全身穿白色孝服。其他后辈们和所有前来吊唁的亲戚朋友，每人都发一块白布片（称孝布），在出殡时全部盖在头上或系在手腕上表示孝意。等亡人入土后，在回来的时候，都必须将戴孝的服饰取下来。

剃头：老人去世的第一、二天，男性后辈们要接理发师到家理发，表示对老人的悼念。

唱孝歌：在人死后的第二天晚上，请道士为死者唱孝歌，历数死者人生经历的十磨九乱，教育后辈要不忘前辈受的苦，对老人要行孝道。

哭灵：如果请了戏班，唱戏的女角有一个节目叫哭灵，就是戏班走下台来，到死者棺材前下跪边唱边哭，哭老人（一般为通用词）受苦受难，哭得伤心伤意，泪水横流。哭得越伤心越好，让大家产生感情共鸣。当然，前来悼念的主要亲戚（特别是姑娘）要向戏班扔钱。无论是来了悼念的客人还是唱孝歌、哭灵，家中的孝子（尤其是长子）孝女都要跪在棺材前焚烧纸钱、磕头。孝子孝女一般要穿孝服，一个星期内不能走进别人家中。

出殡：根据道士定好的时辰（一般在中午 12 点以后），做完一段法事后，就要开始出堂了。其顺序大致是：盖馆，将棺材盖子合上，钉上巴齐(一种两端有齿的 U 行钉)；接着将长眠灯在棺材上用力摔破；再接着是八个抬棺人将棺材抬出大门外。在道场做法事时，孝子孝女等时而长跪，时而跟着道士绕棺数圈；抬棺人同时将抬棺材的横木绑在棺材上，棺材上方坐一个童子（一般是死者的最小后辈），待道士“起棺”令下，抬棺人一哄而起，待棺材抬起时顺势踢倒搁棺材的板凳；放起身炮，按拿花圈的、孝子（一个怀揣灵牌，一个双手执死者遗像于胸前，在棺材前趟棺：控制速度）、抬棺材的、乐队、送行的队伍顺序向坟地出发。出发前，凡棺材所经路线，各家各户都要关闭大门，以防棺材照了堂不吉利。在前进的路上，鞭炮不停地放，棺材所经之处，不管是水沟、田野还是树林池塘，都无所顾忌。不过，孝子会不停地向抬棺材的抬棺人磕头作揖，请求抬得平稳些。要是死的是年轻人，抬棺材的人往往不停地大声呼叫（叫“打阿嗬”）以壮自己的威风，压死人的煞气。

下葬：棺材到达坟地后，先放在坟坑前面，所有送葬的人都要面向棺材跪下，道士继续超度亡灵，同时安排人在坟坑里面烧一捆稻草，叫暖坑。然后抬棺人将棺材抬入坟坑，搁在事先垫在坟坑两头的火砖上，道士拿出罗盘定准棺材是否在坟坑的中间位置，定准后，道士一边超度，一边向四周人群撒稻米，众人都伸着手或牵着衣兜接米，据说接着这米拿回去吃了可以遮辛寒（不害病）。再接着就是向坟坑填土，做坟，此时送葬的人都取下孝服孝布随乐队一起返回，只留下抬棺人完成做坟的任务。

孝子回家：老人入土后，孝子就揣着灵牌走直路回家。回家的路上，要一直不停地呼唤着老人："爸爸（妈妈、爹爹、婆婆等）回家！"只能叫唤，不能往坟墓方向回头望。回家后将灵牌安放在堂屋左上角的灵台上，事先设置的小桌，上面放一小匝用绳捆好的草纸，在灵牌里支两根小棍插在草纸上，在其前面点上香、蜡烛，然后由道士举行安灵仪式，孝子们在灵牌前磕头烧纸。

送烟把：下葬当天黄昏时分，死者亲属要在家用稻草做烟把，并将烟把送至死者坟前烧烟。

守七：人死的前七天，孝子要为老人守七。就是每天晚上要有人在灵堂守夜，特别是老人没出堂的前两天，常常通夜有四个以上的人不睡觉执守。

过七：人过世了，每隔七天都要举行一次纪念仪式。很亲的后辈（如儿子、媳妇、姑娘、女婿，舅侄等）应该每个七都要参加，并且主人家还要派人去接姑娘女婿来为老人过七。每个七都要在灵牌前烧纸磕头。过五七要到坟前烧纸磕头纪念。最后七尽，家里人再次将老人的遗物清理一次，将清理出的遗物拿到坟前焚烧。

过百日：老人去世一百天也要举行纪念仪式，后辈及亲属们都要前来参加悼念活动，在灵堂前烧香磕头。

过周年：俗话说，守孝三年。去世的前三年，每年忌日后辈和亲属们都要在灵堂和坟墓前烧香磕头，举行纪念仪式。在第三年纪念仪式上，应该将灵堂和灵牌烧毁，表示尽孝期已满。

3. 农事词语

上泥：一般在谷雨节浸稻种（早稻），有"穷人莫信富人懂（哄骗），泡树开花浸谷种"的农谚。稻种浸好播种时，农家要煮猪腿、猪尾巴食用，以兆示秧苗茁壮、谷子丰收。插秧前，家家户户要先丰盛地吃一顿，称为"上泥"。

禁青苗：春节过后，春耕生产就要开始，为保护青苗不受畜禽危害，各地都有禁青苗的习惯。由湾间头人或者族长差人鸣锣，宣布自某月某日起开始禁青苗，猪进圈，牛入栏，鸡鸭小心，如有违犯，该如何处置等等。

秋秧田："秋"即"烟熏"的意思。春暖下秧前，农民们将干牛粪、草等物搬至秧田，分堆码放，上面盖上薄薄的一层土，然后点燃，浓烟袅绕，数日不熄。秋秧田能帮助土壤活化，升温能闷死藏在冻土中的虫卵和杂草种子。

照地蚕：旧时农作物常受到病虫的危害，无法救治。初春，地蚕蜷伏在麦豆地里，越冬后苏醒，天暖即钻出地面，啃噬作物根茎。正月十五到正月十九，农村都有试灯和到田间烧烟火的习惯。各家即遣儿童手提灯笼，到麦豆地里来回走动，左右照耀，口唱："举灯笼，照地蚕，一照照个大干净……"直到将麦豆地一厢不漏地照遍，才举着灯笼回家。随着农业科技普及，农作物病虫害防治术法多门，此俗早已废止。

唱秧歌：农民边插秧，边唱民歌。有一田之内，一人领唱，众人合唱；有相邻几田之间，相互对唱；也有满畈之中，数人领唱，满畈皆合唱等形式。秧歌曲调优美，歌词动人，往往引得行人止步，鸟雀噤声。

放剑：做动镰刀的活时，有许多禁忌，如早上不能谈鬼言魔，俗称"放剑"。镰伤手脚，人多说是"放剑"之害。初学割谷时，持镰、捏把、聚割等均视为基本功。

吃新谷：新谷下场后，农民们吃新米做的饭叫吃新谷。吃新谷除有庆丰收的意义外，也是款待酬谢前来割谷的亲友、乡邻。吃食一般，少有讲究，突出的是吃一顿新米。

4. 婉辞

从委婉程度上讲，词语可分为三个层次：粗俗层次、一般层次、委婉层次。毋庸讳言，浠水方言中，粗俗层次的词语非常普遍，但亦不乏委婉层次的词语。较有代表性的如表示"死"义的"过世"、"走了"；表示"生病"义的"不好"；表示"怀孕"义的"有喜"、"有了"；表示"请吃"义的"打糙"；表示"男性生殖器"的"那话儿"、"么事"等。

二、分类词语表

凡　例

1. 本表据中国社会科学院语言研究所方言研究室资料室编《汉语方言词语调查条目表》（《方言》2003 年第 1 期。以下称"原表"）调查整理而成。原表分 29 类，本表分 27 类，内容有所调整：原表贰拾陆"副词、介词等"，本表只列"副词"，有关"介词"的调查材料放到语法部分加以说明；原表贰拾肆"代词等"、贰拾捌"附加成分等"、贰拾玖"数字等"取消，有关材料放到语法部分加以说明；新增“固定词组”类。调整后的类别及次序如下：

（一）天文；（二）地理；（三）时令　时间；（四）农业；（五）植物；（六）动物；（七）房舍；（八）器具　用品；（九）称谓；（十）亲属；（十一）身体；（十二）疾病　医疗；（十三）衣服　穿戴；（十四）饮食；（十五）红白大事；（十六）日常生活；（十七）讼事；（十八）交际；（十九）商业　交通；（二十）文化教育；（二十一）文体活动；（二十二）动作；（二十三）位置；（二十四）形容词；（二十五）副词；（二十六）量词；（二十七）固定词组。

2. 每条先出浠水方言的说法，接着用国际音标注音。用声调符号在右边注明调值，轻声在该音节前加圆点。本字不明或没有合适的同音字可写的词，用“□”表示。

3. 一个词形有几个不同的意义，一般同时把这几个意义列出，不考虑这几个意义是否有内在联系。如：

苕 sau˧˩　①红薯。②傻。③傻子

但量词不这么处理。例如“把”：“一把刀”的“把”是个体量词，列入“个体量词”小类；“一把菜”（捆成小捆的菜）的“把”是集合量词，列入“集合量词”小类；“抓一把土”的“把”是部分量词，列入“部分量词”小类。

4. 如果浠水方言的说法跟北京话相同，一般就不作解释。如：

月亮 ɥɛ˨˦ ·niaŋ

5. 几个完全同义的条目集中排，只解释打头的一条，其余各条缩一格排，不解释。如：

天 t‘ian˩　　①天气。②天本体

　天儿 t‘ianr˩

6. 早先曾说的条目下加“旧”字。如：

水泥 ʂɥɛ˧ ȵi˧˩

洋灰旧 iaŋ˧˩ ·xuəi

（一）天文

1. 日、月、星

太阳 t‘ai˥ ·iaŋ　①指太阳实体。②指太阳光

太阳落土 t‘ai˥ ·iaŋ lə˨˦ t‘əu˧　太阳

落山

太阳地儿 t'ai˥ ·iaŋ ti˧ ·ŋɚ 太阳照到的地方

朝阳 tʂ'au˨ iaŋ˨ 向阳

背阴 pi˥ in˩ 背向太阳

阴凉地儿 in˩ ·liaŋ ti˧ ·ŋɚ 太阳晒不到的地方

月亮 ɥɛ˩˥ ·liaŋ

月亮地儿 ɥɛ˩˥ ·liaŋ ti˧ ·ŋɚ 月亮照到的地方

星 ɕin˩ 星星

天河 t'ian˩ xo˨ 银河

北斗星 pɛ˩˥ təu˧ ɕin˩

扫帚星 sau˥ ·tʂəu ɕin˩ 彗星

2. 风、云、雷、雨

风 foŋ˩

顺风 ʂɥən˧ foŋ˩

斗风 təu˥ foŋ˩ 逆风

大风 ta˧ foŋ˩

细风儿 ɕi˥ ·foŋ ·ŋɚ 小风

悠悠儿风 iəu˩ ·iəur foŋ˩ 微风

旋儿风 ɕiar˧ foŋ˩ 旋风

起风 tɕ'i˧ foŋ˩ 刮风

风息了 foŋ˩ ɕi˩˥ ·liau 风停了

云 ɥən˨

黑云 xɛ˩˥ ɥən˨

棉花云 mian˨ ·xua ɥən˨ 像成堆的棉花那样的云

早霞 tsau˧ ɕia˨

晚霞 uan˧ ɕia˨

雷 li˨

炸雷 tʂa˥ li˨ 特别响的雷

打雷 ta˧ li˨

霍 xo˩˥ 闪电

掣霍 tʂɛ˩˥ xo˩˥ 闪电（动宾）

雨 ɥ˧

雨点子 ɥ˧ tian˧ ·tsɿ

落雨 lo˩˥ ɥ˧ 下雨

大雨 ta˧ ɥ˧

瓢泼大雨 p'iau˨ ·p'o ta˧ ɥ˧

细雨儿 ɕi˥ ·ɥr 小雨

麻喷雨 ma˨ p'ən˥ ·ɥ 毛毛雨

阵头雨 tʂən˧ ·t'əu ·ɥ 雷阵雨

雨歇了 ɥ˧ ɕiɛ˩˥ ·liau 雨停了

□雨 ts'a˧ ɥ˧ 淋雨（动宾）

3. 冰、雪、霜、露

凌冰 lin˧ ·pin 冰

凌锥儿 lin˧ ·tʂɛr 屋檐或树枝上结的冰锥

化凌 xua˥ lin˧ 冰雪融化

雪 ɕiɛ˩˥

雪子 ɕiɛ˩˥ tsɿ˧ 霰

落雪 lo˩˥ ɕiɛ˩˥ 下雪

雨夹雪 ɥ˧ ka˩˥ ɕiɛ˩˥ 又下雨又下雪：～，半个月（农谚）

化雪 xua˥ ɕiɛ˩˥

露水 ləu˧ ·ʂɥəi 露

下露水 ɕia˧ ləu˧ ·ʂɥəi 生成露

霜 ʂɥaŋ˩

打霜 ta˧ ʂɥaŋ˩ 霜结在草和农作物上

罩子 tʂau˥ ·tsɿ 雾

下罩子 ɕia˧ tʂau˥ ·tsɿ　下雾

4. 气候

天 tʻian˩　①天气。②天本体

天儿 tʻianr˩

天道 tʻian˩ ·tau　①天气。②一天里的某一段时间：~不早了

天晴 tʻian˩ tɕʻin˨　晴天

天热 tʻian˩ ɥɛ˨　天气热

天冷 tʻian˩ lən˧　天气冷

伏天 fu˩ ·tʻian

入伏 ɥ˨ fu˩

进伏 tɕin˥ fu˩

出伏 tʂʻɥ˨ fu˩

头伏 tʻəu˨ fu˩　初伏

二伏 ɚ˧ fu˩

三伏 san˩ fu˩

进九 tɕin˥ tɕiəu˧

出九 tʂʻɥ˨ tɕiəu˨

天干 tʻian˩ kan˩　天旱

淹水 ŋan˩ ʂɥəi˧　遭水灾

（二）地理

1. 地

田 tʻian˨　水田

秧田 iaŋ˩ tʻian˨　育水稻苗的水田

沙田 ʂa˩ tʻian˨　含沙较多的水田

地 ti˧　种麦、棉花等的旱地

菜园儿 tsʻai˥ ɥanr˨　菜地

荒地 xuaŋ˩ ti˧

沙地 ʂa˩ ti˧

石头地 ʂɿ˧ tʻəu˨ ti˧

斜坡地 ɕiɛ˨ ·po ti˧

2. 山

半山腰 pan˥ ʂan˩ iau˩　山腰

山脚下 ʂan˩ tɕio˨ ·xa　山脚

山坳 ʂan˩ ŋau˥

山坡儿 ʂan˩ por˩

山顶上 ʂan˩ tin˧ ·ʂaŋ　山的顶部

山头 ʂan˩ tʻəu˨　山顶

3. 江、河、湖、海、水

河 xo˨　江河总名

河边儿 xo˨ ·pianr

河里 xo˨ ·ti

干渠 kan˥ tʂɥ˨

沟 kəu˩

大沟 ta˧ kəu˩

细沟儿 ɕi˥ kəur˩

堰 ian˥　池塘

塘堰 tʻaŋ˨ ian˥

水洼 ʂɥəi˧ ua˥　水坑

凼儿 taŋ˧ ·ŋɚ　水坑

水凼儿 ʂɥəi˧ taŋ˧ ·ŋɚ

细凼儿 ɕi˥ taŋ˧ ·ŋɚ　小水坑

海 xai˧

岸 ŋan˧

田岸 tʻian˨ ŋan˧

河岸 xo˨ ŋan˧

塘岸 tʻaŋ˨ ŋan˧

对岸 ti˥ ŋan˧　对边

堤 tʻi˨

河堤 xo˨ t'i˨

河那边 xo˨ na˧ pian˩ 河对岸

江堤 ɕiaŋ˩ t'i˨

坝 pa˥

大坝 ta˧ pa˥

细水坝 ɕi˥ ʂʮəi˧ pa˥

洲 tʂəu˩

沙洲 ʂa˩ tʂəu˩

河滩 xo˨ t'an˩

清亮水 tɕ'in˩ ·liaŋ ʂʮəi˧ 清水

浑水 xun˩ ʂʮəi˧ 浑浊的水

雨水 ʮ˧ ʂʮəi˧ ①下雨落下的水。②指降雨的情况：今年～好｜热天～多

涨水 tʂaŋ˧ ʂʮəi˧

发大水 fa˩ ta˧ ʂʮəi˧ 发洪水

退水 t'i˥ ʂʮəi˧ 与“涨水”相对，指水势回落

冷水 lən˧ ʂʮəi˧ ①生水（相对开水而言）。②凉水（相对热水而言）

沁水 tɕ'in˥ ʂʮəi˧ 从土层渗出的水

热水 ʮɛ˩ ʂʮəi˧

温水 uən˩ ʂʮəi˧

温热水 uən˩ ʮɛ˩ ʂʮəi˧

温都子（水）uən˩ təu˩ ·tsɿ（ʂʮəi˧）

开水 k'ai˩ ʂʮəi˧ 煮沸的水

4. 石、沙、土块、矿物

青石头 tɕ'in˩ ʂʅ˧ ·t'əu

白石头 pɛ˧ ʂʅ˧ ·t'əu

硬石头 ŋən˧ ʂʅ˧ ·t'əu

麻姑（石）ma˨ ·ku（ʂʅ˧） 一种质地较松散的石头

石板 ʂʅ˧ p'ian˧ 板状的石块

沙 ʂa˩ 沙子

沙土 ʂa˩ t'əu˧ 含沙很多的土

土砖 t'əu˧ tʂ'ʮan˩ 把田土压实，切成一块一块，不经过烧制，直接用来砌墙的砖

灰砖 xəi˩ tʂʮan˩ 经过烧制的砖。“青砖”、“红砖”统称“灰砖”

青砖 tɕ'in˩ tʂʮan˩ 经过烧制的砖，呈青灰色

红砖 xoŋ˨ tʂʮan˩ 经过烧制的砖，呈红色

砖坯子 tʂʮan˩ p'i˩ ·tsɿ 做成砖形，等待烧制的

砖头儿 tʂʮan˩ ·t'əur 碎砖

半头儿 pan˥ ·t'əur 半块砖

瓦 ua˧

底瓦 ti˧ ua˧ 仰铺的瓦

盖瓦 kai˥ ua˧ 俯铺的瓦，比底瓦短

亮瓦 liaŋ˧ ua˧ 透光的瓦

瓦片儿 ua˧ p'ianr˥ 碎瓦

瓷瓦片儿 ts'ɿ˨ ua˧ p'ianr˥ 瓷器碎片

灰 xuəi˩ 灰尘

泥巴 ȵi˨ ·pa

稀泥巴 ɕi˩ ȵi˨ ·pa 烂泥

金子 tɕin˩ ·tsɿ 金

银子 ȵin˨ ·tsɿ 银

铜 t'oŋ˨˦

铁 t'iɛ˧˥

锡 ɕi˧˥

煤 mi˨˦

煤油 mi˨˦ iəu˨˦ 早先叫"洋油"

洋油旧 iaŋ˨˦ iəu˨˦

汽油 tɕ'i˥˧ iəu˨˦

石灰 ʂʅ˧ ·xuəi

水泥 ʂɥɛ˦ ȵi˨˦

洋灰旧 iaŋ˨˦ ·xuəi

吸铁石 ɕi˧˥ t'iɛ˧˥ ʂʅ˧ 磁石

玉 ɥ˧˥

炭 t'an˥˧ 木炭

栗炭 li˧˥ t'an˥˧ 栗树烧的炭

灰炭 xuəi˩ t'an˥˧ 小木炭

5. 城乡处所

地儿 ti˧ ·ŋə 地方：钱放在哪个～啊｜您在哪个～做事啊

街上 kai˩ ·ʂaŋ 城里

弄儿 noŋ˥˧ ·ŋə ①小巷。②极小的峡谷

乡下 ɕiaŋ˩ ·xa 农村，对城市而言

码头 ma˦ ·t'əu

山旮旯 ʂan˩ kɛ˧˥ ·lə 偏僻的山村

老家 lau˦ ·tɕia 家乡

老屋的 lau˦ u˧˥ ·ti ①家乡。②老房子里的

上街 ʂaŋ˧ kai˩

大路 ta˧ ·ləu

小路 ɕiau˦ ·ləu

细路儿 ɕi˥˧ ləu˧ ·ə 小路

近路儿 tɕin˧ ləu˧ ·ə 捷径

走路 tsəu˦ ləu˧

(三) 时令 时间

1. 季节

春上 tʂ'ɥən˩ ·ʂaŋ 春天

热天 ɥɛ˧˥ ·t'ian 夏天

秋季 tɕ'iəu˩ ·tɕi 秋天

冷天 lən˦ ·t'ian 冬天

黄历 xuaŋ˨˦ ·li 历书

阴历 in˩ ·li

老历 lau˦ ·li

阳历 iaŋ˨˦ ·li

2. 节日

年三十 ȵian˨˦ san˩ ʂʅ˧ 除夕（农历一年的最后一天）

正月初一 tʂən˩ ɥɛ˧˥ ts'əu˩ i˧˥

拜年 pai˥˧ ȵian˨˦

正月十五 tʂən˩ ɥɛ˧˥ ʂʅ˧ u˦ 元宵节

端阳 tai˩ ·iaŋ 端午节

八月十五 pa˧˥ ɥɛ˧˥ ʂʅ˧ u˦ 中秋节

七月半 tɕi˧˥ ɥɛ˧˥ pan˥˧ 农历七月十五

三月三 san˩ ɥɛ˧˥ san˩ 鬼节

3. 年

正年 tʂən˩ ·ȵian 今年

去年 tʂʻʮ˥ ·ȵian
明年 mən˥˧ ·ȵian　明年
前年 tɕʻian˥˧ ·ȵian
向前年 ɕiaŋ˥ tɕʻian˥˧ ȵian˥˧　前年的前一年
后年 xəu˧ ·ȵian
晚后年 uan˧ xəu˧ ȵian˥˧　后年的下一年
年年 ȵian˥˧ ·ȵian　每年
年头 ȵian˥˧ tʻəu˥˧
年底 ȵian˥˧ ti˧
年终 ȵian˥˧ tʂʻoŋ˩
上半年 ʂaŋ˧ pan˥ ȵian˥˧
上年 ʂaŋ˧ ·ȵian
下半年 xa˧ pan˥ ȵian˥˧
下年 xa˧ ·ȵian
亘年 kən˧ ȵian˥˧　整年（前面可加数词，如：一亘年。亦可不加数词，如：亘年的）

4. 月

正月间 tʂən˩ ·ʮɛ ·ka　农历的头一个月
冬月间 toŋ˩ ·ʮɛ ·ka 农历十一月
腊月间 la˨˦ ·ʮɛ ·ka　农历十二月
闰月 zən˧ ʮɛ˨˦
月头 ʮɛ˨˦ tʻəu˥˧　月初
月中 ʮɛ˨˦ tʂoŋ˩
月尾 ʮɛ˨˦ uəi˧
一个月 i˨˦ ko˥ ʮɛ˨˦
上个月 ʂaŋ˧ ·ko ʮɛ˨˦
这个月 tɛ˥ ·ko ʮɛ˨˦
下个月 xa˧ ·ko ʮɛ˨˦
月月 ʮɛ˨˦ ·ʮɛ　每月
月大 ʮɛ˨˦ ta˧　农历三十天的月份
月小 ʮɛ˨˦ ɕiau˧　农历二十九天的月份

5. 日、时

正朝儿 tʂən˩ tʂaur˩　今天
昨儿 tso˨˦ ·ɚ　昨天
明朝儿 mən˥˧ tʂaur˩　明天。也可以指以后的某一天
后儿 xəu˧ ·ɚ　后天
晚后儿 uan˧ xəu˧ ·ɚ　后天的下一天
老后儿 lau˧ xəu˧ ·ɚ
前儿 tɕʻiɑr˨˦　前天
向前儿 ɕiaŋ˥ ·tɕʻiɑr˥˧　前天的前一天
星期日 ɕin˩ tɕʻi˩ ɚ˨˦　星期天
一个星期 i˨˦ ·ko ɕin˩ tɕʻi˩
亘天 kən˧ tʻian˩　整天（前面必加数词，如：一亘天）
一天到黑 i˨˦ tʻian˩ tau˥ xɛ˨˦　从早到晚
天天 tʻian˩ ·tʻian　每天
十几天 ʂʅ˧ tɕi˧ tʻian˩
上十天 ʂaŋ˧ ʂʅ˧ tʻian˩　十天左右
蒙亮儿 moŋ˥ ·liaŋ ·ŋɚ　凌晨
清早 tɕʻin˩ tsau˧　早晨
晏昼儿 ŋan˥ ·tʂəur　上午
早饭时候儿 tsau˧ fan˧ ʂʅ˥˧ ·xər　吃早饭的时候

中饭时候儿 tʂoŋ˩ fan˧ ʂʅ˨ ·xər 吃午饭的时候

过夜的时候儿 ko˥ iɛ˧ ·ti ʂʅ˨ ·xər 吃晚饭的时候

下昼儿 xa˧ ·tʂəur 下午

一霎黑儿 i˨˦ sa˨˦ ·xɛ ·ɚ 傍晚

半天 pan˥ t'ian˩ ①实指，白天的一半。②主观上觉得相当长的一段时间

大半天 ta˧ pan˥ t'ian˩

夜里 iɛ˧ ·ti 夜晚（从天黑到天亮的一段时间）

半夜里 pan˥ iɛ˧ ·ti 半夜时分

上半夜 ʂaŋ˧ pan˥ iɛ˧

下半夜 xa˧ pan˥ iɛ˧

亘夜 kən˥ iɛ˧ 整夜（前面必加数词，如：一亘夜）

一夜到天亮 i˨˦ iɛ˧ tau˥ t'ian˩ liaŋ˧ 通宵达旦

6. 其他时间概念

先日 ɕian˨˦ ·ɚ 从前；很久以前

从前 ts'oŋ˨ tɕ'ian˨

细的时候儿 ɕi˥ ·ti ʂʅ˨ ·xər 小时候；孩子时候

连后儿 lian˨ xəu˧ ·ɚ 后来（只指已经过去的时间）

二回 ɚ˧ ·xuəi 下次

一向 i˨˦ ɕiaŋ˥

车身 tʂ'ɛ˩ ·ʂən ①转一下身所用的时间，极其短的一段时间。②马上；立刻：～就来

一下儿 i˨˦ xa˧ ·ɚ ①很短的一段时间：只等～｜就是～的事。②马上；很快：～就来｜雨～就歇了

一下下儿 i˨˦ xa˧ ·xa ·ɚ

等下儿 tən˥ ·xa ·ɚ 待会儿：～在我屋里吃饭

过下儿 ko˥ ·xa ·ɚ

捱下儿 ŋai˩ ·xa ·ɚ

将才 tɕiaŋ˩ ts'ai˨ 刚才

（四）农业

1. 农事

春季 tʂ'ɥən˩ ·tɕi

上收 ʂaŋ˧ ʂəu˩ 指夏季成熟的作物，如大麦、小麦等

年成 ȵian˨ ·tʂ'ən 一年的收成状况

整田 tʂən˥ t'ian˨

下种 ɕia˧ tʂoŋ˥

插秧 tʂa˨˦ iaŋ˩

薅田 xau˩ tian˨

锄草 tʂ'əu˨ ts'au˥

谷刁子 ku˨˦ tiau˩ ·tsɿ 稻穗

割谷 ko˨˦ ku˨˦ 割稻子

收谷 ʂəu˩ ku˨˦ 捆扎稻子

割麦 ko˨˦ mɛ˨˦

收麦 ʂəu˩ mɛ˧˩ 捆扎麦子

打谷 ta˧ ku˧˩

打麦 ta˧ mɛ˧˩

稻场 tau˧ ·tʂ‘aŋ 打场的场所

拣棉花 tɕian˧ mian˧˥ ·xua 采摘棉花

拣豆儿 tɕian˧ ·təu ·ɚ 摘或拾黄豆子

挖苕 ua˧˩ ʂau˧˥ 收获红薯

上粪 ʂaŋ˧ fən˥ 施肥。指施用农家肥

撒化肥 sa˧ xua˥ fei˧˥

上化肥 ʂaŋ˧ xua˥ fei˧˥

泼粪 p‘o˧˩ fən˥ 浇粪

粪坑 fən˥ k‘ən˩

拣粪 tɕian˧ fən˥ 拾粪

渣子粪 tʂa˩ ·tsɿ fən˥ 用垃圾沤成的肥料（渣子，垃圾）

猪粪 tʂʮ˩ fən˥

牛粪 ȵiəu˧˥ fən˥

鸡粪 tɕi˩ fən˥

大粪 ta˧ fən˥ 人的粪尿

绿肥 ləu˧˩ fei˧˥

碳酸铵 t‘an˥ san˩ ŋan˩

硫酸铵 liəu˧˥ san˩ ŋan˩

磷肥 lin˧˥ fei˧˥

复合肥 fu˧˩ xo˩ fei˧˥

饮水 in˥ ʂʮəi˧ 给菜蔬、刚栽下的树浇水

放水 faŋ˥ ʂʮəi˧ 使水进或出都说“放水”

车水 tʂ‘ɛ˩ ʂʮəi˧ 用水车把低处的水送到高处

2. 农具

水车 ʂʮəi˧ tʂ‘ɛ˩

板车 pan˧ tʂ‘ɛ˩ 平板车

车滚子 tʂ‘ɛ˩ kuən˧ ·tsɿ 车轮

车篙子 tʂ‘ɛ˩ kau˩ ·tsɿ 水车车把手

车叶子 tʂ‘ɛ˩ iɛ˧˩ ·tsɿ 水车的叶片

轭斗 ŋɛ˧˩ təu˧˥ 牛轭

鼻箭 p‘i˧ tɕian˥ 穿在牛鼻子里的木棍儿

犁 li˧˥

耙 pa˧ 平整田地的农具

耖子 tʂ‘au˥ ·tsɿ 平整田地的农具

围席 uei˧˥ ɕi˧ 用竹篾等编的宽一尺多的长席，可以围起来囤粮食，不用的时候可以卷起来

风斗 foŋ˩ ·təu 扇车

石磙 ʂɿ˧ kuən˧ 圆柱形，用来轧谷物，平场地

磨子 mo˧ ·tsɿ 石磨

磨手 mo˧ ·ʂəu 推磨用的一种工具，是一个木质的长圆杆，一端弯曲，弯曲部分的最下端装有短的铁棍，插进磨把的孔里，另一端横着插一段较短的圆木，两手把握住这段圆木来回推拉，使磨盘转动

磨心 mo˧ ɕin˩ 磨脐儿（磨扇中心的轴，铁制或木制）

磨眼儿 mo˧ ·ŋar

筛儿 ʂai˩ ·iɚ 筛麦、米等用的器具

罗筛 lo˧˩ ·ʂai 筛粉末状细物用的，比筛子的眼小

连枷 lian˧˩ ·ka

碓 ti˦

碓嘴 ti˦ tɕi˦ 碓杵

碓凼 ti˦ taŋ˧ 碓臼

碾子 n̡ian˧ ·tsɿ

钉耙 tin˩ ·p'a

洋镐 iaŋ˧˩ kau˩ 镐

锄头 tʂ'əu˧˩ ·t'əu

爬儿 p'a˧˩ ·ɚ 薅草用的，工作面比锄头宽，且较薄

锹 tɕ'iau˩

□□ kan˦ ·tɕin 一种功能似镐的挖掘工具

茅镰 mau˧˩ lin˧˩ 割麦子、割草用的一种器具

纱镰 ʂa˩ lian˧˩ 割稻子用的一种器具，刀身弯曲呈弧形，刃部呈锯齿状

锨板 ɕian˩ ·pan 木锨，有长柄

扬叉 iaŋ˧˩ ·tʂa 一种叉草、抖草用的农具

簸箕 po˦ ·tɕi 用篾编成，圆形，面积比较大，浅口，用来晒粮食或其他东西

撮箕 tʂ'o˨˦ ·tɕi

箩筐 lo˧˩ ·tɕ'iaŋ 装粮食等的筐子，用竹篾或藤条编成，圆口，较深

粪筐 fən˦ ·k'uaŋ 挑干粪用的筐子

篼兜 ɥan˩ ·təu 挑土用的工具

篼儿 ɥar˩

扁担 pian˦ ·tan

草头 ts'au˧ ·t'əu 麦子、稻谷等割倒以后，用草绳捆成的大捆

楤担 ts'oŋ˩ ·tan 两头套有铁制尖头的扁担。用楤担刺进草头，挑在肩上，运到打场的地方。挑柴火也用它

帚子 tʂəu˧ ·tsɿ 用高粱穗等绑成，家里扫地用的一种器具

竹帚子 tʂəu˨˦ tʂəu˧ ·tsɿ 用竹枝扎成，比笤帚大，扫场院用

大帚子 ta˧ tʂəu˧ ·tsɿ

刷儿 ʂa˨˦ ·ɚ 刷子

桩 tʂuaŋ˩

绳儿 ʂər˧˩ 用麻、棕毛等搓成

索儿 so˨˦ ·ɚ 用棉线搓成，纳鞋底用

要子 iau˦ ·tsɿ 用稻草做的绳子，捆“草头”、柴火等用

草要子 ts'au˧ iau˦ ·tsɿ

（五）植物

1. 农作物

谷 ku˨˦ 水稻。既指植株，又指籽实

糯谷 lo˧ ·ku

早稻 tsau˧ tau˧

二季稻 ɚ˧ tɕi˧ tau˧ 晚稻

中稻 tʂoŋ˩ tau˧ 生长期比较长，一年只种一季

糙米 ts'au˩ mi˧ 未经舂碾的米

苞谷 pau˩ ·ku 玉米

旒粟 ləu˨ ɕiəu˩ 高粱

麦 mɛ˩ 大麦、小麦的统称。通常指小麦

大麦 ta˧ ·mɛ

小麦 ɕiau˧ ·mɛ

棉花 mian˨ ·xua

棉花桃子 mian˨ ·xua t'au˨ ·tsɿ 棉铃

棉籽 mian˨ tsɿ˧ 棉花里面的籽实

洋芋 iaŋ˨ ɥ˧ 土豆。既指这种植物，也指它的块茎

苕 ʂau˨ ①红薯。②傻。③傻子

芝麻 tʂʅ˩ ·ma

荞麦 tɕ'iau˨ ·mɛ

桩子 tʂɥaŋ˩ ·tsɿ 作物收割后留下的茬儿：谷～｜麦～

线麻 ɕian˧ ma˨

葵花 k'uɛ˨ ·xua 向日葵

葵花子 k'uei˨ xua˩ tsɿ˧ 向日葵结的籽实

金豆子 tɕin˧ təu˧ tsɿ˧ 蓖麻

草子 ts'au˧ tsɿ˧ 紫云英

芋头 ɥ˧ ·t'əu 既指这种植物，也指它的块茎

藕 ŋəu˧ 荷的地下茎

莲子 lian˨ tsɿ˧ 莲蓬里面的籽实

2. 豆类、菜蔬

黄豆 xuaŋ˨ ·təu

绿豆 ləu˩ ·təu

蚕豆 ts'an˨ ·təu

豌豆 uan˩ ·təu

豇豆 kaŋ˩ ·təu

四季豆 sɿ˧ ·tɕi təu˧ 植株比较低矮，豆荚较扁

蛾眉豆 ŋo˨ mi˨ təu˧ 扁豆

刀豆 tau˩ təu˧ 蔓生，豆荚比扁豆长且肥厚

茄子 tɕ'iɛ˨ ·tsɿ

黄瓜 xuaŋ˨ ·kua

丝瓜 sɿ˩ ·kua

苦瓜 k'u˧ ·kua

方瓜 faŋ˩ ·kua 南瓜

冬瓜 toŋ˩ ·kua

葫芦 xu˨ ·ləu

瓠子 xu˧ ·tsɿ

葱 ts'oŋ˩

洋葱 iaŋ˨ ·ts'oŋ˩

葱白 ts'oŋ˩ pɛ˧ 葱的根部

大蒜 ta˧ ·san

大蒜砣 ta˧ ·san t'o˨ 蒜的鳞茎，由蒜瓣构成

韭菜 tɕiəu˧ ·ts'ai

苋菜 xan˧ ·ts'ai

番茄 fan˩ tɕ'iɛ˨ 西红柿

姜 tɕiaŋ˩

生姜 sən˩ tɕiaŋ˩

洋姜 iaŋ˨ ·tɕiaŋ　茎、叶与向日葵相类，花为圆形小盘，黄色，地下生块茎，样子像生姜，可以做菜
大椒 ta˧ ·tɕiau　辣椒
胡椒 xu˨ ·tɕiau
菠菜 po˩ ·ts'ai
白菜 pɛ˧ ts'ai˥
包菜 pau˩ ts'ai˥
大白菜 ta˧ pɛ˩ ts'ai˥
莴苣 o˩ ·tʂʮ
芹菜 tɕ'in˥ ts'ai˥
芥菜 kai˥ ts'ai˥
菜 ts'ai˥　①与“饭”相对。②指蔬菜
萝卜 lo˨ ·po
萝卜菜 lo˨ ·po ts'ai˥　萝卜叶子
萝卜干儿 lo˨ ·po kar˩
红萝卜 xoŋ˨ lo˨ ·po
菜籽 ts'ai˥ tsɿ˥　油菜籽（榨油用）
菜薹儿 ts'ai˥ t'ai˨ ·iɚ　白菜长出来的开花的长茎，嫩的可以做菜

3. 树木

树 ʂʮ˧
树林 ʂʮ˧ lin˨
树秧儿 ʂʮ˧ iaŋ˩ ·ŋɚ　树苗
大树 ta˧ ʂʮ˧
细树儿 ɕi˥ ʂʮr˧
树杪儿 ʂʮ˧ miaur˥　树梢
树根 ʂʮ˧ kən˩
蔸子 təu˩ ·tsɿ　指某些植物的根和靠近根的茎：树～｜谷～
树叶儿 ʂʮ˧ iɛ˩ ·ɚ
树桠 ʂʮ˧ ŋa˩　树的枝桠
树枝儿 ʂʮ˧ tʂʅ˩ ·ɚ　树枝
栽树 tsai˩ ʂʮ˧
放树 faŋ˥ ʂʮ˧　把大树锯倒
□树 kɛ˥ ʂʮ˧　锯树
剁树 to˥ ʂʮ˧
樟树 tʂaŋ˩ ʂʮ˧
枞树 tsoŋ˨ ʂʮ˧　松树
枞树叶子 tsoŋ˨ ʂʮ˧ iɛ˩ ·tsɿ　松针
枞树果子 tsoŋ˨ ʂʮ˧ ko˧ ·tsɿ　松球
松香 soŋ˩ ɕiaŋ˩
柏树 pɛ˩ ʂʮ˧
杉树 ʂa˩ ʂʮ˧
杉树叶子 ʂa˩ ʂʮ˧ iɛ˩ ·tsɿ　杉针
桑树 saŋ˩ ʂʮ˧
桑子 saŋ˩ ·tsɿ　桑葚儿
桑叶 saŋ˩ iə˩
杨树 iaŋ˨ ʂʮ˧　叶片狭长、颜色较浅的一种叫“杨树”
柳树 liəu˧ ʂʮ˧　叶片呈卵形、颜色较深的一种叫“柳树”
桐子树 t'oŋ˨ ·tsɿ ʂʮ˧　桐油树
桐子 t'oŋ˨ tsɿ˧　桐油树结的果子
桐油 t'oŋ˨ iəu˨　桐子榨出的油
木梓树 mu˩ ·tsɿ ʂʮ˧　乌桕树
□子树 ʂan˩ ·tsɿ ʂʮ˧　楝树
椿树 tʂ'ʮən˩ ʂʮ˧
椿芽儿 tʂ'ʮən˩ ŋar˨　椿树的嫩叶，可以做菜

皂角树 tsau˧ ·ko ʂʮ˧ 结的皂荚从前用作肥皂
枫树 foŋ˩ ʂʮ˧
桃子树 t'au˨ ·tsɿ ʂʮ˧
李子树 li˧ ·tsɿ ʂʮ˧
梨子树 li˨ ·tsɿ ʂʮ˧
棠梨树 taŋ˨ li˨ ʂʮ˧
竹子 tʂəu˨˩ ·tsɿ
水竹 ʂʮɛ˧ tʂəu˨˩
丛竹 ts'oŋ˨ tʂəu˨˩
□竹 tan˧ tʂəu˨˩ 楠竹
毛竹 mau˩ tʂəu˨˩
笋子 sən˧ ·tsɿ 竹笋
笋叶 sən˧ iɛ˨˩ 竹笋的外壳
笋衣 sən˧ i˩
竹竿儿 tʂəu˨˩ kar˩
竹篙 tʂəu˨˩ kau˩
竹叶儿 tʂəu˨˩ iɛ˨˩ ·ɚ
篾片儿 miɛ˨˩ piar˧ 竹子劈成的薄片

4. 瓜果

水果 ʂʮɛ˧ ko˧
桃子 t'au˨ ·tsɿ
李子 li˧ ·tsɿ
枣子 tsau˧ ·tsɿ
梨子 li˨ ·tsɿ
柿子 ʂɿ˧ ·tsɿ
柿饼儿 ʂɿ˧ pir˧
石榴 ʂɿ˧ ·liəu
柑子 kan˩ ·tsɿ
栗子 li˨˩ ·tsɿ 板栗
茅栗子 mau˨ li˨˩ ·tsɿ 比板栗小，只有指头大
核桃 xɛ˧ t'au˨
西瓜 ɕi˩ kua˩
瓜籽 kua˩ tsɿ˧
荸荠 pu˧ ·tɕi
甘蔗 kan˩ ·tʂa
花生 xua˩ sən˩
花生米儿 xua˩ sən˩ mir˧

5. 花草、菌类

桂花 kuɛ˧ xua˩
栀子花 tʂɿ˩ ·tsɿ xua˩
菊花 tɕiəu˨˩ xua˩
梅花 mi˨ xua˩
刺花 ts'ɿ˧ xua˩ 野蔷薇花
金银花 tɕin˩ ŋin˨ xua˩
荷花 xo˨ xua˩
莲蓬 lian˨ ·p'oŋ
喇叭花 la˧ ·pa xua˩ 牵牛花
花苞子 xua˩ pau˩ ·tsɿ 花蕾
花心 xua˩ ɕin˩ 花蕊
菇子 ku˩ ·tsɿ 蘑菇
香菇 ɕiaŋ˩ ku˩
枞菇 ts'oŋ˨ ku˩
牛屎菇子 ȵiəu˨ tʂɿ˧ ku˩ ·tsɿ

（六）动物

1. 牲畜

牲口 sən˩ ·k'əu
马 ma˧
牛 ȵiəu˨

水牛 ʂɥɛ˧ n̠iəu˥

黄牛 xuaŋ˥ n̠iəu˥

水牯 ʂɥɛ˧ ku˧　公水牛

黄牯 xuaŋ˥ ku˧　公黄牛

水沙 ʂɥɛ˧ ʂa˩　母水牛

黄沙 xuaŋ˥ ʂa˩　母黄牛

骟牛 ʂan˥ n̠iəu˥　割去公牛的睾丸或卵巢（动宾）

细牛儿 ɕi˥ n̠iəu˥ ·uɚ　牛犊

回嚼 xuɛ˥ tɕiau˧（牛）反刍

过牛儿 ko˥ n̠iəu˥ ·uɚ　牛生子

驴子 ɥ˥ ·tsɿ　驴

骡子 lo˥ ·tsɿ

羊 iaŋ˥

狗 kəu˧

狗公 kəu˧ koŋ˩

狗婆 kəu˧ p'o˥

细狗儿 ɕi˥ kəu˧ ·uɚ　小狗

猫 mau˩

猫公 mau˩ koŋ˩

猫婆 mau˩ p'o˥

猪 tʂɥ˩

脚猪 tɕio˨ tʂɥ˩　配种的公猪

猪婆 tʂɥ˩ p'o˥　指下仔的母猪

猪娘 tʂɥ˩ n̠iaŋ˥

猪伢儿 tʂɥ˩ ŋa˥ ·ɚ　小猪

割猪 ko˨ tʂɥ˩　割去公猪的睾丸

肉猪 zəu˨ tʂɥ˩　肉用猪（相对于用以配种的“母猪”、“脚猪”而言）

兔儿 t'əu˥ ·uɚ

鸡 tɕi˩

鸡公 tɕi˩ koŋ˩　公鸡

鸡婆 tɕi˩ p'o˥　母鸡

镦鸡 ɕian˥ tɕi˩　阉过的公鸡

抱儿 pau˧ ɚ˥　（鸡、鸟）孵卵成雏

细鸡儿 ɕi˥ tɕiə r˩　小鸡儿

鸡蛋 tɕi˩ ·tan

生蛋 sən˥ tan˧　下蛋

鸡冠子 tɕi˩ kuan˩ ·tsɿ

鸡爪子 tɕi˩ tsao˧ ·tsɿ

鸭 ŋa˨

鸭公 ŋa˨ koŋ˩　公鸭

鸭婆 ŋa˨ p'o˥　母鸭

鸭蛋 ŋa˨ ·tan

鹅 o˥

2. 鸟、兽

野物 iɛ˧ ·u　野兽

狮子 sɿ˩ ·tsɿ

老虎 lau˧ xu˧

母老虎 mo˧ lau˧ xu˧　①雌性虎。②喻指凶悍的女性

野猪 iɛ˧ tʂɥ˩

豪猪 xau˥ tʂɥ˩

猴儿 xəur˥

熊 ɕioŋ˥

豹子 pau˥ ·tsɿ

猪獾子 tʂɥ˩ xuan˧ ·tsɿ　较肥的一种獾

狗獾子 kəu˧ xuan˧ ·tsɿ　较瘦的一种獾

毛狗 mau˨ kəu˧ 狐狸

黄鼠狼 xuaŋ˨ ʂɥ˧ ·laŋ

刺猪 tsʻɿ˥ ·tʂɥ 刺猬

老鼠 lau˧ ·ʂɥ

蛇 ʂɛ˨

水蛇 ʂɥəi˧ ʂɛ˨

泥蛇 ȵi˨ ʂɛ˨

土地婆子 tʻəu˧ ti˧ pʻo˨ ·tsɿ 蝮蛇

青竹飙 tɕʻin˩ tʂəu˨ piau˩ 一种蛇，其身部外形像青竹

桑树根 saŋ˩ ʂɥ˧ kən˩ 一种蛇，其身部外形像桑树根

雀儿 tɕʻio˨ ·ɚ 鸟的总称

老鸦 lau˧ ·ŋa 乌鸦

鸦鹊 ŋa˩ ·tɕʻio 喜鹊

麻雀 ma˨ ·tɕʻio

八儿 pa˨ ·ɚ 八哥

燕儿 iar˥

雁鸦 ŋai˧ ·ŋa 雁

斑鸠 pan˩ tɕiəu˩

鸽子 ko˨ ·tsɿ

鹌鹑 ŋan˩ ·tʂʻuən

老鹰 lau˧ in˩ 鹰

鹞子 iau˧ ·tsɿ 鹞

野鸡 iɛ˧ tɕi˩

野鸭 iɛ˧ ŋa˨

檐老鼠儿 ian˨ lau˧ ʂɥ˧ ·ɚ 蝙蝠

鸟窝 ȵiau˧ o˩

3. 虫类

蚕 tsʻan˨

蚕子 tsʻan˨ tsɿ˧ 蚕下的孵化幼蚕的子

蜘蛛 tʂɿ˨ ·tʂɥ

蚁子 ȵi˧ ·tsɿ 蚂蚁。

地团鱼 ti˧ tʻan˨ ɥ˨ 土鳖

泥弓虫儿 ȵi˨ koŋ˩ tʂʻoŋ˨ ·ŋɚ 蚯蚓

爬爬子 pʻa˨ ·pʻa ·tsɿ 地下爬的小虫的泛称

蜈蚣虫 u˨ ·koŋ tʂʻoŋ˨ 蜈蚣

蚊虫 uən˨ ·tʂʻoŋ 蚊子

苍蝇 tsʻaŋ˩ ·ȵin

绿头苍蝇 ləu˨ ·tʻəu tsʻaŋ˩ ·ȵin

臭虫 tʂʻəu˧ tʂʻoŋ˨

虼蚤 kɛ˨ tsau˧ 跳蚤

蛐蛐儿 tʂʻɥ˨ ·tʂʻɥ ·ɚ 蟋蟀

□□儿 kɛ˩ ·nɛr 蝉

□□儿壳 kɛ˩ ·nɛr kʻəu˩ 蝉蜕

蜂子 foŋ˩ ·tsɿ 蜂类昆虫总名

蜜蜂 mi˨ foŋ˩

土蜂子 tʻəu˧ foŋ˩ ·tsɿ 野蜂

注 tʂɥ˩ （蜂）蜇人

蜂窝 foŋ˩ o˩

蜂糖 foŋ˩ tʻaŋ˨ 蜂蜜

亮么虫 liaŋ˧ ·mo tʂʻuŋ˨ 萤火虫

蛾子 ŋo˨ ·tsɿ 灯蛾

蝴蝶 xu˨ ·tʻiɛ

4. 鱼虾类

鱼 ɥ˨

鲤鱼 li˧ ·ɥ

鲫鱼 tɕi˨ ·ɥ

鳊鱼 pian˩ ·ɥ

草鱼 ts'au˧ ·ɥ

季鱼 tɕi˥ ·ɥ 鳜鱼

鲇鱼 ȵian˨ ·ɥ

游鲹 iəu˨ ts'an˩ 一种体白狭长的鱼

狗头（鱼）kəu˧ ·t'əu(ɥ˨) 一种头大尾小的鱼

菜籽鱼 ts'ai˥ ·tsɿ ·ɥ 形容为像菜籽一样的一种小鱼

屎壳扁 ʂ'ʅ˧ ko˩ p'ian˧ 一种扁形、肠道内屎较多的鱼

胖头（鱼）p'aŋ˩ ·t'əu(ɥ˨)

金鱼 tɕin˩ ·ɥ

磨泥 mo˨ ȵi˨ 泥鳅

鳝鱼 ʂan˧ ·ɥ

腌鱼 iɛ˩ ·ɥ

腊鱼 la˩ ·ɥ 腌制并用烟熏过的鱼

鱼鳞 ɥ˨ lin˨

鱼刺 ɥ˨ ts'ʅ˥

鱼泡 ɥ˨ p'au˥ 鱼鳔儿

鱼翅 ɥ˨ tʂ'ʅ˥ 鳍

鱼鳃 ɥ˨ sai˩

鱼子 ɥ˨ tsɿ˧ 鱼的卵

鱼秧儿 ɥ˨ ·iaŋ ·ŋɚ 鱼苗儿

钓鱼 tiau˥ ɥ˨

钓鱼竿儿 tiau˥ ɥ˨ ·kar

钓鱼钩儿 tiau˥ ɥ˨ ·kəu ·uɚ

鱼篓 ɥ˨ ləu˧

网 uaŋ˧

罾 tsən˩ 一种用竹竿或木棍做骨架的渔网。把网沉到水里，隔一段时间提起来，收取入网的鱼

扳罾 pan˩ tsən˩ 用罾捕鱼

篆子 xau˨ ·tsɿ 一种捕鱼器，竹篾编成，纺锤形，颈口小，放在水田里或流水的口子上，用以捕捉鳝鱼、泥鳅和小鱼

旋网 ɕian˧ uaŋ˧ 一种用旋转抛洒的方式捕鱼的网

亮网 liaŋ˧ uaŋ˧ 一种网线较细的网

赶鱼网 kan˧ ɥ˨ uaŋ˧ 一种用赶鱼入网的方式捕鱼的网

虾子 xa˩ ·tsɿ

干虾子 kan˩ xa˩ ·tsɿ 晒干的虾

乌龟 u˩ kuəi˩

脚鱼 tɕ'io˩ ɥ˨ 鳖

蟹子 xai˧ ·tsɿ 螃蟹

蝌蟆 k'ɛ˨ ·ma 青蛙

蝌蟆子 k'ɛ˨ ·ma tsɿ˧ 蝌蚪

癞鸡包 lai˧ tɕi˩ pau˩ 蟾蜍

蚂蟥 ma˧ ·xuaŋ 水蛭

螺蛳 lo˨ ·sɿ

蚌壳 paŋ˧ ·ko

（七）房舍

1. 房子

屋 u˧˩ ①整座房子：做～。②指房间：堂～｜房～。③指家：舅爷～底（舅舅家里）

做屋 tsəu˥˧ u˧˩ 盖房子

□ t'au˧˩ 堂屋，正房居中的一间

房 faŋ˦˨ 卧室

灶屋 tsau˥˧ ·u 厨房

拖延 t'o˨˩ ·ian 堂屋后面的那一间屋子

梯子 t'i˨˩ ·tsɿ

草屋 ts'au˦ u˧˩ 草房

茅草屋 mau˦˨ ts'au˦ u˧˩

瓦屋 wa˦ u˧˩

2. 房屋结构

屋脊 u˧˩ tɕi˧˩ 房脊

屋顶 u˧˩ tin˦ 房顶

屋檐 u˧˩ ian˦˨ 房檐

梁 liaŋ˦˨

桁条 xən˦˨ ·t'iau 檩

桷子 ko˧˩ ·tsɿ 椽子

柱子 tʂɥ˦ ·tsɿ

石墩 ʂɿ˨˩ ·tən 柱下石

墙 tɕiaŋ˦˨

壁 pi˧˩

□ fɛ˨˩ 山墙

间壁 kan˥˧ pi˧˩ 房内不封顶的墙

大门 ta˦ mən˦˨

房屋门 faŋ˦˨ u˧˩ mən˦˨ 卧室门

后门 xən˦ ·mən

耳门 ɚ˦ ·mən

门坎 mən˦˨ k'an˦

门旮旯 mən˦˨ kɛ˧˩ ·nar 门后（门扇的后面）

栓儿 ʂɥar˨˩ 门栓

门板 mən˦˨ pan˦ 门扇

锁 so˦

钥匙 io˧˩ ·tʂ'ɿ

窗子 tʂ'uaŋ˨˩ ·tsɿ

楼板 ləu˦˨ pan˦

3. 其他设施

灶 tsau˥˧

牛栏（屋）ȵiəu˦˨ ·lan(u˧˩)

猪栏（屋）tʂɥ˨˩ ·lan(u˧˩)

茅厕（屋）mau˦˨ ·sɿ(u˧˩)

猪槽 tʂɥ˨˩ ts'au˦˨ 猪食槽

狗窝 kəu˦ o˨˩

鸡□ tɕi˨˩ tʂəu˦˨ 鸡窝

鸡笼 tɕi˨˩ ·loŋ

柴屋 tʂ'ai˦˨ u˧˩ 堆放的房间

杂屋 ts'a˦ u˧˩ 堆放杂物的房间

（八）器具 用品

1. 一般家具

家具 tɕia˨˩ tʂɥ˦

家艺 ka˨˩ ·ȵi ①家具。②工匠所用工具的总名：木匠～。③指

铙、钹、锣等打击乐器
柜子 kuəi˧ ·tsɿ
碗柜 uan˧ kuəi˧
橱柜 tʂʻʮ˨ kuəi˧
桌子 tʂo˨ ·tsɿ
圆桌 ʮan˨ tʂo˨
方桌 faŋ˩ tʂo˨
条桌 tʻiau˨ tʂo˨　一种狭长的桌
桌布 tʂo˨ ·pu　铺在桌面上的布
屉子 tʻi˧ ·tsɿ
抽屉 tʂʻəu˩ ·tʻi
椅子 i˧ ·tsɿ
躺椅 tʻaŋ˧ i˧
靠背 kau˧ pi˧　椅背
板凳 pan˧ ·tən
条凳 tʻau˨ ·tən
凳儿 tər˧　方凳
细凳儿 ɕi˧ tər˧　小板凳儿
枷椅儿 ka˩ i˧ ·iɚ　一种婴儿坐具

2. 卧室用具

床 tʂʻuaŋ˨
踏板 tʻa˧ pan˧　床前踏脚、放鞋用的长条矮凳，长短跟床大体等齐
铺板 pʻu˧ pan˧
竹床 tʂəu˨ tʂʻuaŋ˨
帐子 tʂaŋ˧ ·tsɿ　蚊帐
帐钩子 tʂaŋ˧ kəu˩ ·tsɿ
帐檐儿 tsaŋ˧ iar˨
毯子 tʻan˧ ·tsɿ
被服 pi˧ ·ku　被子
包单 pau˩ tan˩　被面子
铺盖 pʻu˧ ·kai　被子和褥子的合称
棉絮 mian˨ ɕi˧　棉被的胎
垫絮 tian˧ ɕi˧　褥子
席子 ɕi˧ ·tsɿ　指草席
篾席 miɛ˨ ·ɕi　竹篾编的席子
垫子 tian˧ ·tsɿ
枕头 tʂən˧ ·tʻəu
枕头套儿 tʂən˧ ·tʻəu tʻau˧ ·uɚ　枕套
枕头袱儿 tʂən˧ ·tʻəu fu˧ ·uɚ　枕巾
镜子 tɕin˧ ·tsɿ
围桶 uəi˨ tʻoŋ˧　马桶
夜壶 iɛ˧ xu˨　男性用

3. 炊事用具

吹火筒 tʂʻʮ˩ xo˧ tʻoŋ˨
火钳 xo˧ ·tɕʻian
柴 tʂʻai˨
硬柴 ŋən˧ tʂʻai˨　指劈柴、树枝等硬柴火
稻草 tau˧ ·tsʻau　稻秆
麦草 mɛ˨ ·tsʻau　麦秸
旒粟秆儿 ləu˨ ɕiəu˨ kar˧　高粱秆
锯末子 tʂʮ˧ mo˨ ·tsɿ　锯末
刨叶 pau˧ iɛ˨　刨花
火柴 xo˧ tʂʻai˨
洋火儿旧 iaŋ˨ xo˧ ·ɚ
烟通 ian˩ tʻoŋ˩　烟囱
豢水坛 xuan˧ ʂʮ ɛ˧ ·tʻan　嵌在灶台里面的铁罐，里面装水，做饭的时候，用被烧热的灶台把水加热

锅 o˩
锅焰子 o˩ ian˧ ·tsɿ 锅的反面积下的烟尘垢
刷帚 ʂua˨ ·tʂʮ 用细篾束成的刷锅用具
鼎罐 tin˧ kuan˥ 铁制，广口深腹
大锅 ta˧ o˩
锅盖 o˩ ·kai
锅铲儿 o˩ tʂʻar˧
火壶 xo˧ xu˨ 陶制或金属制，有弧形提梁，烧水用
碗 uan˧
杯儿 pəi˩ ·ɚ
盘儿 pʻar˨ 盘子，盛菜用
托盘 tʻo˨ pʻan˨ 上茶用的方形木盘
饭瓢 fan˧ pʻiau˨
瓢羹儿 pʻiau˨ ·kər 羹匙
筷子 kʻuai˥ ·tsɿ
筷子篓儿 kʻuai˥ ·tsɿ ·ləur 筷笼
酒壶 tɕiəu˧ xu˨
酒坛子 tɕiəu˧ tʻan˨ ·tsɿ
坛子 tʻan˨ ·tsɿ
罐子 kuan˥ ·tsɿ
瓢 pʻiau˨ 舀水用具，木制
筲箕 ʂau˩ ·tɕi ①指淘米、洗菜等用的竹器。②指簸箕形的指纹
瓶儿pʻir˨
盖儿 kai˥ ·iɚ
菜刀 tsʻai˥ ·tau
砧板 tʂən˩ ·pan
案板 ŋan˥ ·pan 作用与砧板同，比砧板宽大，有腿
水桶 ʂʮəi˧ tʻoŋ˧ 挑水用的木桶
饭桶 fan˧ tʻoŋ˧ ①装饭的桶（家户人家一般不用）。②骂不会做事的人
隔子 kɛ˨ ·tsɿ 蒸笼
甑 tsən˥ 木制，桶形，蒸饭用
水缸 ʂʮəi˧ kaŋ˩
臊水缸 sau˥ ʂʮəi˧ kaŋ˩ 泔水缸
臊水 sau˥ ʂʮəi˧ 泔水
抹袱 ma˨ ·fu 抹布
拖把 tʻo˩ ·pa

4. 工匠用具

刨子 pau˧ ·tsɿ
斧头 fu˧ ·tʻəu
锛 pən˧
锯 tʂʮ˥
凿子 tsʻo˧ ·tsɿ
尺 tʂʻʅ˨ 尺子
角尺 ko˨ tʂʻʅ˨ 曲尺
皮尺 pʻi˨ tʂʻʅ˨ 折尺（用上胶的布制成）
墨斗盒子 mɛ˨ təu˧ xo˧ ·tsɿ 墨斗
墨斗线 mɛ˨ təu˧ ɕian˥
钉儿 tir˩
钳子 tɕʻian˨ ·tsɿ
钉锤 tin˩ tʂʻuəi˨
瓦刀 ua˧ tau˩
抿子 min˧ ·tsɿ 瓦工用来抹墙的工具，略呈桃形，有柄
荡子 taŋ˧ ·tsɿ 瓦工用来抹墙的工

具，长方形，上面有弓形把手

灰板子 xuəi˩ pan˧ ·tsʅ 瓦工用来盛抹墙物的木板

墩子 tən˩ ·tsʅ 打铁时垫铁块用的砧子

剃头刀子 t'i˥ t'əu˨ tau˩ ·tsʅ

推子 t'i˩ ·tsʅ

条剪 t'iau˨ tɕian˧ 理发剪

梳子 səu˩ ·tsʅ

荡刀片儿 taŋ˧ tau˩ p'iar˥ 鐾刀布

剃头椅子 t'i˥ t'əu˨ i˧ ·tsʅ

剪子 tɕian˧ ·tsʅ

熨斗 ɥen˥ ·təu

梭子 so˩ ·tsʅ 织布用的梭

5. **其他生活用品**

东西 toŋ˩ ·ɕi

洗脸水 ɕi˧ lian˧ ʂɥəi˧

洗脸盆儿 ɕi˧ lian˧ p'ər˨

洗脸架儿 ɕi˧ lian˧ ka˥ ·ɚ

大脚盆 ta˧ ·tɕio p'ən˨ 男用洗澡盆

细脚盆 ɕi˥ ·tɕio p'ən˨ 女用洗澡盆

肥皂 fei˨ ·tsau

香肥皂 ɕiaŋ˩ fei˨ ·tsau

洗脸袱子 ɕi˧ lian˧ fu˧ ·tsʅ 洗脸巾

抹脚袱子 ma˩ tɕio˩ fu˧ ·tsʅ 擦脚布

煤气灯 mi˨ tɕ'i˥ tən˩

蜡烛 la˩ tʂəu˩

罩子灯 tʂau˥ ·tsʅ tən˩ 有玻璃罩的煤油灯

灯捻子 tən˩ ȵian˧ ·tsʅ 灯心

灯罩子 tən˩ tʂau˥ ·tsʅ

灯盏 tən˩ ·tʂan ①指油灯盛油的东西，样子像小碟。②指油灯，以植物油为燃料

灯草 tən˩ ·ts'au

章子 tʂaŋ˩ ·tsʅ 图章的统称

公章 koŋ˩ tʂaŋ˩

私章 sʅ˩ tʂaŋ˩

浆糊 tɕiaŋ˩ ·xu

顶针儿 tin˧ ·tʂər˩

线坨子 ɕian˥ t'o˨ ·tsʅ 线团

针鼻 tʂən˩ p'i˧ 针上引线的孔

针尖儿 tʂən˩ tɕiar˩

针脚 tʂən˩ tɕio˩

穿针 tʂ'uan˩ tʂən˩ （动宾）

锥子 tʂuəi˩ ·tsʅ

挖耳 ua˩ ·ə 耳挖子

搓板儿 ts'o˩ par˥ 洗衣板儿

莽槌 maŋ˨ ·tʂ'ɥ 洗衣服用的棒槌

篙子 kau˩ ·tsʅ 晒衣服用的杆子，通常是竹子的

鸡毛刷子 tɕi˩ mau˨ ʂua˩ ·tsʅ 鸡毛掸子

扇子 ʂan˥ ·tsʅ

蒲扇 p'u˨ ·san

拐棍 kuai˧ ·kuən 拐杖（中式的）

解手纸 kai˧ ʂəu˧ tʂʅ˧ 手纸

烘篮 xoŋ˩ ·lan 冬天烤小孩的尿布，用竹篾编的器具

烘炉 xoŋ˩ ·ləu 陶制，有弧形提梁，用以手脚取暖

热水瓶 ʅɛ˨ ʂʅəi˧ p'in˨ 暖水瓶

（九）称谓

1. 一般称谓

男的 lan˨ ·ti ①男人。②丈夫

女的 ɳʅ˧ ·ti 女人

婆娘 p'o˨ ·ȵiaŋ 对妇女的詈称

伢儿 ŋa˨ ·ɚ 小孩儿

细伢儿 ɕi˧ ŋa˨ ·ɚ

儿子伢儿 ɚ˨ ·tsɿ ŋa˨ ·ɚ 男孩儿

儿伢儿 ɚ˨ ŋa˨ ·ɚ

姑娘伢儿 ku˩ ·ȵiaŋ ŋa˨ ·ɚ 女孩儿

女伢儿 ɳʅ˧ ŋa˨ ·ɚ

老头儿 lau˧ ·t'əur

老头子 lau˧ ·t'əu ·tsɿ

婆婆 p'o˨ ·p'o 老太婆

后生家 xəu˧ ·sən ka˩ 小伙子

街上人 kai˧ ·ʂaŋ ʐən˨ 城镇上的人

乡巴佬 ɕiaŋ˩ ·pa nau˧ 乡下人（含贬义）

家门 ka˩ ·mən 同姓的人

老乡 lau˧ ɕiaŋ˩ 同乡

别处的 piɛ˧ tʂ'ʅ˧ ·ti 外地人

我这儿的 ŋo˨ tɛ˧ ·ɚ ·ti 本地人

自家 tsɿ˧ ·ko 自己

别家 p'iɛ˧ ·ko 别人

内行 ȵi˧ xaŋ˨

外行 uai˧ xaŋ˨

介绍人 kai˧ ·ʂau ʐən˨ 婚姻以及买卖交易的中间人

单身汉 tan˩ ʂən˩ xan˧

光棍儿 kuaŋ˩ ·kuər˧ 单身汉

孤老 ku˩ ·lau 没有儿孙的人

媳妇儿 ɕi˨ ·fur ①老婆。②想象中的、未来的妻子

小媳妇儿 ɕiau˧ ɕi˨ ·fur 童养媳

寡妇 kua˧ ·fu

婊子 piau˧ ·tsɿ

皮绊 p'i˨ ·p'an 姘头

野种 iɛ˧ tʂoŋ˧ 私生子

犯人 fan˧ ·ʐən 囚犯

败家子 pai˧ ka˩ ·tsɿ

告花子 kau˧ xua˧ ·tsɿ 乞丐

讨米的 t'au˧ mi˧ ·ti

流氓 liəu˨ ·maŋ

痞子 p'i˧ ·tsɿ ①流氓。②打牌、下棋等娱乐活动中不守规则，爱耍赖的人

贼 ts'ɛ˧

强盗 tɕ'iaŋ˨ ·tau

三只手儿 san˩ ·tʂɿ ʂəu˧ ·uɚ 小偷

2. 职业称谓

活路 xo˧ ·ləu 活儿。“干活儿”叫“做活路”

帮家的 paŋ˩ ·ka ·ti 帮别人做事的人

小工 ɕiau˧ ·koŋ 在工场做辅助性

工作的人
种田的 tʂoŋ˥ tʻian˨ ·ti 农民
做生意的 tsəu˥ səi˩ ·ti 做买卖的
老板儿 lau˧ par˧
老板娘 lau˧ pan˧ ȵiaŋ˨
徒弟 tʻəu˨ ·ti 学徒
做小生意的 tsəu˥ ɕiau˧ səi˩ ·ti 小贩
摆摊儿的 pai˧ tʻar˩ ·ti 摊贩
货郎 xo˥ ·laŋ
老师 lau˧ ·sɿ
教书先生旧 tɕiau˩ ʂɥ˩ ɕian˩ ·sən
学生 ɕio˧ ·sən
同学 tʻoŋ˨ ɕio˧
朋友 pʻoŋ˨ iəu˧
当兵的 taŋ˩ pin˩ ·ti 兵（相对百姓而言）
公安局的 koŋ˩ ŋan˩ tʂɥ˩ ·ti 警察
医生 i˩ ·sən
郎中 laŋ˨ ·tʂoŋ 医生
开车的 kʻai˩ tʂʻɛ˩ ·ti 司机。面称“师傅”
手艺人 ʂəu˧ ȵi˧ ʐən˨
师傅 sɿ˩ ·fu
木匠 mu˩ ·tɕiaŋ
解匠 kai˧ ·tɕiaŋ 锯木的手艺人
雕匠 tiau˩ ·tɕiaŋ 在木制家具上雕花的手艺人
瓦匠 ua˧ ·tɕiaŋ
篾匠 miɛ˩ ·tɕiaŋ
石匠 ʂɿ˧ ·tɕiaŋ
铁匠 tʻiɛ˩ ·tɕiaŋ
铜匠 tʻoŋ˨ ·tɕiaŋ
锡匠 ɕi˩ ·tɕiaŋ 焊洋铁壶的工匠。补壶的漏洞，旧时多用锡焊，故称
染匠 ɥan˧ ·tɕiaŋ
箍匠 kʻu˩ ·tɕiaŋ 打箍的手艺人
皮匠 pʻi˨ ·tɕiaŋ 替人绱鞋、修鞋的手艺人
窑匠 iau˨ ·tɕiaŋ 烧窑的手艺人
弹花匠 tʻan˨ ·xua ·tɕiaŋ 替人弹棉花打棉絮的手艺人
剃头匠 tʻi˧ tʻəu˨ ·tɕiaŋ 理发工人
榨油的 tʂa˥ iəu˨ ·ti
裁缝 tsʻai˨ ·foŋ 做衣服的手艺人
杀猪的 ʂa˩ tʂɥ˩ ·ti 杀猪的人；屠户
算命的 san˥ ·min ·ti 替人算命的人（多为盲人）
抬轿子的 tʻai˨ tɕiau˧ ·tsɿ ·ti 轿夫
驾船的 ka˥ tʂʻan˨ ·ti
喂猪的 ɥ˥ tʂɥ˩ ·ti
放牛的 faŋ˥ ȵiəu˨ ·ti
和尚 xo˨ ·ʂaŋ
尼姑 ȵi˨ ·ku
道士 tau˧ ·sɿ

（十）亲属

1. 长辈

上辈 ʂaŋ˧ pi˨˩　长辈

下辈 xa˧ pi˨˩　晚辈

大人 ta˧ ·zʅən　家庭中的长辈，一般指父母

先人 ɕian˩ ·zʅən　泛指已经故去的长辈

后人 xəu˧ ·zʅən　后代

细伢儿 ɕi˥ ·ŋar　小孩

曾 tsən˩　曾祖父、曾祖母

爹 tiɛ˩　祖父

奶 nai˩　祖母

爸 pa˨˩　父亲

伯 pɛ˨˩　伯父

娘 ȵiaŋ˦˨　伯母

叔 ʂəu˨˩　叔叔

婶 ʂən˧　婶婶

妈 ma˦˨　母亲

嬷 mɛ˧　母亲

娅 ia˩　母亲（兰溪一带）

姼 i˥　母亲（城关附近）

□ io˩　母亲（与蕲春交界一带）

姨 i˦˨　母亲（与蕲春交界一带）

大 ta˩　母亲

爷 iɛ˦˨　叔叔或伯父、姑姑

姑爷 ku˩ iɛ˦˨　姑父

家公 ka˩ ·koŋ　外祖父

家婆 ka˩ ·pʻo　外祖母

外父 uai˧ ·fu　岳父

外母 uai˧ ·mo　岳母

公公 koŋ˩ ·koŋ　夫之父

婆婆 pʻo˦˨ ·pʻo　夫之母

后老子 xəu˧ lau˧ ·tsʅ　继父

后娘 xəu˧ ȵiaŋ˦˨　继母

舅爷 tɕiəu˧ ·iɛ　舅父

舅娘 tɕiəu˧ ȵiaŋ˦˨　舅母

姑儿 ku˩ ·ɚ　称父亲的妹妹

姨 i˦˨　称母亲的姐姐或妹妹

亲爷 tɕʻin˩ ·iɛ　称弟兄的岳父、姐妹的公公

亲娘 tɕʻin˩ ·ȵiaŋ　称弟兄的岳母、姐妹的婆婆

2. 平辈

一辈儿的 i˨˩ pi˨˩ ·ɚ ·ti　同一辈分，平辈

两口子 liaŋ˧ kʻəu˧ ·tsʅ

男人 lan˦˨ ·zʅən　①男性成年人。②丈夫

妇道人家 fu˥ tau˧ ·zʅən ·ka　妻子

堂客 tʻaŋ˦˨ ·kʻɛ　①妻子。②已婚妇女

叔儿 ʂəu˨˩ ·ɚ　夫之弟

舅郎儿 tɕiəu˧ ·lar　妻之兄弟

弟兄 ti˧ ·ɕioŋ

姊妹 tsʅ˦˨ ·mi　①姐妹。②兄弟姐妹

哥 ko˩

嫂 sau˧

兄弟 ɕioŋ˩ ·ti　弟弟

弟媳妇儿 ti˧ ɕi˨˩ ·fur

姐 tɕiɛ˧

姐夫哥 tɕiɛ˦ fu˩ ·ko　姐夫

妹儿 mi˦ ·iɚ

老妹 lau˦ ·mi

妹夫 mi˦ fu

老妹郎 lau˦ ·mi laŋ˨

叔伯兄弟 ʂəu˧ pɛ˧ ɕioŋ˩ ·ti　堂兄弟

叔伯哥哥 ʂəu˧ pɛ˧ ko˩ ·ko　堂兄

叔伯弟弟 ʂəu˧ pɛ˧ ti˦ ·ti　堂弟

老表 lau˦ piau˦　姑与舅的孩子是姑舅老表，姨与姨的孩子是姨老表，统称"老表"

3. 晚辈

儿 ɚ˨

大儿 ta˦ ·ɚ

细儿 ɕi˥ ·ɚ

抱的伢儿 pau˦ ·ti ŋa˨ ·ɚ　养子或养女

儿媳妇儿 ɚ˨ ·ɕi˧ ·fur　儿之妻

女儿 ɱʮ˦ ·ɚ

女婿 ɱʮ˦ ·ɕi

孙儿 sər˩　孙子。也可指孙女。还可以作为孙子孙女的统称

孙儿媳妇儿 sər˩ ɕi˧ ·fur

孙女婿 sən˩ ɱʮ˦ ·ɕi

外孙伢儿 uai˦ sən˩ ·ŋa˨ ·ɚ　女之子。也指女之女

外甥 uai˦ sən˩　姐妹之子，也指姐妹之女

侄儿 tʂʅ˧ ·ɚ　侄子

侄女儿 tʂʅ˧ ɱʮ˦ ·ɚ

4. 其他

亲家 tɕʻin˥ ka˩　亲家翁

亲家母儿 tɕʻin˥ ka˩ mo˦ ·ɚ

亲戚 tɕʻin˩ ·tɕʻi

娘屋的 ȵiaŋ˨ u˧ ·ti　娘家

婆屋的 pʻo˨ u˧ ·ti　婆家

男家 lan˨ ·ka　婚姻关系中的男方（从外人角度说）

女家 ɱʮ˦ ·ka　婚姻关系中的女方（从外人角度说）

家儿的 ka˧ ·ɚ ·ti　姥姥家

外父屋的 uai˦ ·fu u˧ ·ti　丈人家

（十一）身体

1. 五官

身子 ʂən˩ ·tsɿ　①身体。②人格

身上 ʂən˩ ·ʂaŋ　肢体：～疼

身架儿 ʂən˩ ka˥ ·ɚ　身材

汉子 xan˥ ·tsɿ　身材（用于男性）：好大一筒～

台面儿 tʻai˨ ·miar　长相

脑壳 lau˦ ·kʻo　头

和尚头 xo˨ ʂaŋ˩ ·tʻəu　头发掉光了或剃光了的头

开顶 kʻai˩ tin˥　头顶掉了大量头发

后脑壳 xəu˦ lau˨ ·kʻo　后脑勺子

太阳窝 t'ai˧ ·iaŋ o˩ 太阳穴

颈 tɕin˧

后颈窝 xəu˧ tɕin˧ o˩

头毛 t'əu˧ ·ma

落头毛 lo˩ t'əu˧ ·ma （动宾）

额壳 ŋɛ˩ ·k'o 额

顶门心 tin˧ mən˨ ɕin˩ 头的顶部

辫儿 piar˧ 辫子

鬏儿 tɕiəu˩ ·uɚ 妇女盘在头后边的发髻

脸 lian˧

脸巴子 lian˧ ·pa ·tsɿ 脸蛋儿

脸巴嘟子 lian˧ ·pa təu˩ ·tsɿ 小孩的脸蛋

酒窝儿 ɕiəu˧ ·o ·uɚ

人中 ʐən˨ ·tʂoŋ

腮帮子 sai˩ ·paŋ ·tsɿ

眼脸 ŋan˧ ·tɕiən 眼睛

眼脸框子 ŋan˧ ·tɕiən k'uaŋ˩ ·tsɿ 眼眶

眼珠子 ŋan˧ tʂʮ˩ ·tsɿ 眼珠儿

眼白 ŋan˧ pɛ˧ 白眼珠儿

瞳人 t'oŋ˨ ʐən˨

眼角儿 ŋan˧ ·ko ·ɚ 上下眼睑的接合处靠近鼻子的部位

眼脸水 ŋan˧ ·tɕiən ʂʮəi˧ 眼泪

眼屎 ŋan˧ ʂɿ˧

眼脸皮儿 ŋan˧ ·tɕiən p'i˨ ·ɚ 眼皮儿

单眼皮儿 tan˩ ŋan˧ p'i˨ ·ɚ

双眼皮儿 ʂuaŋ˩ ŋan˧ p'i˨ ·ɚ

眼脸毛 ŋan˧ ·tɕiən mau˨ 眼睫毛

眉毛 mi˨ mau˨

纵眉头 tsoŋ˧ mi˨ mau˨ 皱眉头（动宾）

鼻子 p'i˧ ·tsɿ

鼻舔 p'i˧ ·t'ian 鼻涕

鼻孔 p'i˧ k'oŋ˧

鼻毛 p'i˧ mau˨

鼻梁 p'i˧ liaŋ˨

酒糟鼻子 tɕiəu˧ tsau˩ p'i˧ ·tsɿ

嘴 tɕi˧ ①人和动物进食的器官。②形状或作用像嘴的东西

嘴巴 tɕi˧ ·pa ①同“嘴①”。②打嘴附近的部位叫打嘴巴

涎 ɕian˨

涎水 ɕian˨ ʂʮəi˧ 口水

舌条 ʂɛ˧ ·t'iau 舌头

舌苔 ʂɛ˧ t'ai˩

夹舌 ka˩ ʂɛ˧ 大舌头（口齿不清）

财门儿 ts'ai˨ ·mər 牙齿

门牙 mən˨ ŋa˨

板牙 pan˧ ŋa˨ 臼齿

虎牙 xu˧ ŋa˨

虫牙 tʂ'oŋ˨ ŋa˨

耳洞 ɚ˧ ·toŋ 耳朵

耳屎 ɚ˧ ʂɿ˧

聋 noŋ˩ 耳朵听不见或听不清

下巴 xa˧ ·pa

喉咙 xəu˨ ·loŋ

喉包 xəu˨ pau˩ 喉结

胡子 xu˨ ·tsɿ

八字胡儿 pa˨˦ ·tsɿ xu˧˥ ·ɚ

2. 手、脚、胸、背

肩膀 tɕian˧˩ ·paŋ

掀板骨 ɕian˧˩ ·pan ku˨˦ 肩胛骨

锁子骨 so˦ ·tsɿ ku˨˦

□肩 t'ia˨˦ tɕian˧˩ 溜肩膀儿

膀子 paŋ˦ ·tsɿ 胳膊

挟眼 ɕiɛ˨˦ ŋan˦ 胳肢窝

反手 fan˦ ʂəu˦ 左手

正手 tʂən˦ ʂəu˦ 右手

手指甲儿 ʂəu˦ tʂʅ˦ ·kar 手指

趼 tɕian˦

大指甲儿 ta˦ tʂʅ˦ ·kar 大拇指

二指甲儿 ɚ˦ tʂʅ˦ ·kar 食指

中指甲儿 tʂoŋ˧˩ tʂʅ˦ ·kar 中指

细指甲儿 ɕi˦ tʂʅ˦ ·kar 小拇指

指甲儿壳儿 tʂʅ˦ ·kar k'o˨˦ ·ɚ 指甲

手板 ʂəu˦ pan˦ 手掌

巴掌 pa˧˩ ·tʂʅ 手板：拍～（鼓掌）｜打他一～

手板心 ʂəu˦ pan˦ ·ɕin 手掌心

手背 ʂəu˦ pi˦

胯子 k'ua˦ ·tsɿ 人、牲畜的腿

大胯 ta˦ k'ua˦ 大腿

小胯子 ɕiau˦ k'ua˦ ·tsɿ 小腿

膝头包 tɕ'i˨˦ təu˦ pau˧˩ 膝盖

胯子骨头 k'ua˦ ·tsɿ ku˨˦ ·t'əu 腿骨

屁眼 pi˦ ŋan˦ ①屁股。②肛门

屁股 p'i˦ ·ku

鸡巴 tɕi˧˩ ·pa 男阴

卵子 lan˦ ·tsɿ 睾丸

屄 pi˧˩ 女阴

脚腕 tɕio˨˦ uan˦

螺丝骨 lo˧˥ ·sɿ ku˨˦ 踝子骨

脚 tɕio˨˦

赤脚 tʂ'ʅ˨˦ tɕio˨˦

打赤脚 ta˦ tʂ'ʅ˨˦ tɕio˨˦ 光着脚丫子

脚背 tɕio˨˦ pi˦

脚板 tɕio˨˦ pan˦ 脚掌

鸭脚板 ŋa˨˦ tɕio˨˦ pan˦ 平底足

脚板心 tɕio˨˦ pan˦ ɕin˧˩ 脚心

脚指甲儿 tɕio˨˦ tʂʅ˦ ·kar 脚趾头

脚指甲儿壳 tɕio˨˦ tʂʅ˦ ·kar k'o˨˦ 脚趾甲

后跟 xəu˦ kən˧˩ 脚跟（儿）

脚笃子 tɕio˨˦ tu˨˦ ·tsɿ 脚掌后面的部分

脚迹 tɕio˨˦ ·tɕi 足迹

鸡眼儿 tɕi˧˩ ŋan˦ ·ɚ 一种脚病

心口 ɕin˧˩ k'əu˦ 胸口

胸 ɕioŋ˧˩

胸前 ɕioŋ˧˩ ·tɕ'ian 胸脯

妈儿 ma˦ ·ɚ ①乳房。②奶汁

肚子 tu˦ ·tsɿ 腹部

小肚子 ɕiau˦ tu˦ ·tsɿ 小腹

肚心儿 tu˦ ·tɕ'iər 肚脐眼

腰 iau˧˩

背心 pi˦ ·ɕin 背

3. 其他

脶 lo˧˥ 圆形的指纹

寒毛 xan˧˥ mau˧˥

毛眼 mau˧˥ ŋan˦ 寒毛眼儿，毛孔

痣 tɕi˦

骨头 ku˧˩ ·t'əu

筋 tɕin˩ “筋”有时可以指看得见的血管

血 ɕiɛ˧˩

血管 ɕiɛ˥ kuan˦

心 ɕin˩

肝 kan˩

肺 fəi˦

苦胆 k'u˦ tan˦

胃 uəi˦

腰子 iau˩ ·tsɿ 肾。猪的肾也叫“腰子”

肠子 tʂ'aŋ˨ ·tsɿ

大肠 ta˦ tʂ'aŋ˨

细肠儿 ɕi˥ tʂ'aŋ˨ ·ŋɚ

（十二）疾病 医疗

1. 一般用语

害病 xai˦ pin˦

不好 pu˧˩ xau˦

细病儿 ɕi˥ pir˦

大病 ta˦ pin˦

病人 pin˦ ·ʐən

过（病）ko˥ （病）传染

看病 k'an˥ pin˦

摸脉 mo˧˩ mɛ˧˩ 号脉

开单子 k'ai˩ tan˩ ·tsɿ 开药方子

开方子 k'ai˩ faŋ˩ ·tsɿ

偏方儿 p'ian˩ faŋ˩ ·ŋɚ

单方儿 tan˩ faŋ˩ ·ŋɚ

抓药（中药） tʂua˩ io˧˩

拿药（西药） la˨ io˧˩

药铺 io˧˩ ·pu 中药铺

药引子 io˧˩ in˦ ·tsɿ

药罐子 io˧˩ kuan˥ ·tsɿ

熬药 ŋau˨ io˧˩ 煎药

膏药 kau˩ io˧˩ 中药外用药：贴～

搽药（动宾） tʂ'a˨ io˧˩

上药（动宾） ʂaŋ˦ io˧˩

发汗 fa˧˩ xan˦

去风 tʂ'ɥ˥ foŋ˩

败火 pai˦ xo˦ 去火

下火 ɕia˦ xo˦

除湿 tʂ'ɥ˨ ʂɿ˧˩ 去湿

解毒 kai˦ təu˧˩

化食 xua˥ ʂɿ˦

打银针 ta˦ ȵin˦ ·tʂən 扎针

打吊针 ta˦ tiau˥ ·tsən 输液

拔火罐儿 p'a˦ xo˦ ·kuar

2. 内科

屙稀 ŋo˩ ɕi˩ 拉稀，泻肚

烧 ʂau˩ 发烧

发烧 fa˧˩ ʂau˩

发冷 fa˧˩ lən˦

肉个紧 ʐəu˧˩ ko˦ tɕin˦ 起鸡皮疙瘩

咳 k'ɛ˧˩ 咳嗽

齁 xəu˩ 哮喘

气喘 tɕ'i˥ tʂ'ɥai˦

支气管炎 tʂɿ˩ tɕ'i˥ kuan˦ ian˨

热到了 ɥɛ˩ ·tau liau˧ 中暑

上火 ʂaŋ˧ xo˧

积食了 tɕi˩ ʂʅ˧ ·liau 食物积滞

肚子痛 təu˧ ·tsʅ t'oŋ˥

心口痛 ɕin˧ k'əu˧ t'oŋ˥ 胸口疼

头昏 t'əu˨ xuən˩

晕车 ɥən˧ tʂ'ɛ˩

晕船 ɥən˧ tʂ'ɥan˨

脑壳痛 lau˧ ·k'ot'oŋ˥ 头疼

心里作烦 ɕin˧ ·ti tso˩ fan˨ 想呕吐

吐 təu˥ 呕吐

气卵 tɕ'i˥ lan˧ 疝气

打摆子 ta˧ pai˧ ·tsʅ 发疟子，疟疾发作

种牛痘 tʂoŋ˥ ȵiu˨ t'əu˧ 种痘

蝤虫 ts'au˨ tʂ'oŋ˨ 蛔虫

3. 外科

跶到了 ta˩ tau˧ ·liau 跌伤

擦破皮 ts'a˩ p'o˥ p'i˨

出血 tʂ'ɥ˩ ɕiɛ˩

淤血 ɥ˩ ɕiɛ˩

包 pau˩ 肢体上鼓起的疙瘩

肿了 tʂoŋ˧ ·liau

灌了 kuan˥ ·liau 化脓了

(包) 穿头了 tʂ'ɥan˩ t'əu˨ ·liau (包) 溃脓了

结壳壳儿 tɕiɛ˩ k'o˩ ·k'or 结痂

疤子 pa˩ ·tsʅ 疤痕。也指头上有疤痕的人

瘌痢 la˩ ·li 头上长白癣。也指长白癣的人

长疮 tʂaŋ˧ tʂ'uaŋ˩

挑针儿 t'iau˩ tʂər˩ 眼皮上长的小疖子

癣 ɕian˧

痱子 fəi˥ ·tsʅ

风皮 foŋ˩ p'i˨ 头屑

瘊子 xəu˩ ·tsʅ

雀斑 tɕ'io˩ ·pan

酒刺 tɕiəu˧ ts'ʅ˥ 粉刺

倒欠 tau˥ ·tɕ'ian 指甲基部披开的小片表皮

体气 t'i˧ tɕ'i˥ 狐臭

齉鼻子 noŋ˩ p'i˧ ·tsʅ 鼻不通气，发音不清

近视眼儿 tɕin˧ ʂʅ˧ ŋar˧

鼓眼睑 ku˧ ŋan˧ ·tɕin

对眼儿 ti˥ ŋar˥ 眼睛内斜视

斜颅 ɕiɛ˨ ləu˨ 斜视眼

4. 残疾等

抽筋 tʂ'əu˩ tɕin˩ 肢体因肌肉收缩而不能活动自如：脚～

中风 tʂoŋ˥ foŋ˩

瘫子 t'an˩ ·tsʅ 瘫痪的人

跛子 po˧ ·tsʅ

驼子 t'o˨ ·tsʅ

杠背 kaŋ˥ pi˥

聋子 loŋ˩ ·tsʅ

哑巴 ŋa˧ ·pa

结巴 tɕiɛ˩ ·pa

瞎子 xa˩ ·tsʅ

麻子 ma˨ ·tsʅ ①人出天花后留下

的疤痕。②脸上有麻子的人

豁子 xo˨ ·tsɿ　豁唇子

缺巴儿 tʂʻɥɛ˨ ·par　没有门牙的人（多用以称呼换牙时候的小孩）

六（个）指甲儿 ləu˨（ko）tʂʅ˧ ·kar　六个指头

反撇子 fan˧ pʻiɛ˨ ·tsɿ　左撇子

（十三）衣服　穿戴

1. 服装

打扮 ta˧ ·pan

衣裳 i˩ ·ʂaŋ

制服 tʂʅ˥ fu˧

西装 ɕi˩ tʂɥaŋ˩

长布衫儿 tʂʻaŋ˨ pu˥ ʂar˩　长衫

马褂儿 ma˧ ·kuar

旗袍 tɕʻi˨ pʻau˨

棉衣裳 mian˨ i˩ ·ʂaŋ

滚身儿 kuən˧ ·ʂər　短棉袄

袍子 pʻau˨ ·tsɿ　长袄

皮袄 pʻi˨ ŋau˧

皮袍子 pʻi˨ pʻau˨ ·tsɿ

夹袄 ɕia˨ ŋau˧

大衣 ta˧ ·i

短大衣 tan˧ ta˧ ·i

褂子 kua˥ ·tsɿ

汗褂 xan˧ ·kua

披肩 pʻi˩ tɕian˩　垫在肩膀上挑担子用的

背心儿 pi˥ ·ɕir　针织，圆领无袖

汗衫儿 xan˧ ʂar˩　针织，圆领短袖

大襟 ta˧ tɕin˩

小襟 ɕiau˧ tɕin˩

对襟儿 ti˥ tɕir˩

领子 lin˧ ·tsɿ

袖子 ɕiəu˧ ·tsɿ

长袖子 tʂʻaŋ˨ ɕiəu˧ ·tsɿ

短袖子 tan˧ ɕiəu˧ ·tsɿ

裙子 tʂʻɥən˨ ·tsɿ

裤子 kʻu˥ ·tsɿ

单裤子 tan˩ kʻu˥ ·tsɿ

棉裤 mian˨ kʻu˥　絮棉花的裤子

半头裤子 pan˥ ·tʻəu kʻu˥ ·tsɿ　短裤

过裆裤 ko˥ taŋ˩ ku˥　岔裆裤

亘裆裤 kən˧ taŋ˩ kʻu˥

岔裆裤 tʂʻa˥ taŋ˩ kʻu˥　开裆裤

裤腰 kʻu˥ iau˩

裤腰带 kʻu˥ iau˩ tai˥

裤脚 kʻu˥ tɕio˨　裤腿儿

荷包 xo˨ ·pau　衣服上的口袋

扣儿 kʻəur˥　中式的扣子可以叫“布扣儿”

2. 鞋帽

鞋 xai˨

拖鞋 tʻo˩ xai˨

皮鞋 pʻi˨ xai˨

布鞋 pu˥ xai˨

垫底儿 tian˧ ti˥ ·iɚ

鞋帮子 xai˨ paŋ˩ ·tsɿ

胶鞋 tɕiau˩ xai˨ 雨鞋（橡胶做的）

草鞋 ts'au˧ xai˨

和尚鞋 xo˨ ·ʂaŋ xai˨ 一种圆口的鞋

木脚子 mu˩ tɕio˩ ·tsɿ 木屐

鞋带儿 xai˨ tai˧ ·iɚ

袜子 ua˩ ·tsɿ

线袜子 ɕian˧ ua˩ ·tsɿ

丝光袜子 sɿ˩ kuaŋ˩ ua˩ ·tsɿ 丝袜

长统子袜子 tʂ'aŋ˨ t'oŋ˧ ·tsɿ ua˩ ·tsɿ 长袜

短统子袜子 tan˧ t'oŋ˧ ·tsɿ ua˩ ·tsɿ 短袜

裹脚 ko˧ ·tɕio 旧时妇女裹脚的布

裹脚 ko˧ tɕio˩ 旧时妇女缠足（动宾）

绑腿 paŋ˧ t'i˧ 军人用的缠腿布

帽子 mau˧ ·tsɿ 戴在头上的一种用品

皮帽子 p'i˨ mau˧ ·tsɿ

礼帽 li˧ mau˧

草帽子 ts'au˧ mau˧ ·tsɿ

斗淋 təu˧ ·lin 斗笠

帽檐儿 mau˧ iar˨

3. 装饰品

首饰 ʂəu˧ ·ʂɿ

梗子 kən˧ ·tsɿ 手镯

箍子 k'u˩ ·tsɿ 戒指

项圈 xaŋ˧ tʂ'ʯan˩

长命锁 tʂ'aŋ˨ min˧ so˧ 百家锁（小儿佩戴的）

簪子 tsan˩ ·tsɿ

环儿 xuar˨ 耳环

胭脂 iən˩ ·tʂʅ

粉 fən˧

4. 其他穿戴

围腰儿 uəi˨ ·iaur 围裙

涎兜子 ɕian˨ təu˩ ·tsɿ 围嘴儿（小孩用）

片儿 p'iar˧ 尿布

手袱子 ʂəu˧ fu˧ ·tsɿ 手绢儿

鼻舔袱子 p'i˧ t'ian˧ fu˧ ·tsɿ

围巾 uəi˨ ·tɕin

手套儿 ʂəu˧ t'au˧ ·uɚ

眼镜儿 ŋan˧ ·tɕiər

伞 san˧

蓑衣 so˩ i˩

雨衣 ʯ˧ i˩

遮盖 tʂɛ˧ ·kai 泛指伞、斗笠等雨具

手表 ʂəu˧ piau˧

（十四）饮食

1. 伙食

吃饭 tɕ'i˩ fan˧

早饭 tsau˧ fan˧

中饭 tʂoŋ˩ fan˧ 午饭

夜饭 iɛ˧ fan˧ 晚饭

过夜 ko˥ iɛ˧

过早 ko˥ tsau˧ 吃早晨增补的营养快餐

过晏 ko˥ ŋan˥ 吃上午增补的营养快餐

过下 ko˥ xa˧ 吃下午增补的营养快餐

过么夜 ko˥ iau˩ iɛ˧ 吃宵夜

2. 米食

饭 fan˧ 米饭

现饭 ɕian˧ fan˧ 不是本餐新做的饭

新鲜饭 ɕin˩ ɕian˩ fan˧ 本餐新做的饭

（饭）煳了 xu˥˧ ·liau

馊 səu˩

锅巴 o˩ ·pa

干饭 kan˩ fan˧

粥 tʂəu˨˩˦

米汤 mi˧ ·tʻaŋ 煮饭滗出来的汁

锅巴粥 o˩ ·pa tʂəu˨˩˦ 用锅巴和米汤煮成的稀饭

焖饭 mən˧ fan˧ 不滤米汤把饭煮熟。也指用这种方式做成的饭

汤饭 tʻaŋ˥ fan˧ 现饭加水和菜汤煮成的带汁的饭

3. 面食

面 mian˧ ①粮食磨成的粉：荞麦～｜大麦～｜高粱～。②面条或切面

糨粑 tɕiaŋ˩ ·pa 用大米、玉米等磨成的粉做的糊状食物

粑 pa˩ 饼类食物

黏米粑 tʂan˩ mi˧ ·pa 大米做的粑

花粑 xua˩ ·pa 多种颜色的米粑

发粑 fa˨˩˦ ·pa 馒头、包子

条儿粑 liau˥ ·ɚ ·pa 条状的米粑

包子 pau˩ ·tsɿ

油馃子 iəu˥˧ ko˥ ·tsɿ 油条

麻花儿 ma˥˧ ·xuar

饼子 pin˧ ·tsɿ

包面 pau˩ ·mian 水饺、馄饨都叫“包面”

心儿 ɕiər˩ （饺子、包子等的）馅儿

馅 xan˧

疙塔儿 kɛ˨˩˦ ·tar 用面粉、玉米粉等做成团状，丢进沸水里煮熟的食物

鸡蛋糕 ɕi˩ tan˧ kau˩ 小圆形蛋糕

汤圆儿 tʻaŋ˩ ·ɥar 用湿糯米粉搓成，或有馅，或无馅

月饼 ɥɛ˨˩˦ pin˥

饼干 pin˥ ·kan

老面 lau˥ mian˧

4. 肉、蛋

肥肉 fei˥˧ ʐəu˨˩˦

精肉 tɕin˩ ʐəu˨˩˦ 瘦肉

槽头肉 tsʻau˥˧ tʻəu˥˧ ʐəu˨˩˦ 猪的颈项部位的肉

肉坨坨儿 ʐəu˨˩˦ tʻo˥˧ ·tʻor

肉丁丁儿 zəu˩˥ tin˩ ·tiər
肉丝 zəu˩˥ sɿ˩
肉末儿 zəu˩˥ mo˩˥ ·ɚ
肉皮 zəu˩˥ p'i˨
膀 p'aŋ˦ 猪腿靠近身体的部位
蹄膀 t'i˨ p'aŋ˦
猪脚 tʂʮ˩ tɕio˩˥
里脊肉 li˦ tɕi˩˥ zəu˩˥
转头 tʂʮan˦ ·t'əu 牛舌头
口条 k'əu˦ ·t'iau 猪舌头
下水 ɕia˦ ·ʂʮəi 猪的内脏
心肺 ɕin˩ ·fei 猪肺
细肠儿 ɕi˦ tʂ'aŋ˨ ·ŋɚ （猪的）小肠
大肠 ta˦ ·tʂ'aŋ 猪的大肠（连尾部的一小团肉一起割下）
排骨 p'ai˨ ku˩˥
百叶 pɛ˩˥ iɛ˩˥ 牛肚（带毛状物的那种）
牛肚子 ȵiəu˨ təu˦ ·tsɿ 牛肚（光滑的那种）
猪肝 tʂʮ˩ kan˩
鸡杂 tɕi˩ ts'a˦
鸡馊子 tɕi˩ səu˦ ·tsɿ 鸡肫
血晃子 ɕiɛ˩˥ ·xuaŋ ·tsɿ 猪血
鸡血 tɕi˩ ɕiɛ˩˥
煎蛋 tɕian˩ tan˦ 炒鸡蛋（不全是鸡蛋，掺别的东西，如韭菜等）
荷包蛋 xo˨ ·pau tan˦ 鸡蛋去壳，用油煎或用水煮
亘蛋 kən˦ tan˦ 连壳煮的鸡蛋
皮蛋 p'i˨ tan˦ 松花蛋
卤鸡蛋 ləu˦ ɕi˩ tan˦
腌鸭蛋 iɛ˩˥ ŋa˩˥ tan˦ 咸鸭蛋
灌肠 kuan˦ ·tʂ'aŋ 香肠

5. 菜

菜 ts'ai˦ ①与饭相对，总指素菜、荤菜。②蔬菜
小菜 ɕiau˦ ts'ai˦ 素菜
荤菜 xuən˩ ts'ai˦
腌菜 iɛ˩˥ ts'ai˦
豆腐 təu˦ ·fu
懒豆腐 lan˦ təu˦ ·fu 把浸泡过的黄豆磨碎，加青菜及佐料煮熟而成的食品。因为同用黄豆做原料，而制作比豆腐简便，所以叫“懒豆腐”
豆筋 təu˦ tɕin˩ 腐竹
千张 tɕ'ian˩ tʂaŋ˩ 薄的豆腐干片
豆腐干儿 təu˦ ·fu kar˩
豆腐脑儿 təu˦ ·fu nar˦
豆浆 təu˦ tɕiaŋ˩
腐乳 fu˦ ·ʮ
粉丝 fən˦ ·sɿ
藕粉 ŋəu˦ fən˦
豆豉 təu˦ ·ʂʅ
豆粉 təu˦ fən˦ 芡粉
生粉 sən˩ fən˦
耳子 ɚ˦ ·tsɿ 木耳
白木耳 pɛ˦ ·mu ɚ˦ 银耳
黄花 xuaŋ˨ ·xua 金针
黄花菜 xuaŋ˨ ·xua ·ts'ai˦

海带 xai˧ ·tai

6. 油、盐、作料

味儿 uəi˧ ·iə˞ 食物的滋味

色气 sɛ˨ ·tɕʻi 人的脸面以及食物的颜色

板油 pan˧ iəu˦ 猪的腔子里面成块的脂肪

肠油 tʂʻaŋ˦ iəu˦ 附在猪肠子上面的脂肪

猪油 tʂɥ˩ iəu˦

花生油 xua˩ sən˩ iəu˦

菜油 tsʻai˧ iəu˦ 菜子油

茶油 tʂʻa˦ iəu˦

芝麻油 tʂʅ˩ ·ma iəu˦

棉油 mian˦ iəu˦

盐 ian˦

酱油 tɕiaŋ˧ iəu˦

酱 tɕiaŋ˧

醋 tsʻəu˧

糖 tʻaŋ˦ 红糖

白糖 pɛ˧ tʻaŋ˦

冰糖 pin˩ tʻaŋ˦

坨坨儿糖 tʻo˦ ·tʻor tʻaŋ˦ 糖块

作料儿 tso˨ ·liaur

八角 pa˨ ko˨

桂皮 kuəi˧ pʻi˦

花椒 xua˩ tɕiau˩

胡椒 xu˦ tɕiau˩

7. 烟、茶、酒

烟 ian˩

烟叶子 ian˩ iɛ˨ ·tsʅ

丝烟 sʅ˩ ian˩ 塞进水烟袋的烟锅里抽的烟

纸烟 tʂʅ˧ ian˩ 香烟

烟灰 ian˩ xuəi˩

茶 tʂʻa˦ ①茶叶泡的茶。②用以馈赠的食品，如糕点、红糖之类

茶叶 tʂʻa˦ iɛ˨

泡茶 pʻau˧ tʂʻa˦ 沏茶

倒茶 tau˧ tʂʻa˦

辣酒 la˨ tɕiəu˧ 白酒

糯米酒 lo˧ mi˧ tɕiəu˧

（十五）红白大事

1. 婚姻、生育

亲事 tɕʻin˩ sʅ˧

做媒 tsəu˧ mi˦

说媒 ʂɥɛ˨ mi˦

看人家 kʻan˧ zən˦ ·ka 相亲

年纪 ȵian˦ ·tɕi 年龄

定亲 tin˧ tɕʻin˩ 定婚。旧时说“拿八字”

过礼 ko˧ li˧ 定婚后结婚前男家给女家送礼

过客 ko˧ kʻɛ˨ 因喜庆事设宴招待来祝贺的人

成亲 tʂʻən˦ tɕʻin˩ （男子）娶亲。旧时也说“办喜事”

到婆屋的去 tau˥ p'o˧ u˩ ·ti tɕ'i˥ 女子出嫁

嫁女儿 ka˥ ɳʮ˥ ·ɚ 嫁闺女

找婆屋的 tʂau˥ p'o˧ u˩ ·ti 女孩子找婆家

闹洞房 lau˧ toŋ˧ faŋ˧

花轿 xua˩ tɕiau˧

送亲客 ʂoŋ˥ tɕ'in˩ k'ɛ˩ 女家送新娘到男家成亲的人

拜堂 pai˥ t'aŋ˧

新郎 ɕin˩ laŋ˧

新媳妇儿 ɕin˧ ɕi˩ ·fur 新娘

洞房 toŋ˧ faŋ˧ 新房

回门 xuəi˧ mən˧ 新郎随新娘回娘家拜见父母，一般是在婚礼过后的第三天

改嫁 kai˥ tɕia˥ 寡妇再嫁。其子女提到这件事的时候说“下堂”

做填房 tsəu˥ t'ian˧ faŋ˧ 女子给死了妻子的男子做妻

上门 ʂaŋ˧ mən˧ 入赘

上门女婿 ʂaŋ˧ mən˧ ɳʮ ˥ ·ɕi 入赘的男人

有了喜 iəu˧ ·liau ɕi˧ 怀孕

害儿 xai˧ ɚ˧ 指妇女怀孕后出现各种反应

怀身大肚 xuai˧ ·sən ta˧ t'əu˧ 孕妇状

生伢儿 sən˩ ŋa˧ ·ɚ 生孩子

衣子 i˩ ·tsɿ 胎盘

做月母子 tsəu˥ ʮɛ˩ moŋ˧ ·tsɿ 坐月子。坐月子的妇女叫“月母子”

满月 man˧ ʮɛ˩

抓周 tʂua˩ tʂəu˩

头胎 t'əu˧ ·t'ai

刮伢儿 kua˩ ŋa˧ ·ɚ 打胎

吃妈儿 tɕ'i˩ ma˥ ·ɚ 吃奶

妈儿头头儿 ma˥ ɚ t'əu˧ ·t'əur 奶头

屙尿 ŋo˧ ȵiau˧ （小孩子）尿床

2. 寿辰、丧葬

生 sən˩ 生日

做生 tʂəu˥ sən˩ 做生日

拜寿 pai˥ ʂəu˧ 祝寿

寿星老儿 ʂəu˧ ɕin˩ lau˧ ·ɚ 寿星

丧事 saŋ˩ sɿ˧

走了 tsəu˥ ·liau 人死

丢了 tiəu˩ ·liau 小孩死

跑了 p'au˧ ·liau

寿木 ʂəu˧ ·mu 生前预制的棺材

守灵 ʂəu˧ lin˧

做七 tsəu˥ tɕ'i˩

孝袱子 ɕiau˥ fu˧ ·tsɿ 挂在身上的孝布

守孝 ʂəu˧ ɕiau˥

戴孝 tai˥ ɕiau˥

孝子 ɕiau˥ ·tsi 做丧事的时候对死者后辈的统称

出柩 tʂ'ʮ˩ tɕiəu˧ 出殡

灵屋 lin˧ u˩ 用纸扎的房子，做五七的时候旋扎旋烧

纸 tʂʅ˥ 纸钱
坟 fən˨ 坟墓
碑 pei˩ 墓碑（不单指墓碑）
上坟 ʂaŋ˧ fən˨
寻短见 ɕin˨ tan˧ ·tɕian 自杀
吊颈 tiau˥ tɕin˧ 上吊（自杀）
骨灰盒儿 ku˨ xuəi˩ xo˧ ·ɚ

3. 迷信

老天爷 lau˧ t'ian˩ iɛ˨
灶王爷 tsau˥ uaŋ˨ iɛ˨
菩萨 p'u˨ ·sa
观音菩萨 kuan˩ in˩ p'u˨ ·sa
土地庙 t'əu˧ ·ti miau˧
阎王 ian˨ ·uaŋ
祠堂 ts'ʅ˨ ·t'aŋ
神仙龛子 ʂən˨ ·ɕian k'an˩ ·tsʅ 神龛
香案 ɕiaŋ˩ ŋan˥
香碗 ɕiaŋ˩ uan˧ 插香的东西，形状像碗
蜡烛 la˨ tʂəu˨
香 ɕiaŋ˩ 敬神点的线香
烧香 ʂau˩ ɕiaŋ˩ （动宾）
求签 tɕ'iəu˨ tɕ'ian˩
念经 ȵian˧ tɕin˩
测字 ts'ɛ˨ tsʅ˧
看地 kan˥ ti˧ 指看风水
算命 san˥ min˧
许愿 ʂʮ˥ ʮan˧
还愿 xuan˨ ʮan˧

（十六）日常生活

1. 衣

穿衣裳 tʂ'uan˩ i˩ ·ʂaŋ
脱衣裳 t'o˨ i˩ ·ʂaŋ
穿鞋 tʂ'uan˩ xai˨
靸 sa˨ 把鞋后帮踩在脚后跟下的行为
脱鞋 t'o˨ xai˨
印 in˥ （做衣服）量尺寸
缝衣裳 foŋ˨ i˩ ·ʂaŋ 做衣服
贴扁 t'iɛ˨ pian˧ 在袖口里面和裤管最下端里面缝窄条布
滚边儿 kuən˧ piar˩ 在衣服、布鞋等的边缘缝制圆棱的边儿
纳鞋底 la˨ xai˨ ti˧
钉扣儿 tin˧ k'əu˥ ·ɚ
绣花 ɕiəu˥ xua˩
缝被服 foŋ˨ pi˩ ·ku 把棉花胎夹在被里和背面中间，然后用索子（几股线搓起来的）大针脚缝四边，使固定
洗衣裳 ɕi˧ i˩ ·ʂaŋ
清 tɕ'in˩ 用清水漂洗（衣物）
晒衣裳 ʂai˥ i˩ ·ʂaŋ
晾衣裳 laŋ˧ i˩ ·ʂaŋ 把洗好的衣服搭在竹篙上，使干燥
浆衣裳 tɕiaŋ˩ i˩ ·ʂaŋ

2. 食

架火 ka˥ xo˧ 生火

烧火 ʂau˩ xo˧ 把柴火投进生火的灶膛里

舞饭 u˧ fan˧ 做饭（包括做饭做菜）

淘米 tʻau˨ mi˧

发面 fa˨˩ mian˧

和面 xo˨ mian˧

揉面 zəu˨ mian˧

擀面 kan˧ mian˧ 把面团擀薄

蒸 tʂən˩ ～粑｜～肉

炒 tʂʻau˧

煎 tɕian˩

择菜 tsʻɛ˧ tsʻai˧

舞菜 u˧ tsʻai˧ 做菜

打汤 ta˧ tʻaŋ˩ 做汤

饭熟了 fan˧ ʂəu˧ ·liau 饭好了（包括饭菜）

（饭）夹生 ka˨˩ ·sən ①饭半熟。②人胡搅蛮缠：他～的很呢

添饭 tʻian˩ fan˧ 盛饭

拈菜 ȵian˩ tsʻai˧ 吃饭的时候把菜夹到碗里或送进嘴里

淘汤 tʻau˨ tʻaŋ˩ 把汤舀到饭里

用筷子 ioŋ˧ kʻuai˧ ·tsɿ

嚼不动 tɕiau˧ ·pu toŋ˧

刁嘴 tiau˩ tɕi˧ 择食

哽倒了 kən˧ ·təu ·liau （吃东西）噎住了

打嗝 ta˧ kɛ˧

吃胀倒了 tɕʻi˨˩ tʂaŋ˧ ·təu ·liau （吃得太多了）撑着了

嘴里没味 tɕi˧ ·ti mɛ˨˩ uəi˧ 嘴没味儿

喝茶 xo˨˩ tʂʻa˨

喝酒 xo˨˩ tɕiəu˧

吃烟 tɕʻi˨˩ ian˩ 抽烟

3. 住

起去 tɕʻi˧ ·tɕʻi 起床（在床上说）

起来 tɕʻi˧ ·lai 起床（已经起床的人对还睡在床上的人说）

洗手 ɕi˧ ʂəu˧

洗脸 ɕi˧ lian˧

漱口 səu˧ kʻəu˧

洗嘴 ɕʻi˧ tɕʻi˧ 刷牙

梳头 səu˩ tʻəu˨

梳辫儿 səu˩ piar˧

剪指甲儿壳儿 tɕian˧ tʂɿ˧ ·kar kʻor˨˩

挖耳洞 ua˨˩ ɚ˧ ·toŋ 掏耳朵

洗汗 ɕi˧ xan˧ 洗澡

解小手 kai˧ ɕiau˧ səu˧ 小便。“屙尿”是比较粗俗的说法

解大手 kai˧ ta˧ səu˩ 大便。“屙屎”是比较粗俗的说法

乘凉 ʂən˨ liaŋ˨

晒太阳 ʂai˧ tʻai˧ ·iaŋ

烘火 xoŋ˩ xo˨ 烤火（取暖）

点灯 tian˧ tən˩ 用电灯之后说“开灯”

吹灯 tʂʻɥ˩ tən˩ 熄灯。用电灯之后说“关灯”

歇 ɕiɛ˨˩ ①休息：～下儿。②睡；住宿：天黑了，就在我屋里～

打呵欠 ta˧ xo˩ ·tɕ'ian 打哈欠

瞌睡来了 k'o˨ ·ʂɥ lai˦ ·liau 困了，要睡觉了

铺床 p'u˩ tʂ'uaŋ˦

睏醒 k'uən˥ ɕin˧ 睡觉

睏着了 k'uən˥ tʂo˧ ·liau

打𣍐 ta˧ p'u˦ 打鼾

睏不着 k'uən˥ pu˨ tʂ'o˧

仰倒睏 ȵiaŋ˧ ·təu k'uən˥ 仰面睡

侧倒身子睏 ts'ɛ˨ ·təu ʂən˩ ·tsɿ k'uən˥ 侧着睡

仆倒睏 p'u˧ ·təu k'uən˥ 趴着睡

做梦 tsəu˥ moŋ˧

发梦天 fa˨ moŋ˧ ·t'ian 说梦话，梦中喊叫

打张 ta˧ tʂaŋ˩ ①梦中惊叫。②显示出惊讶，感到意外

熬夜眼 ŋau˦ iɛ˧ ŋan˧ 熬夜

打夜工 ta˧ iɛ˧ koŋ˩ 夜间干活儿

4. 行

做□□ tsəu˥ soŋ˩ ·xu 劳动

下田 xa˧ t'ian˦ 去田地里干活

上工 ʂaŋ˧ koŋ˩

放工 faŋ˥ koŋ˩

收工 ʂəu˩ koŋ˩

出去了 tʂɥ˨ ·tɕ'i ·liau 指不在家

落屋 lo˨ u˨ 在家里待着：一天到黑不～

逛街 kuaŋ˥ kai˩

打转儿 ta˧ tʂuar˥ 散步

（十七）讼事

打官司 ta˧ kua˩ ·sɿ

告状 kau˥ tʂuaŋ˧

状子 tʂuaŋ˧ ·tsɿ

开庭 k'ai˩ t'in˦

退庭 t'i˥ t'in˦

问案子 uən˧ ŋan˥ ·tsɿ

过堂 ko˥ t'aŋ˦

证人 tʂən˥ ʐən˦

人证 ʐən˦ tʂən˥

物证 u˨ tʂən˥

对证 ti˥ tʂən˥ 对质

家务事 tɕia˩ u˧ ·sɿ 清官难断～

服 fu˧

不服 pu˨ fu˧

上诉 ʂaŋ˧ səu˥

宣判 ɕian˩ p'an˥

口供 k'əu˧ koŋ˩

犯法 fan˧ fa˨

诬告 u˩ kau˥

捉起来了 tʂo˨ tɕ'i˧ ·lai liau 逮捕了

关起来了 kuan˩ tɕ'i˧ ·lai liau 关押。

牢车 lau˦ tʂ'ɛ˩

青天大老爷 tɕ'in˩ t'ian˩ ta˧ lau˧ iɛ˦

杀头 ʂa˨ t'əu˦ 斩首

打屁股 ta˧ p'i˥ ·ku

手镣子 ʂəu˧ liau˨ ·tsɿ　手铐
脚镣子 tɕio˩ liau˨ ·tsɿ　脚镣
捆起来了 k'uən˧ tɕ'i˧ ·lai liau　绑起来了
关倒 kuan˩ ·tau　囚禁起来
坐牢 tso˧ lau˨
画押 xua˧ ŋa˩
按手印 ŋan˥ ʂəu˧ ·in
完粮 uan˨ liaŋ˨　旧指农民向政府缴纳农业税
完税 uan˨ ʂɥɛ˥　纳税
布告 pu˥ ·kau
通知 t'oŋ˩ ·tʂɿ
路条 ləu˧ t'iau˨
命令 min˧ ·lin
办移交 pan˧ i˨ ·tɕiau　把经手的事务移交给接替的人
上任 ʂaŋ˧ ɻən˧

（十八）交际

走动 tʂəu˧ t'oŋ˧　亲友之间来往
看 k'an˥　看望：～病人
走人家 tʂəu˧ ʐən˨ ·ka　到别人家（不限于亲戚）做客
打扮 ta˧ pan˧　修饰、装饰
客 k'ɛ˩　客人
接客 tɕiɛ˩ k'ɛ˩　请客
招待 tʂau˩ ·tai
招呼 tʂau˩ ·xu　①招待：没得好～（没有好招待）。②守护；伺候：～病人
装烟 tʂua˩ ian˩　给客人递烟
男客 lan˨ k'ɛ˩
女客 ɱɥ˧ k'ɛ˩
送人情 soŋ˥ ʐən˨ tɕ'in˨　送礼
打发 ta˧ ·fa　①旧时指给乞丐的施舍。②长辈送给第一次过门的晚辈亲戚的礼物
人情 ʐən˨ tɕ'in˨
做客 tsəu˥ k'ɛ˩　①在别人家里接受招待。②指讲客气：不～（不要讲客气）
待客 tai˧ k'ɛ˩
陪客 p'i˨ k'ɛ˩
送客 soŋ˥ k'ɛ˩
不送了 pu˩ soŋ˥ ·liau　不送了（主人说的客气话）
吵闹 tʂ'au˧ ·lau　客人告辞主人说的客气话
多谢 to˩ ·ɕiɛ　谢谢
难为 lan˨ ·uəi　请人帮助和受人帮助时说的感谢话
得罪 tɛ˩ ·tɕi　请求人提供方便和受到别人帮助时说的客气话
礼行 li˧ ·ɕin　礼数
摆席 pai˧ ɕi˧　摆酒席
帖子 t'iɛ˩ ·tsɿ　请帖。“下帖子”就是送请贴
上席 ʂaŋ˧ ɕi˧　①入席。②桌子上方的位子

下席 xa˧ ɕi˧　桌子下方的位子
上菜 ʂaŋ˧ ts'ai˥
倒酒 tau˥ tɕiəu˧　斟酒
不合 pu˨˦ ko˨˦　不和睦：妯娌两个～
扯皮 tʂ'ɛ˧ p'i˦　闹纠纷；争吵
打架 ta˧ tɕia˥
解架 kai˧ tɕia˥　劝架
接 tɕiɛ˨˦　请人到家里：～客｜～先生看病｜～裁缝缝衣服
打平伙 ta˧ p'in˦ ·xo　几个人凑份子一起做东西吃
对头 ti˥ ·t'əu　冤家
仇人 tʂ'əu˦ zən˦
半吊子 pan˥ ·tiau ·tsɿ　不好打交道的人
冤枉 ɥan˩ ·uaŋ
插嘴 tʂ'a˨˦ tɕi˧
打岔 ta˧ tʂ'a˥
鸡蛋里头挑骨头 tɕi˩ tan˧ li˧ ·t'əu t'iau˩ ku˨˦ ·t'əu　吹毛求疵
做作 tsəu˥ ·tso
光面子话 kuaŋ˩ mian˧ ·tsɿ xua˧　说得好听，并不准备兑现的话
拿架子 la˦ ka˥ ·tsɿ　摆架子
假装 tɕia˧ tʂɥaŋ˩
出洋相 tʂ'ɥ˨˦ iaŋ˦ ·ɕiaŋ
巴及 pa˩ ·tɕi　巴结
惹 ɥɛ˦　①撩拨。②理睬：喊他他不～我
看的起 kan˥ ·ti tɕ'i˧
看不起 kan˥ ·pu tɕ'i˧
讲伙儿 tɕ'iaŋ˧ xo˧ ·ɚ　合伙儿
打伙儿 ta˧ xo˧ ·ɚ
想法儿 ɕiaŋ˧ fa˨˦ ·ɚ　借钱、借粮的委婉说法
掇 to˨˦　借（限于钱）：～几个钱我
答应 tai˨˦ ·in
不答应 pu˨˦ tai˨˦ ·in
赶出去 kan˧ tʂ'ɥ˨˦ ·tɕi　撵出去

（十九）商业　交通

1. 经商行业

字号 tsɿ˧ xau˧
招牌 tʂau˩ p'ai˦
开铺儿 k'ai˩ p'u˥ ·ɚ
铺儿 p'u˥ ·ɚ　商店
　店儿 tiar˥
门面儿 mən˦ ·miar˧　铺面
摆摊儿 pai˧ t'ar˩
做生意 tsəu˥ səi˨˦
馆子 kuan˧ ·tsɿ　饭馆
上馆子 ʂaŋ˧ kuan˧ ·tsɿ
绸缎铺 tʂ'əu˦ ·tan p'u˥　布店
杂货铺 ts'a˧ xo˥ p'u˥　杂货店
合作社 xo˧ ·tsɿ tʂɛ˧
粮店儿 liaŋ˦ tiar˥　早先叫"米行"
粮油店儿 liaŋ˦ iəu˦ tiar˥

粑铺儿 pa˩ p'u˥ ·ɚ　熟食店

瓷器铺儿 ts'ɿ˨ ·tɕ'i p'u˥ ·ɚ　瓷器店

茶铺儿 tʂ'a˨ p'u˥ ·ɚ

肉铺儿 zəu˨˩ p'u˥ ·ɚ

裁缝铺儿 ts'ai˨ ·foŋ p'u˥ ·ɚ　做衣服的店铺

剃头铺儿 t'i˥ t'əu˨ p'u˥ ·ɚ　理发店

剃头 t'i˥ t'əu˨　理发

刮脸 kua˨˩ lian˧

刮胡须 kua˨˩ xu˨ ·ɕi

杀猪 ʂa˨˩ tʂʮ˧

榨坊 tʂa˥ ·faŋ　油坊

当铺 taŋ˥ p'u˥

蜂窝煤 foŋ˩ o˩ mi˨

2. 经营、交易

开张 k'ai˩ tʂaŋ˩　开业

关门 kuan˩ mən˨　停业

盘存 p'an˨ ts'ən˨

柜台 kuəi˧ t'ai˨

出价 tʂ'ʮ˨˩ tɕia˥　开价

讲价 tɕiaŋ˧ tɕia˥　买卖双方商议价钱

还价 xuan˨ tɕia˥

相宜 ɕiaŋ˩ ·ȵi　①利益：蛮大的～｜占～（占便宜）。②（价钱）便宜

（价钱）贵 kuəi˥

（价钱）公道 koŋ˩ ·tau

生意好 səi˨˩ xau˧

生意不好 səi˨˩ pu˨˩ xau˧

工钱 koŋ˩ tɕ'ian˨

本钱 pən˧ tɕ'ian˨

保本 pau˧ pən˧

赚钱 tʂuan˧ tɕ'ian˨

折本 ʂɛ˧ pən˧　亏本

贴赔 t'iɛ˨˩ p'i˨

盘缠 p'an˨ ·tʂ'ən　路费

息钱 ɕi˨˩ tɕ'ian˨　利息

运气好 ɥən˧ ·tɕ'i xau˧

差 tʂ'a˩　①缺欠：～五角十块（即九元五角）。②欠负：～他三块钱

该 kai˩　欠负：～账｜～钱

押金 ŋa˨˩ ·tɕin

3. 账目

账房 tʂaŋ˥ faŋ˨

进账 tɕin˥ tʂaŋ˥　记收入的账

出账 tʂ'ʮ˨˩ tʂaŋ˥　记付出的账

该账 kai˩ tʂaŋ˥　欠账

赊账 ʂɛ˩ tʂaŋ˥

要账 iau˥ tʂaŋ˥

讨账 t'au˧ tʂaŋ˥

收账 ʂəu˩ tʂaŋ˥　①收款。②把别人欠自己的钱收回来

死账 sɿ˧ tʂaŋ˥　烂账（收不回的账）

发票 fa˨˩ p'iau˥

收据 ʂəu˩ tʂʮ˥

存款 ts'ən˨ ·k'uan

亘钱 kən˧ tɕ'ian˨　整钱

零钱 lin˨ tɕ'ian˨

票子 p'iau˥ ·tsɿ　钞票（纸币）

铜角儿 tʻoŋ˥˩ ko˨˦ ·ɚ 旧时用的铜板儿

一分钱 i˨˦ fən˩ tɕʻian˥˩

一角钱 i˨˦ tɕio˨˦ tɕʻian˥˩

一块钱 i˨˦ kʻuai˧ tɕʻian˥˩

十块钱 ʂʅ˧ kʻuai˧ tɕʻian˥˩

一百块钱 i˨˦ pɛ˨˦ kʻuai˧ tɕʻian˥˩

一张票子 i˨˦ tʂaŋ˩ pʻiau˥ ·tsʅ 一张钞票

算盘 san˥ ·pʻan

秤 tʂʻən˥

磅秤 paŋ˥ tʂʻən˥

秤盘儿 tʂʻən˥ pʻar˥˩

秤星 tʂʻən˥ ɕin˩

定盘星 tin˧ pʻan˥˩ ɕin˩

秤杆儿 tʂʻən˥ kar˧

秤钩儿 tʂʻən˥ kəu˩ ·ɚ

秤砣 tʂʻən˥ tʻo˥˩ 秤锤

旺 uaŋ˧ （称物时）秤尾高

溜 liəu˩ （称物时）秤尾低

藰子 tʻaŋ˥ ·tsʅ 把斗面刮平的器具，木制，成丁字形

提子 tʻi˥˩ ·tsʅ 旧时用以量酒、食用油、煤油等的量具，竹制或金属制，圆筒形，有较长的提柄，有一两、半斤、一斤等几种型号

4. 交通

赶 kan˧ 乘：～船｜～车

铁路 tʻiɛ˨˦ ləu˧

铁轨 tʻiɛ˨˦ kuɛi˧

火车 xo˧ tʂʻɛ˩

火车站 xo˧ tʂʻɛ˩ tʂan˧

公路 koŋ˩ ləu˧

汽车 tɕʻi˥ tʂʻɛ˩

客车 kʻɛ˨˦ tʂʻɛ˩

摩托车 mo˥˩ tʻo˨˦ tʂʻɛ˩

脚踏车 tɕʻio˨˦ tʻa˧ tʂʻɛ˩ 现在也说"自行车"，而且比说"脚踏车"的多

鸡公车 tɕi˩ koŋ˩ tsʻɛ˧ 独轮手推车

船 tʂʻɥan˥˩

篷 pʻoŋ˥˩ 船篷

杆 kan˩ 桅杆

舵 to˧

橹 ləu˧

篙 kau˩ 撑船用的竹竿：撑～

挑 tʻiau˥ ①跳板（上下船用）：～搭好了再起坡。②池塘里伸入水中供洗衣服用的木板或石板

木船 mu˨˦ tʂʻɥan˥˩

渔船 ɥ˥˩ tʂʻɥan˥˩

划子 xua˥˩ ·tsʅ 小木船：鱼～（打鱼的小木船）｜过河～（摆渡的小木船）

洋船 iaŋ˥˩ tʂʻɥan˥˩ 轮船（旧）

竹排 tʂəu˨˦ pʻai˥˩

过河 ko˥ xo˥˩ 一般指坐船过河

（二十）文化教育

1. 学校

学校 ɕio˧ ·ɕiau˧ 早先叫“学堂”

发蒙 fa˨˩ moŋ˦˨ （儿童）开始识字读书，现在就指开始上小学

上学 ʂaŋ˧ ɕio˧

放学 faŋ˥˧ ɕio˧

逃学 t'au˦˨ ɕio˧

学杂费 ɕio˧ ts'a˧ fəi˥˧

放假 faŋ˥˧ tɕia˧

暑假 ʂʮ˧ tɕia˧

寒假 xan˦˨ tɕia˧

请假 tɕ'in˧ tɕia˧

2. 教室、文具

教室 tɕiau˥˧ ʂʅ˨˩

上课 ʂaŋ˧ k'o˥˧

下课 ɕia˧ k'o˥˧

讲台 tɕiaŋ˧ t'ai˦˨

黑板 xɛ˨˩ pan˧

粉笔 fən˧ pi˨˩ 早先说“粉条儿”，因为跟吃的粉条易混，现在改说“粉笔”

黑板擦儿 xɛ˨˩ pan˧ ts'a˨˩ ·ɚ

点名册 tian˧ min˦˨ ts'ɛ˨˩

戒尺 kai˥˧ tʂ'ʅ˨˩

笔记本 pi˨˩ tɕi˥˧ pən˧

课本 k'o˥˧ pən˧

书 ʂʮ˩

铅笔 tɕ'ian˧ pi˨˩

转笔刀儿 tʂʮan˥˧ pi˨˩ tau˩ ·ɚ 削铅笔的刀（旋着削的那种）

圆规 ʮan˦˨ kuəi˩

三角板 san˧ ko˨˩ pan˧

作文本 tso˨˩ uən˦˨ pən˧

大字本 ta˧ tsʅ˧ pən˧

靛水笔 tian˧ ʂʮəi˧ pi˨˩

钢笔 kaŋ˩ pi˨˩

毛笔 mau˦˨ pi˨˩

笔筒儿 pi˨˩ t'oŋ˦˨ ·ŋɚ 笔帽（保护毛笔头的）

砚盘 ȵian˧ p'an˦˨ 砚台

挨墨 ŋai˦˨ mɛ˨˩ 研墨

墨水瓶 mɛ˨˩ ʂʮəi˧ p'in˦˨

墨汁 mɛ˨˩ tʂʅ˨˩

掭笔 t'ian˧ pi˨˩

靛水 tian˧ ʂʮəi˧ （钢笔用的）墨水

书包 ʂʮ˩ pau˩

3. 读书识字

读书人 t'əu˧ ʂʮ˩ zən˦˨

认得字的 ʮən˧ ·tə tsʅ˧ ·ti 识字的

睁眼瞎 tsən˩ ŋan˧ xa˨˩ 不识字的

文盲 uən˦˨ maŋ˦˨

读书 t'əu˧ ʂʮ˩

背书 pi˧ ʂʮ˩

考场 k'au˧ tʂ'aŋ˧

考试 k'au˧ ·ʂʅ

卷子 tʂʮan˥˧ ·tsʅ 考卷

满分 man˧ fən˩

零分 lin˦˨ fən˩

第一名 ti˧ i˨˩ min˦˨ 头名

最后一名 tsai˥ xəu˧ i˩ min˥
毕业 pi˩ n̠ɛ˩
肄业 i˥ n̠ɛ˩
毕业证 pi˩ n̠ɛ˩ tʂən˥

4. 写字

大楷 ta˧ k'ai˧
小楷 ɕiau˧ k'ai˧
字帖 tsɿ˧ t'iɛ˩
写白字 ɕiɛ˥ pɛ˧ tsɿ˧　写别字
写斗笔了 ɕiɛ˥ təu˥ pi˩ ·liau　写字笔顺不对
草稿 ts'au˧ kau˥
誊 t'ən˥　誊正
一点儿 i˩ tiar˥
一横 i˩ xuən˥
一直 i˩ tʂɿ˧　一竖
一撇 i˩ p'iɛ˩
一捺 i˩ la˩
一勾儿 i˩ kəu˩ ·uə˞
一挑 i˩ t'iau˩
画 xua˧　笔画：王字是四～
偏旁 p'ian˧ p'aŋ˥

人字旁 ʐən˥ tsɿ˧ p'aŋ˥
单人旁 tan˩ ·ʐən˥ p'aŋ˥
双人旁 ʂuaŋ˩ ·ʐən˥ p'aŋ˥
弓长张 koŋ˩ tʂ'aŋ˥ tʂaŋ˩
立早章 li˩ tsau˧ tʂaŋ˩
禾旁程 xo˥ p'aŋ˥ tʂ'ən˥
抱耳陈 pau˧ ɚ˧ tʂ'ən˥
竖心旁 ʂʮ˧ ɕin˩ p'aŋ˥
犬字旁 tʂ'ʮan˧ tsɿ˧ p'aŋ˥　反犬旁
右抱耳 iəu˧ pau˧ ɚ˧　单抱耳
左抱耳 tso˧ pau˧ ɚ˧　双抱耳
反文旁 fan˧ uən˥ p'aŋ˥
斜玉旁 ɕiɛ˥ ʮ˩ p'aŋ˥
土字旁 t'əu˧ tsɿ˧ p'aŋ˥
竹字头儿 tʂəu˩ tsɿ˧ t'əu˥ ·uə˞
火字旁 xo˧ tsɿ˧ p'aŋ˥
四点水 sɿ˥ tian˧ ʂʮəi˧
三点水 san˩ tian˧ ʂʮəi˧
两点水 liaŋ˧ tian˧ ʂʮəi˧
病字头 pin˧ tsɿ˧ t'əu˥
走之 tsəu˧ tʂɿ˩
草字头 ts'au˧ tsɿ˧ t'əu˥

（二十一）文体活动

1. 游戏、玩具

风筝 foŋ˩ tsən˩
躲迷迷儿 to˧ mi˥ ·mir　捉迷藏
磕毽儿 k'o˧ tɕiar˥　踢毽儿
抓子 tʂua˩ tsɿ˧　用几个石子儿，扔起其一，做规定动作后再接住

打漂儿 ta˧ p'iau˥ ·uə˞　打水漂儿
跳房子 t'iau˥ faŋ˥ ·tsɿ
翻叉 fan˩ tʂ'a˥　翻绳（两人轮换翻动手指头上的细绳，变出各种花样）
翻扬叉 fan˩ iaŋ˥ ·tʂ'a　往倒立方向

翻转
打反叉 ta˧ fan˧ ·tʂʻa
放抱叉儿 faŋ˥ pau˧ ·tʂʻa˩ ·ɚ 摔跤
划拳（喝酒时）xua˨ tʂʻɥan˨
猜谜子 tsʻai˩ mi˩ ·tsɿ 猜谜语
麻将 ma˨ ·tɕiaŋ
打赌 da˧ təu˧
炮子 pʻau˥ ·tsɿ 爆竹
放炮子 faŋ˥ pʻau˥ ·tsɿ 放鞭炮

2. 体育

象棋 ɕiaŋ˧ tɕʻi˨
走棋 tsəu˧ tɕʻi˨
下棋 ɕia˧ tɕʻi˨
将 tɕiaŋ˥
帅 ʂuai˥
士 sɿ˧
象 ɕiaŋ˧
相 ɕiaŋ˧
车 tʂɥ˩
马 ma˧
炮 pʻau˥
兵 pin˩
卒 tsəu˩
拱卒 koŋ˧ tsəu˩
（马）卧槽 o˥ tsʻau˨
上士 ʂaŋ˧ sɿ˧ 士走上去
下士 ɕia˧ sɿ˧ 士走下来
飞象 fəi˩ ɕiaŋ˧
将军 tɕiaŋ˩ tʂɥən˩
围棋 uei˨ tɕʻi˨
黑子 xɛ˩ tsɿ˧
白子 pɛ˧ tsɿ˧
和棋 xo˨ tɕʻi˨
拔河 pʻa˧ xo˨
举磨子 tʂɥ˧ mo˧ ·tsɿ 一种举重性质的活动
抵棍 ti˧ kuən˥ 一种用棍子相互抵力的活动
洗澡儿 ɕi˧ tsau˧ ·uɚ 游泳
打鼓脚 ta˧ ku˧ tɕio˩
吃谜子 tɕi˩ mi˧ ·tsɿ 潜水
打球 ta˧ tɕʻiəu˨
比赛 pi˧ sai˥
乒乓球 pʻin˧ pʻaŋ˧ tɕʻiəu˨
篮球 lan˨ tɕʻiəu˨
排球 pʻai˨ tɕʻiəu˨
足球 tsəu˩ tɕʻiəu˨
羽毛球 ɥ˧ mau˨ tɕʻiəu˨
跳远 tʻiau˥ ɥan˧
跳高 tʻiau˥ kau˩

3. 武术、舞蹈

打跟头儿 ta˧ kən˩ ·tʻəur 翻跟头
倒立 tau˥ li˩
玩采莲船儿 uan˨ tsʻai˧ ·lian tʂʻɥan˨ 跑旱船
踩高脚 tʂʻai˧ kau˩ tɕʻio˩
玩龙灯 uan˨ loŋ˨ ·tən
打狮子 ta˧ sɿ˩ ·tsɿ 舞狮子
划龙船 xua˨ loŋ˨ tʂʻɥan˨
跳舞 tʻiau˥ u˧

4. 戏剧

灯影子戏 tən˩ in˧ ·tsɿ ɕi˥ 皮影戏

猴儿把戏 xəur˨ pa˧ tɕi˥ 猴子马戏

京戏 tɕin˩ ɕi˥ 京剧

戏台 ɕi˥ t'ai˨

戏子 ɕi˥ ·tsɿ 旧指戏剧演员

变把戏 pian˥ pa˧ ·ɕi 变戏法（魔术）

说书 tʂɥɛ˩ ʂɥ˩

说窍儿 tʂɥɛ˩ tɕ'iau˥ ·uɚ 讲故事

（二十二）动作

1. 一般动作

徛 tɕi˧ 站

跍 k'u˨ 蹲

跶倒了 ta˩ ·tau ·liau 跌倒了。“跶”，《广韵》“他达切”。《玉篇·足部》：“跶，足跌也。”

爬起来 p'a˨ tɕ'i˧ ·lai

摆头 pai˧ t'əu˨

摇头 iau˨ t'əu˨

点头 tian˧ t'əu˨

仰着头 ȵiaŋ˧ ·tʂo t'əu˨

挖倒个脑壳 ua˩ ·tau ·ko lau˧ ·k'o 低着头

车头 tʂ'ɛ˩ t'əu˨ 把头转过去。车船改变行进方向也叫“车头”

斢头 t'iau˧ t'əu˨ ①回头。②车船改变行进方向

（脸）车过去 tʂ'ɛ˩ ko˥ ·tɕ'i （脸）转过去

睁眼睑 ts'ən˩ ŋan˧ ·tɕin 睁眼

鼓眼睑 ku˧ ŋan˧ ·tɕin 瞪眼

闭眼睑 pi˥ ŋan˧ ·tɕin 闭眼

眨眼睑 tʂa˩ ŋan˧ ·tɕin 眨眼

碰到 p'oŋ˥ ·təu 遇见

撞到 tʂuaŋ˧ ·təu

过身 ko˥ ʂən˩ ①经过：车子打我们门口～。②完结：等忙～了着

短 tan˧ 阻拦，拦截

看 k'an˩ 养育

看 k'an˥ 观看

瞄 miau˨ 悄悄地看

流眼泪 liəu˨ ŋan˧ ·li

搭嘴儿 ta˩ tɕi˧ ·ɚ 聊天

闭嘴 pi˥ tɕi˧

嘟嘴 təu˩ tɕi˧ 噘嘴（表示不高兴）

嗍 so˩ 吮吸：～奶儿。《集韵·觉韵》：“嗍，《说文》：‘吮也。’”

搋手 tʂ'ʅ˩ ʂəu˧ 伸手。也有“动手”的意思：灶屋的事他不兴～（从来不做厨房的事）

举手 tʂɥ˧ ʂəu˧

摆手 pai˧ ʂəu˧

松手 soŋ˩ ʂəu˧ 握住、抓住东西的手松开

放手 faŋ˥ ʂəu˧

动手 toŋ˧ ʂəu˧ ①开始工作。②指动手打人：只许动口，不许～

拍巴掌 p'ɛ˨ pa˩ ·tʂa 鼓掌
背手 pi˦ ʂəu˧ 背着手儿
筒倒手 t'oŋ˧ ·təu ʂəu˧ 笼着手（双手交叉伸到袖筒里）
搭 k'ɛ˦ ①握住。②被勒得很疼：手～得好痛啊
箍 k'u˩ 用手臂搂：～腰｜那根树好粗，一个人～不够
扒 p'a˧ 用手或器具使物散开
摅 ləu˨ 将物从水中捞起
蒙倒 moŋ˩ ·təu 用东西裹住或遮盖住：用袱子把篮子～
搊 ts'əu˩ 用手向上托
端尿 tan˩ ȵiau˧ 把尿
扶倒 fu˧ ·təu 扶着
弹指甲儿 t'an˧ tʂʅ˧ ·kar 弹指头
捏坨子 ȵiɛʔ˨ t'o˧ ·tsʅ 攥拳头
踢 t'i˨
跺脚 to˦ tɕio˨
踮脚 tian˦ tɕio˨
跷着个二郎腿 tɕ'iau˩ ·tʂo ·ko ɚ˧ laŋ˧ t'i˧
闪 ʂan˧ 抖动；闪动：～胯子（抖腿）
颤 tʂan˧ 抖：手发～（手哆嗦）
□腰 xəu˩ iau˩ 弯腰
弓腰 koŋ˩ iau˩
伸腰 tʂ'ən˩ iau˩
伸懒腰 tʂ'ən˩ lan˧ iau˩
撑腰 ts'ən˩ iau˩ 支持
撅屁股 tʂʮɛ˨ p'i˦ ·ku

捶背心 tʂ'ʮ˧ pi˦ ·ɕin 捶背
孔（鼻涕） koŋ˧
吃鼻舔 tɕi˨ p'i˩ ·t'ian 吸溜鼻涕
打喷天 ta˧ p'ən˦ t'ian˩ 打喷嚏
闻 uən˧ 用鼻子嗅
哭 k'u˨
丢 tiəu˩
甩 ʂʮai˧ ①摆动：～尾巴。②扔：～手榴弹
说 ʂʮ ɛ˨
跑 p'au˧
走 tsəu˧
跳 t'iau˦
蹦 poŋ˦
搁 ko˨
顿 toŋ˦ 放（一般用于比较沉重的东西）
码 ma˧ 堆叠：把柴～好
掇 to˨ 搬、拿
挎 k'ua˧ ～书包｜～枪
统 t'oŋ˧ 把东西装进衣袋或口袋里：把钱～好
掀 ɕian˩ 使遮挡覆盖的东西向上离开：～被服
瘗 i˦ 填埋
□ miɛ˧ 用手折物使断
撇 p'iɛ˧ 用手使物分开或断开：一个粑粑～成两半
勒 lɛ˨ 捋：～胡子｜～桑叶
斢 t'iau˧ 调换；交换：这双鞋子大了，～一双｜麦子～苕

盘 p'an˧ 搬：～砖｜～东西

搀 ts'an˩ 把一种东西混合到另一种东西里去：～假（把假的混进真的东西里）

兑水 ti˧ ʂɥəi˧ 搀水

闷 mən˧ 浸泡：～黄豆打豆腐

泡 p'au˥ 浸泡：～谷种

捡 tɕian˧ ①拾：～麦（拾麦穗）。②收拾；收藏；收获：～桌子吃饭

收 ʂəu˩ 收拾（东西）：～碗（吃完饭把桌子上的餐具搬走）

选 ɕian˧ 选择

择 ts'ɛ˧ 挑选

提 t'i˧ 用桶～水

抹 ma˨ 往复来回地擦；抹去

揩 k'ai˩ ～屁股

掉 tiau˥ ①从高处落下。②丢失。③把东西遗忘在某处：把伞～到学校里了

落 lo˨

不见了 pu˨ tɕian˥ ·liau 找不着了

找到了 tʂau˧ ·tau ·liau 找着了

躲 to˧ 藏（只用于人）

跶 ta˨ ①把东西使劲往下摔，砸。②躯体在承受物上屈伸翻动：鱼还在案板上～

扭 ȵiəu˥

潽 p'u˧ 液体因沸腾而溢起

漫 man˧

过了 ko˥ ·liau 透了、尽了：火烧～了

喷 fən˥

沁 tɕ'in˥ ①渗透：～水（渗水）。②写字的时候，墨水在落笔的地方四处扩散，造成字迹漶漫不清：这张纸～，换一张

冲 tʂ'oŋ˥ 往上蹿

廓 k'o˩ 削去树木的旁枝叫“廓树”。《方言》：“剑削，自关而东或谓之廓，或谓之削。”

□ k'a˧ 举步向前

崴 uai˩ 晃动：船两边～

□ iɛ˨ 一开一闭：鱼还是活的，鳃还在～

鲫 tʂi˧ 切开鱼腹

□ fu˨ 杀猪

□ lɛ˥ 被茅草等有小齿的对象所割

□ lai˧

□了的 səu˨ liau˧ ·ti 怎么办呢

□到 t'i˨ ·tau 捆着

□吃喝 tʂ'o˨ tɕ'i˨ xo˨ 混吃喝

□娘 tan˥ ȵiaŋ˧ 骂娘

触人 tʂ'əu˨ zən˧ 牛顶人

掐 k'a˨ 把菜折断

舞 u˧ 做（饭）、备（菜）

揌 sai˩ 把东西塞进有空隙的地方：把桌子～稳

敨 t'əu˥ ①抖搂（尘土等）。②展开（包着或卷着的东西）。③清洗衣物

飙 piau˩　①喷射。②飞快地移动
戳 ts'o˧
□ soŋ˧　向前推
裹 ko˧　纠缠他人
杠 kaŋ˧　与人争吵
□ lian˥　拼命努力，拼命挣扎
　□ lai˧
奔 pən˥　努力向上
架式 ka˥ ʂʅ˥　开始
架格 ka˥ kɛ˩
成器 tʂ'ən˨ tɕ'i˥　①实现：事情还没有～。②比喻成为有用的人
下地 xa˧ ti˧　完结；了结：还没有忙～｜不拿钱下不了地
打邪儿 ta˧ ɕiɛ˨ ·ɚ　开玩笑；不认真做事
印 in˥　量；丈量：一箩筐米～了两斗｜～田（丈量土地）

2. 心理活动

晓得 ɕiau˧ ·tɛ　知道
找得倒 tʂau˧ ·tɛ tau˧　知道，晓得：我～从哪儿走（我知道怎么走）
会了 xuəi˧ ·liau
不认得 pu˩ ɥən˧ ·tɛ
认字 ɥən˧ tsʅ˧　识字
想下儿 ɕiaŋ˧ ·xa ·ɚ　想想
打主意 ta˧ tʂɥ˧ ·i　谋划
猜 ts'ai˩　猜想
估 ku˧　估量
谅 liaŋ˧　料定：～你也不敢
只当 tʂʅ˧ ·taŋ　就当作：～没得这回事的
小心 ɕiau˧ ·ɕin
信 ɕin˥　相信
相信 ɕiaŋ˩ ·ɕin　认为正确或确实而不怀疑
起疑 tɕ'i˧ ȵi˨　产生疑心
拿不定主意 la˨ ·pu tin˧ tʂɥ˧ ·i　犹疑不决
嚇倒了 xɛ˩ ·təu ·liau　吓着了
着急 tʂ'o˩ tɕi˩
操心 ts'au˩ ɕin˩
欠 tɕ'ian˥　想；想念：～吃肉｜好多日期不见你，好～你
放心 faŋ˥ ɕin˩
作望 tso˩ uaŋ˧　盼望
惟愿 uəi˨ ·ɥan　希望
记倒 tɕi˥ ·təu　记在心里；记在纸上（以免忘记）
忘经了 uaŋ˧ tɕin˧ ·liau　忘记了
想起来了 ɕiaŋ˧ tɕ'i˧ ·lai ·liau
恨 xən˧
嫌 ɕian˨　嫌弃
烦 fan˨
偏心 p'ian˩ ɕin˩
为护 uəi˧ ·xu　站在某人一边，为他说话，为他谋利益
妒忌 təu˩ ·tɕi　忌妒
怄 ŋəu˥　怄气；使怄气：心里～得不得了｜好～人啊

发烦 fa˨˦ fan˨

起火 tɕʻi˧ xo˧ 火气上来，生气：把他撩起了火，他就乱骂人

怪 kuai˥ 埋怨；抱怨

埋怨 mai˨ ·ɥan

发脾气 fa˨˦ pʻi˨ ·tɕʻi

（对物）爱惜 ŋai˥ ɕi˨˦

感谢 kan˧ ɕiɛ˧

劳慰 lau˨ uəi˥

痛 tʻoŋ˥ ①（对人）疼爱：这么小就晓得疼人。②使人疼爱：这细伢儿真疼人

惯 kuan˥ 娇惯

将就 tɕiaŋ˩ ·tɕiəu 迁就

3. 语言动作

说话 ʂɥɛ˨˦ xua˧

说白话 ʂɥɛ˨˦ pɛ˧ xua˧ 说假话

骂 ma˧

咕 ku˩ 嘀咕

嚼 tɕʻio˧ ①咀嚼。②对指责、抱怨的言语行为的贬词

日白 ɚ˨˦ pɛ˧ 聊天；说不正经的话；说谎

不作声儿 pu˨˦ tsəu˥ ʂʅ˧ ·ɚ

逗 təu˧ 引逗：～你的，不是真的

唬 xu˥ 欺骗；骗：没得这回事，～你的

指教 tʂʅ˧ ·tɕiau

抬杠 tʻai˨ kaŋ˥

抬横杠 tʻai˨ xuən˨ kaŋ˥

犟嘴 tɕiaŋ˧ tɕi˧ 顶嘴

吵嘴 tʂʻau˧ tɕi˧

争嘴 tsən˩ tɕi˧ ①吃东西争多论少。②吵嘴

咒人 tʂəu˥ ʐən˨ 骂人

拜托 pai˥ tʻo˨˦

嘱咐 tʂəu˨˦ ·fu 叮嘱

交代 tɕiau˩ ·tai 叮嘱（用于上对下）

挨骂 ŋai˨ ma˧ 受批评；受责骂

□ ɥɛ˥ ①人、动物叫（声音比“叫”响）。②呼唤：～他来

叫 tɕiau˥

嗷 ŋaŋ˩ 叫。限于巴河一带使用

（二十三）位置

前头 tɕʻian˨ ·tʻəu 前边：你在～走

后头 xəu˧ ·tʻəu 后边

上头 ʂaŋ˧ ·tʻəu ①上面：柜子～。②上游的地方：重庆在武汉～

脚下 tɕio˨˦ ·xa 下面：桌子～｜床～

底下 ti˧ ·xa 床～｜楼～

下头 xa˧ ·tʻəu 底下，下面

里头 li˧ ·tʻəu 里面

外头 uai˧ ·tʻəu 外面

边下 pian˩ ·xa 边侧；旁边

当中 taŋ˩ tʂoŋ˩

中间 tsoŋ˩ kan˩
当面 taŋ˩ mian˧
背后 pi˦ xəu˧
跟前 kən˩ ·tɕʻian 附近
四周 sɿ˦ tʂəu˩
地下 ti˧ ·xa
天上 tʻian˩ ·ʂaŋ
山上 ʂan˩ ·ʂaŋ
路上 ləu˧ ·ʂaŋ
街上 kai˩ ·ʂaŋ
墙上 tɕʻiaŋ˨ ·ʂaŋ
门上 mən˨ ·ʂaŋ
桌子上 tʂo˨ ·tsɿ ·ʂaŋ
椅子上 i˧ ·tsɿ ·ʂaŋ
边上 pian˩ ·ʂaŋ
手里 ʂəu˧ ·ti
心里 ɕin˩ ·ti
大门外头 ta˧ mən˨ uai˧ ·tʻəu
门外头 mən˨ uai˧ ·tʻəu
墙外头 tɕʻiaŋ˨ uai˧ ·tʻəu 墙外
窗子外头 tʂʻuaŋ˩ ·tsɿ uai˧ ·tʻəu 窗户外头
门口 mən˨ kəu˧
窗子跟前 tʂʻuaŋ˩ ·tsɿ kʻən˩ ·tɕʻian
车上 tʂʻɛ˩ ·ʂaŋ
车外头 tʂʻɛ˩ uai˧ ·tʻəu
车前头 tʂʻɛ˩ tɕʻian˨ ·tʻəu
车后头 tʂʻɛ˩ xəu˧ ·tʻəu
山边 ʂan˩ pian˩
以前 i˧ tɕʻian˨
以后 i˧ xəu˧
以上 i˧ ʂaŋ˧
以下 i˧ xa˧
东 toŋ˩
南 lan˨
西 ɕi˩
北 pɛ˨
东南 toŋ˩ lan˨
东北 toŋ˩ pɛ˨
西南 ɕi˩ lan˨
西北 ɕi˩ pɛ˨
路边 ləu˧ pian˩
碗笃子 uan˧ təu˨ ·tsɿ 碗底儿
锅笃子 o˩ təu˨ ·tsɿ 锅底儿
缸里 kaŋ˩ ·ti
往里头走 uaŋ˧ i˧ ·tʻəu tsəu˧ 往里走
往外走 uaŋ˧ uai˧ tsəu˧
往东走 uaŋ˧ toŋ˩ tsəu˧
往回走 uaŋ˧ xuəi˨ tsəu˧
往过走 uaŋ˧ ko˦ tsəu˧
往前走 uaŋ˧ tɕʻian˨ tsəu˧

（二十四）形容词

好 xau˧
厉害 li˧ xai˧
牛皮 ȵiəu˨ ·pi
强 tɕʻiaŋ˨ 优越；有优势

不错 pu˨˦ ts'o˥ 颇好
不么样 pu˨˦ mo˦ iaŋ˦ 不怎么样：今年的年成～
没用 mɛ˨˦ ioŋ˦
□ p'iɛ˥ 能力差；本事低：做事我不得比你～
拐 kuai˦ 坏（多用于人的品质、做派）：～人｜心思～
将就 tɕiaŋ˩ tɕiəu˦ 大体上还能使人满意：身体还～啊
标致 piau˩ ·tʂʅ 美（用于女性）
漂亮 p'iau˥ ·liaŋ
体面 t'i˦ ·mian 好看
好看 xau˦ k'an˥
丑 tʂ'əu˦ ①难看。②坏：这伢儿～的很，净做坏事
要紧 iau˥ tɕin˦
热闹 ʮɛ˨˦ ·lau
硬朗 ŋən˦ laŋ˦
硬 ŋən˦
硬周 ŋən˦ ·tʂəu 硬；挺括：～柴｜浆了的衣服好～
□ noŋ˥ 软
软 ʮan˦
软和 ʮan˦ ·xo 软（用于食品、衣物）
干净 kan˩ ·tɕin
□□ nai˦ ·sai 脏，不干净
咸 xan˨
淡 tan˦
香 ɕiaŋ˩
臭 tʂ'əu˥
酸 san˩
甜 t'ian˨
苦 k'u˦
辣 la˨˦
稀 ɕi˩ ①与“干”（不稠）相对：稀饭太～了。②与“疏”（不密）相对：秧插得太～了
干 kan˩ ①没有水分或水分很少。②稠：稀饭太～了
密 mi˨˦ 与“稀”（疏）相对：秧插得太～了
肥 fəi˨ 用于动物。鸡子好～啊
胖 p'aŋ˥ 用于人。伢儿长～了
富态 fu˥ ·t'ai 胖的恭敬说法
瘦 səu˥ 不肥（指肉）；不胖（指人）
舒服 ʂʮ˩ ·fu
不舒服 pu˨˦ ʂʮ˩ ·fu
快活 k'ai˥ ·xo
不快活 pu˨˦ k'ai˥ ·xo
麻烦 ma˨ ·fan
裸连 lo˥ ·lian 啰嗦；嫌人。
怕丑 p'a˥ tʂ'əu˦ 腼腆
乖 kuai˩
侈皮 tʂ'ʅ˥ ·p'i 顽皮
神 ʂən˨ 指小孩子好动，不听话
行 ɕin˨ 做事～｜读书～
□ k'əu˨˦ 聪明
强旺 tɕ'iaŋ˨ ·uaŋ 身体好；有出息
缺德 tɕ'ɛ˨˦ tɛ˨˦

精明 tɕin˩ ·min

机灵 tɕi˩ ·lin 机警聪明

清白 tɕʻin˩ ·pɛ 清楚：事情说～了。特指头脑清楚：这个人有点儿不～

糊涂 xu˧ ·tʻu

糊 xu˧ 烧得炭化了

哈轮儿糊 xa˧ ·lər xu˧ 全都是糊涂的，一点也不懂得

赫糊 xiɛ˩ xu˧ 很多，极言其多

赫糊赫 xiɛ˩ xu˧ xiɛ˩

苕 ʂau˧

二百五 ɚ˧ pɛ˩ u˧

憨 xan˩ 呆

憨子 xan˩ ·tsʅ 呆子（多指小孩）

蠢 tʂʻuən˧

笨 pən˧

奸 tɕian˩ 小气；吝啬

小气 ɕiau˧ ·tɕʻi

痞 pʻi˧ 耍滑头

大方 ta˧ faŋ˩ ①不拘谨。②不吝啬

舍得 ʂɛ˧ ·tɛ 不吝啬：这个人～用钱

死 sʅ˧ 死板

活 xo˧ 灵活

老实 lau˧ ʂʅ˩

滑 xua˧ 狡猾；机灵

大胆 ta˧ tan˧

懦弱 lo˧ ʐo˩

板结 pan˧ tɕiɛ˩ 密实

泡 pʻau˩ 松散。

亘 ken˧ 整：鸡蛋吃～的｜～钱（跟“零钱”相对）

浑 xuən˩ 全（只跟“身”组配）：～身是汗

鼓 ku˧ ①凸（形容词）：～眼睑（眼珠突出的眼睛）。②凸起（动词）：身上～起一个包

拱 koŋ˧ 凸起：肚子～起来了

窊 ua˧ 凹：～眼睛

窝 o˩ 凹：土～了下去｜眼睛～了下去

凉快 liaŋ˧ ·kʻuai （天气）清凉爽快

热乎 ɥɛ˩ ·xu 暖和：被窝薄，睡不～

自静 tsʅ˧ ·tɕin 安静

活泛 xo˧ ·fan 灵活：手很～｜身子很～

整齐 tʂən˧ tɕʻi˩

齐整 tɕʻi˩ tʂən˧

自在 tsʅ˧ ·tsai 宽松自由

晏 ŋan˧ 晚；迟：天很～了｜来～了

多 to˩

少 ʂau˧

大 ta˧

小 ɕiau˧

长 tʂʻaŋ˧

短 tan˧

宽 kʻuan˩

窄 tsɛ˩˨
厚 xəu˧
薄 p'o˧
深 ʂən˩
浅 tɕ'ian˧
高 kau˩
低 ti˩
矮 ŋai˧
正 tʂən˥
歪 uai˩
红 xoŋ˨
粉红 fən˧ xoŋ˨
大红 ta˧ xoŋ˨
蓝 lan˨
浅蓝 tɕ'ien˧ lan˨
深蓝 ʂən˩ lan˨
天蓝 t'ian˩ lan˨
绿 ləu˩˨
草绿 ts'au˧ ləu˩˨
白 pɛ˧
灰白 xuəi˩ pɛ˧
灰（色） xuəi˩
深灰 ʂən˩ xuəi˧
浅灰 tɕ'ian˧ xuəi˧
银灰 ȵin˨ xuəi˧
黄 xuaŋ˨
深黄 ʂən˩ xuaŋ˨
浅黄 tɕ'ian˧ xuaŋ˨
紫 tsɿ˧
藕荷（色） ŋəu˧ xo˨
黑 xɛ˩˨

乌（色） u˩ 黑色：～云｜～血（颜色变黑了的血）｜脸巴子冻～了
白净 pɛ˧ ·tɕin
大辣 ta˧ ·la 态度倨傲
端直 tan˩ ts'ʅ˧ 笔直
顶真 tin˧ tʂən˩ 认真专注：做事～
嫩生 lən˧ ·sən 嫩
亮堂 liaŋ˧ ·t'aŋ 亮：有月亮，外头好～
溜耍 liəu˥ ·ʂua 爽利：下水田打赤脚～
撇脱 p'ie˩˨ ·t'o ①简单省事：只会做～事。②不拘礼，随便：别个留他吃他就吃，好～
直 tʂ'ʅ˧ 直爽：～人｜说话～
称展 tʂ'ən˩ ·tʂan （衣物）平展
称□ tʂ'ən˩ ·t'əu 舒展
脆崩 tɕ'i˥ ·poŋ 脆；干脆：泡菜吃得口底好～｜答应得好～
斯文 sɿ˩ ·uən 文静；不泼辣
听话 t'in˥ xua˧
酥 səu˩ （食物）松而易碎
紧巴 tɕin˧ ·pa 紧
吃亏 tɕ'i˩˨ k'uəi˩ 累：水田的活路～
凄惶 tɕ'i˩ ·xuaŋ 凄惨
齐泛 tɕ'i˨ ·fan 齐全：人来～了没？｜那个商店东西～
轻飘 tɕ'in˩ ·p'iau
清亮 tɕ'in˩ ·liaŋ 清；不浑浊

下作 ɕia˧ ·tso　下贱

疲 pʻi˧　焦脆的食物因受潮而失去焦脆：麻花儿～了

过细 ko˦ ɕi˦　①做事仔细。②指讲究礼数

光溜 kuaŋ˩ ·liəu　光滑

宽伸 kʻuan˩ ·ʂən　宽敞

恶 o˨　凶；厉害：～狗子｜那个人好～啊

好吃 xau˦ ·tɕʻi˨　馋

洋盘 iaŋ˧ ·pʻan　大意；做事漫不经心

懒 lan˧　懒惰

勤快 tɕʻoŋ˧ kʻuai˦

越些 ɥɛ˨ ·ɕiɛ　这么多

（二十五）副词

将 tɕiaŋ˩　刚刚

将将 tɕiaŋ˩ ·tɕiaŋ

　将将儿 tɕiaŋ˩ ·tɕiaŋ ·ɚ

六后 ləu˨ xəu˩　以后

六了 ləu˨ liau˧　后来

恰巧 tɕʻia˨ tɕʻiau˧

恰好 tɕʻia˨ xau˧

在 tai˧　用在动词前，表示动作进行或动态持续：～洗衣服｜屋顶上有东西～响

净 tɕin˧　与“是”连用。①表示单一：～是小的，没得大的。②表示多：桌子上～是灰｜身上～是泥巴｜街上～是人

光 kuaŋ˦ 表示单一：～吃饭，不吃菜｜～是小的，没得一个大的

下 xa˧　表示全部；都：人～走了｜去年春上发瘟，鸡子～死了｜～是我的错

有点儿 iəu˧ tiar˧　～冷｜吃多了，肚子～作胀

怕 pʻa˦　①害怕（动词）。②恐怕；可能：这么晏了，～不来了

只怕 tʂʅ˧ ·pa　也许；可能：～要下雨

兴 ɕin˩　或许；兴许：～来～不来

也兴的 iɛ˧ ɕin˩ ·ti　也许。往往独用。甲：他会来吗？乙：～

二四的 ɚ˧ sʅ˦ ·ti　突然地：他～丢了个东西进来

差一丁点儿 tʂʻa˩ i˨ ti˩ ·tiar　差点儿：～就赶上了

趁早 tʂʻən˦ tsau˧　抓紧时机或提前采取行动：～不做他的指望｜乌云黑乎的，～把伞带倒

看倒看倒 kʻan˦ ·təu kʻan˦ ·təu　表示事情逼近或发生，无法加以控制：～不行了｜～就到期了

亏得 kʻəi˩ ·tɛ　多亏；幸亏：～你来，你不来我要走好多冤枉路

得亏 tɛ˨ ·kʻəi

得喜 tɛ˨ ·ɕi

当倒 taŋ˩ ·təu 当面：有话～面说

背倒 pi˥ ·təu 背后：不要～说

一路儿 i˨ ləu˧ ·ɚ ①一块儿：我们～去。②“一路儿”连用，表示一个动作跟另一个动作同时进行：～走，～说

顺便儿 ʂʮən˧ piar˧ 请他～帮我买本书

到底 tau˥ ·ti 你～是去还是不去

到老 tau˥ lau˧ 从开始到现在：借我的钱～不还｜～还是那个样子｜～还记得

这们儿 tɛ˥ mər˨ 现在：借我的钱～不还，讲不讲良心啊

根本 kən˩ ·pən 完全彻底；压根儿：他～不记得｜我～就没有去

确实 k'o˨ ·ʂʅ 千真万确：这个人～是好人｜～不是我，我可以赌咒

实在 ʂʅ˨ ·tsai 的确：～对不起人｜～忙不过来

当真 taŋ˥ ·tʂən 确实；果真：你屋里～来了客，我不骗你

真正儿的 tʂən˩ tʂər˥ ·ti 真正的

八门儿的 pa˨ mər˨ ·ti 到处：我～找都没找到

一共 i˨ koŋ˧ 一年～有七八千块钱的收入

总共 tsoŋ˥ koŋ˧

笼共 loŋ˥ koŋ˧

通身 t'oŋ˩ ·ʂən

莫 mo˨ 表示禁止性否定：～把东西抛洒了

空 k'oŋ˩ 没有结果的；没有实际好处的：～跑了一趟｜～坐了下儿（主人对客人说的客气话，意思是没有招待，干坐了一会儿）

白 pɛ˧ 没有用处的；白白地：～忙了一场｜跟他说也是～说

偏 p'ian˩ 表示故意跟外来要求或客观情况相反：你不要我去，我～要去｜你不要我说，我～要说

瞎 ɕia˨ 表示随意乱来：～搞｜～说｜～吃

乱 lan˧

先 ɕian˩ 你～走，我后头就来

格外的 kɛ˨ uai˧ ·ti 表示与众不同；另外：没有～为你舞菜

格外 kɛ˨ uai˧ 特别：这几天膀子～疼｜这个伢儿～不听话

另外 lin˧ ·uai ～还有一个人

很 xən˧ 限用于“很＋动＋数量”、“很＋有点儿＋形”两种格式：～走了一气了（走了好一阵了）｜～喝了几杯｜～有几手儿（很有两下子）｜很有点儿冷

好 xau˧ 表示程度高（用以构成感叹句）：～热啊！｜这个人～拐啊！｜～大的雨啊

几 tɕ˧　用在形容词前，询问数量或程度：～多钱买的啊？｜～大年纪啊？｜～重啊

顶 tin˧　最：他们屋里在我们这一块儿是～穷的｜～没得用

越怕 ɥɛ˩ ·p'a

生怕 sən˩ ·p'a　唯恐，很怕：～别个晓得了｜～吃亏

常行 ʂaŋ˧ ·ɕin　经常：他～到我们屋里来｜～挨打

就是 tɕiəu˧ ·ʂʅ　唯独

横竖 xuən˨ ·ʂɥ　①怎么也（后接否定性语段）：喉咙喊嘶了，他～不听见｜脑壳想破了，～想不出来。②反正：～我不用，您拿去吧

左右 tso˧ iəu˧　反正：～是没用的东西，丢就丢了算了

硬 ŋən˧　①表示不可更改；就是：～不答应｜～不听话｜～睡不着｜～要把东西搞光了。②表示没有一点折扣；十足：～疼了一夜｜～饿了三天，没有沾一颗米

硬是 ŋən˧ ·ʂʅ　①真正是；完全是：～个扶不起来的人！②同硬①：拉了半天，～拉不动

一声 i˩ ·ʂən　表示突然（出现某种情况，发生某种行为）；一下子：将将儿起风，～就下起雨来了｜～要这，～要那

不停的 pu˩ t'in˨ ·ti　不间断地：～下雨｜～流汗

未必 uəi˧ ·pi　略同"难道"，用以反问：这么多钱，～还不够用啊？另，常常单用。甲：中国队今天肯定能打赢。乙：～

么自然的 mo˧ tsʅ˩ ɥan˨ ·ti　无故地：～这样说

动不动 toŋ˧ pu˩ ·toŋ　经常

一搞 i˩ kau˧　经常；动不动（跟"就"字连用）：～就发脾气

打□的 ta˧ sən˥ ·ti　突然

估垛儿 ku˧ to˧ ·ɚ　大概：这个事～是他做的

（二十六）量词

1. 个体量词

把 pa˧　一～椅子｜一～刀

包 pau˩　一～烟

本 pən˧　一～书｜一～账

笔 pi˩　一～钱｜一～款子

匹 p'i˥　一～马

劈 p'i˨　一～叶子｜一～篾｜一～瓦

门 mən˨　一～亲事｜一～功课

番 fan˩　一～好心

封 foŋ˩ 一～信

副 fu˨ 一～药（指中药）｜一～磨子｜一～眼镜儿

道 tau˧ 一～墙

蔸 təu˩ 一～树（一棵树）｜一～韭菜

节 tɕiɛ˨ 一～竹子

朵 to˧ 一～花

刁 tiau˩ 用于稻穗、麦穗：一～谷｜一～麦子

顶 tin˧ 一～帽子

条 t'iau˨ ①用于细长的东西：一～板凳｜一～墨｜一～河｜一～袱子｜一～船。②用于下衣（上衣论“件”，下衣论“条”）：一～裤子｜一～裙子。③用于某些动物：一～鱼｜一～牛

辆 liaŋ˧ 一～车

只 tʂʅ˩ 一～手｜一～鸡子｜一～蜡烛

盏 tʂan˧ 一～灯

张 tʂaŋ˩ 一～桌子｜一～纸｜一～膏药

炷 tʂʮ˥ 一～香

桌 tʂo˨ 一～酒席

场 tʂ'aŋ˨ 一～球赛｜一～戏

床 tʂ'ʮaŋ˨ 一～棉絮｜一～毯子｜一～席子

架 tɕia˥ 一～飞机

件 tɕian˧ 一～衣裳｜一～褂子｜一～袄子

间 kan˩ 一～房

杆 kan˧ 一～笔｜一～枪

个 ko˥ 一～客｜一～猪子｜一～鸡蛋｜一～蚊子｜一～字｜一～菩萨

根 kən˩ 一～头发｜一～线｜一～绳子｜一～树｜一～棍子｜一～甘蔗

口 k'əu˧ 一～缸

颗 k'o˩ 一～黄豆｜一～珠子｜一～扣子

块 k'uai˥ 一～砖｜一～墨

丘 tɕiəu˩ 一～田

样 iaŋ˧ 略同“件”：几～家具

窝 o˩ 一～蜂子

2. 集合量词

把 pa˧ 一～菜薹｜一～稻草

包 pau˩ 一～花生｜一～白糖

排 p'ai˨ 一～桌子

批 p'i˩ 一～货

匹 p'i˥ 一～布

担 tan˥ 一～米｜一～柴

刀 tau˩ 一～纸

堆 ti˩ 一～土｜一～人

对 ti˥ 一～梗子（手镯）｜一～蜡烛｜一～枕头

叠 t'iɛ˧ 一～纸

挑 t'iau˩ 一～谷｜一～柴

条 t'iau˨ 一～烟

滩 t'an˩ 一～泥巴（稀泥巴）｜一

～血

套 t'au˥ 一～家业（打击乐器）| 一～褂裤

筒 t'oŋ˨ 一～碗（只用于“碗”。“一筒”十个）

桌 tʂo˩ （请）一～客（“一桌”通常坐八个人）

槽 ts'au˨ 相当于“批”，只用于人及猪等动物：那一～伢儿们都成了人

撮 tso˩ 一～毛

身 ʂən˩ 一～衣服

双 ʂuaŋ˩ 一～鞋子

群 tʂ'ʮən˨ 一～人｜一～蜂子

捆 k'uən˨ 一～稻草｜一～柴｜一～甘蔗

3. 部分量词

瓣 pan˧ 一～花｜一～橘子

片 p'ian˥ 一～肉

段 tan˧ 一～文章

滴 ti˩ 一～雨｜一～血

点儿 tiar˧ 一～饭｜一～油

坨 t'o˨ 一～泥巴｜一～肉

句 tʂʮ˥ 一～话

厢 ɕiaŋ˩ 一～田

口 k'əu˧ 一～饭｜一～水

股 ku˧ 一～香味儿

页 iɛ˩ 一～书

味 uəi˧ 一～药

4. 容器量词

杯 pəi˩ 一～茶｜ 一～酒

瓶子 p'in˨ ·tsɿ 一～醋

篮子 lan˨ ·tsɿ 一～菜

篓子 ləu˧ ·tsɿ 一～炭

箱子 ɕiaŋ˩ ·tsɿ 一～衣裳

锅 o˩ 一～饭｜一～汤

隔子 kɛ˩ ·tsɿ 一～粑

缸 kaŋ˩ 一～水｜一～米

罐子 kuan˥ ·tsɿ 一～糖

袋子 tai˧ ·tsɿ 一～米

壶 xu˨ 一～茶｜一～酒

碗 uan˧ 一～饭

5. 临时量词

桌子 tʂo˩ ·tsɿ 一～灰

椅子 i˧ ·tsɿ 一～的灰

凳子 tən˥ ·tsɿ 一～的灰

肚子 təu˧ ·tsɿ 受了一～的气

身 ʂən˩ 一～的痱子

手 ʂəu˧ 一～的泥巴

脚 tɕio˩ 一～的泥巴

头 t'əu˨ 一～的泥巴

裤子 k'u˥ ·tsɿ 一～的泥巴

锅 o˩ 一～的泥巴

碗 uan˧ 一～的泥巴

阵 tʂən˧ 落一～雨

巴掌 pa˩ ·tʂaŋ 打一～

转儿 tʂʮar˥ 打一～麻将

餐 ts'an˩ 吃一～｜饿一～

手 ʂəu˧ （写）一～好字

水 ʂʮəi˧ （衣裳）洗一～

6. 度量量词

抱 pau˧ 双手合抱的长度。一～柴

指 tʂʅ˧ 一个指头的宽度或厚度：一～宽｜一～厚

拃 tʂa˨ 大拇指与中指张开的长度

7. 动量词

遍 p'ian˧ 读几～｜说一～

发 fa˧ 一天送两～信（一天送两次信）｜白菜一年可以种两～

道 tau˧ 略同"遍"、"次"：催了几～

顿 tən˧ 吃一～｜打一～

趟 t'aŋ˧ 来一～｜（班车）一天开两～

下 xa˧ 摸一～｜推一～

回 xuəi˨ 来一～

（二十七）固定词组

1. 三字格

一片麻 i˨ p'ian˧ ma˨ 多得数不清

入得内 ʮ˨ tɛ˨ ȵi˧ 知己

三不知 san˩ pu˨ tʂʅ˩ 偶尔

乡巴佬 ɕiaŋ˩ ·pa nau˧

么儿了 mo˧ ·ɚ ·liau 怎么办

么儿地 mo˧ ·ɚ ·ti 怎样啦或要怎样

比脸儿 pi˧ liar˧ 挣面子

不来哉 pu˨ lai˨ tsai˩ 不来往

不耳人 pu˨ ɚ˧ ʐən˨ 不理睬人

先不先儿 ɕiən˩ ·pu ɕiər˩ 早早地

各是各 ko˨ ʂʅ˧ ko˨ 区分不同性质、不同事类的事物，分项安排或分别对待

耳边风 ɚ˧ pian˩ foŋ˩

敷六急 fu˧ ləu˨ tɕi˨ 来不及

打破嘴 ta˧ p'o˧ tɕi˧ 晓以利害，加以反对

打照面 ta˧ tʂau˧ mian˧ 见面

打邪儿 ta˧ ɕiɛ˨ ·ɚ 开玩笑

打别拗 ta˧ p'iɛ˧ ŋau˧ 闹别扭

拍马屁 p'ɛ˨ ma˧ ·p'i

屁眼儿风 pi˧ ·ŋar foŋ˩ 平时懒惰，偶尔高兴做一阵，叫作"发屁眼儿风"

炒现饭 tʂ'au˧ ɕian˧ fan˧ 比喻重复已经说过的话或做过的事，没有新鲜内容

人来疯 ʐən˨ lai˨ foŋ˩ 指小孩在有客人来的时候撒娇、胡闹

稀巴乱 ɕi˩ p'a˩ lan˧ 乱七八糟

2. 四字格

一了百了 i˨ liau˧ pɛ˨ liau˧

一通百通 i˨ t'oŋ˩ pɛ˨ t'oŋ˩

一刀两断 i˨ tau˩ liaŋ˧ tan˧

一清二白 i˨ tɕ'in˩ ɚ˧ pɛ˧

一清二楚 i˨ tɕ'in˩ ɚ˧ ts'əu˧

一干二净 i˨ kan˩ ɚ˧ tɕin˧

一举两得 i˨ tʂʮ˧ liaŋ˧ tɛ˨

一般见识 i˨ pan˩ tɕian˧ ʂʅ˨ 不跟知识、修养较差的人争执，叫作不跟他一般见识

二心不定 ɚ˧ ɕin˩ pu˨ tiŋ˧ 心神

不定

七拼八凑 tɕʻi˩ pʻin˩ pa˩ tsʻəu˥

七嘴八舌 tɕʻi˩ tɕi˧ pa˩ ʂɛ˧

七上八下 tɕʻi˩ ʂaŋ˧ pa˩ ɕia˧

人多嘴杂 ʐən˨ to˩ tɕi˧ tsʻa˧

三长两短 san˩ tʂʻaŋ˨ liaŋ˧ tan˧

三心二意 san˩ ɕin˩ ɚ˧ i˥

三言两语 san˩ ian˨ liaŋ˧ ʮ˧

千变万化 tɕʻian˩ pian˥ uan˧ xua˥

千真万确 tɕʻian˩ tʂən˩ uan˧ tɕʻio˩

毛手毛脚 mau˨ ʂəu˧ mau˨ tɕio˩

丑得出奇 tʂʻəu˧ ·tɛ tʂʮ˩ tɕi˨ 格外坏

心无二用 ɕin˩ u˨ ɚ˧ ioŋ˧ 心思不能同时用在几件事情上，注意力只能集中于一点

乌黢抹黑 u˩ tɕʻi˩ ma˩ xɛ˩ 非常黑

乌七八糟 u˩ tɕʻi˩ pa˩ tsau˩

六亲不认 ləu˩ tɕʻin˩ pu˩ ʮən˧

六神无主 ləu˩ ʂən˨ u˨ tʂʮ˧

手脚不稳 ʂəu˧ tɕio˩ pu˩ uən˧ 小偷小摸

无事生端 u˨ sɿ˧ sən˩ tan˩

无事八事 u˨ sɿ˧ pa˩ sɿ˧ 无端地，平白无故地

五花八门 u˧ xua˩ pa˩ mən˨

五大三粗 u˧ ta˧ san˩ tsʻəu˩

四门天黑 sɿ˥ mən˨ tʻian˧ xɛ˩ 漆黑一片

四平八稳 sɿ˥ pʻin˨ pa˩ uən˧

四面八方 sɿ˥ mian˧ pa˩ faŋ˩

白水求财 pɛ˧ ʂʮɛ˧ tɕʻiəu˨ tsʻai˨

吊儿郎当 tiau˧ ·ɚ laŋ˧ taŋ˧ 形容态度不严肃、作风散漫

乱七八糟 lan˧ tɕʻi˩ pa˩ tsau˩

扯皮拉筋 tʂʻɛ˧ pʻi˨ la˩ tɕin˩ 指彼此不相和睦，闹意见起纠纷

能说会道 lən˨ ʂʮɛ˩ xuəi˧ tau˧

像模像样儿 ɕiaŋ˧ ·mo ɕiaŋ˧ iaŋ˧ ·ŋɚ 指掌握好分寸，不过火

隔壁左右 kɛ˩ pi˩ tso˧ iəu˧ 左邻右舍

装疯卖傻 tʂʮaŋ˩ foŋ˧ mai˧ ʂa˧

佯装不睬 iaŋ˨ tʂʮaŋ˧ pu˩ tsʻai˧ 装着没看见，不搭理人

阴差阳错 in˩ tʂʻa˧ iaŋ˨ tsʻo˥

颠三倒四 tian˩ san˧ tau˧ sɿ˥ 指说话、行事无次序

3. 其他

一年发个江湖客，十年难发种田人 i˩ ȵian˨ fa˩ ·ko tɕiaŋ˩ xu˨ kʻɛ˩，ʂʅ˧ ȵian˨ lan˨ fa˩ tʂoŋ˥ tʻian˨ ʐən˨ 种田人难以发财

一个巴掌拍不响 i˩ ·ko pa˩ ·tʂa pʻɛ˩ pu˩ ɕiaŋ˧

一锄头挖不成一口井 i˩ tʂʻəu˨ ·tʻəu ua˩ pu˩ tʂʻən˨ i˩ kʻəu˧ ɕin˧ 事情不能一蹴而就

一口吃不成一个胖子 i˩ kʻəu˧ tɕʻi˩ pu˩ tʂʻən˨ i˩ ·ko pʻaŋ˥ ·tʂʅ

一夜夫妻百日恩 i˩ iɛ˧ fu˩ tɕi˩ pɛ˩ ɚ˩ ŋən˩

一床被服不盖两样人 i˩ tʂʻʮaŋ˧ pi˧ ·ku pu˩ kai˥ liaŋ˧ iaŋ˧ ʐən˧

一笼关不住两个叫鸡公 i˩ loŋ˧ kuan˩ pu˩ ·tʂʮ liaŋ˧ ·ko tɕiau˥ tɕi˩ koŋ˩ 一山难容二虎

一家人不说两家话 i˩ ·ka ʐən˧ pu˩ ʂʮɛ˩ liaŋ˧ ·ka xua˧ 一家人说话原则上一致

一处黄土养两处人 i˩ tʂʻʮ˥ xuaŋ˧ tʻəu˧ iaŋ˧ liaŋ˧ tʂʻʮ˥ ʐən˧ 同一环境下成长的人可以是不同的类型

一回生，二回熟，三回走大路 i˩ xuəi˧ sən˩，ɚ˧ xuəi˧ ʂəu˧，san˩ xuəi˧ tsəu˧ ta˧ nəu˧

一句话说得人笑，一句话说得人跳 i˩ tʂʮ˥ xua˧ ʂʮɛ˩ ·tɛ ʐən˧ ɕiau˥，i˩ tʂʮ˥ xua˧ ʂʮɛ˩ ·tɛ ʐən˧ tʻiau˥

一是一，二是二 i˩ ʂʅ˧ i˩，ɚ˧ ʂʅ˧ ɚ˧

一个半斤，一个八两 i˩ ko˥ pan˥ tɕin˩，i˩ ko˥ pa˩ niaŋ˧

一竹篙打一船人 i˩ tʂəu˩ kau˩ ta˧ i˩ tʂʻʮan˧ ʐən˧

一个和尚挑水吃，两个和尚抬水吃，三个和尚没水吃 i˩ ko˥ xo˧ ·ʂaŋ tʻiau˩ ʂʮɛ˧ tɕʻi˩，liaŋ˧ ko˥ xo˧ ·ʂaŋ tʻai˧ ʂʮɛ˧ tɕʻi˩，san˩ ko˥ xo˧ ·ʂaŋ mɛ˩ ʂʮɛ˧ tɕʻi˩

二四八月乱穿衣 ɚ˧ sʅ˥ pa˩ ʮɛ˩ lan˧ tʂʮan˩ i˩

八门儿是的 pa˩ mər˧ ʂʅ˧ ·ti 到处都是

七娘八老子的 tɕʻi˩ ȵiaŋ˧ pa˩ lau˧ tsʅ˧ ·ti 指难以应付

七十不留宿，八十不留餐 tɕʻi˩ ʂʅ˧ pu˩ liu˧ səu˩，pa˩ ʂʅ˧ pu˩ liu˧ tsʻan˩ 担心年老而死在他人家

十个指头有长短 ʂʅ˧ ·ko tʂʅ˧ ·tʻəu iəu˧ tʂʻaŋ˧ tan˧

人比人，气死人；命比命，气成病 ʐən˧ pi˧ ʐən˧，tɕʻi˥ sʅ˥ ʐən˧；min˧ pi˧ min˧，ɕʻi˥ tʂʻən˧ pin˧

人心不满百，做了皇帝想外国 ʐən˧ ɕin˩ pu˩ man˧ pɛ˩，tso˥ liau˧ xaŋ˧ ti˥ ɕiaŋ˧ uai˧ kuɛ˩ 人心难以满足

人情留一线，日后好相见 ʐən˧ tɕʻin˧ liu˧ i˩ ɕian˥，ɚ˩ xəu˧ xau˧ ɕiaŋ˩ tɕian˥

人叫不动，鬼叫飞跑 ʐən˧ tɕiau˥ pu˩ toŋ˧，kuəi˥ tɕiau˥ fəi˩ pʻau˧

人上一百，种种色色 ʐən˧ ʂaŋ˧ i˩ pɛ˩，tʂoŋ˧ ·tʂoŋ sɛ˩ ·sɛ 林子大了，什么鸟儿都有

人怕当面，树怕剥皮 ʐən˧ pʻa˥ taŋ˩ mian˧，ʂʮ˧ pʻa˥ po˩ pʻi˧

人怕伤心，树怕伤根 ʐən˧ pʻa˥ ʂaŋ˩ ɕin˧，ʂʮ˧ pʻa˥ ʂaŋ˩ kin˧

人老现筋，树老现根 ʐən˦ lau˧ ɕian˥ tɕin˩，ʂʯ˧ lau˧ ɕian˥ kən˩

人爱有的，狗咬丑的 ʐən˦ ŋai˥ iəu˧ ·ti，kəu˧ ŋau˧ tʂ‘əu˧ ·ti 人爱有钱人，狗咬穿破乱衣服的人

人多好种田，人少好过年 ʐən˦ to˩ xau˧ tʂoŋ˥ t‘ian˦，ʐən˦ ʂau˧ xau˧ ko˥ ȵian˦

人怕老来穷，谷怕午时风 ʐən˦ p‘a˥ lau˧ lai˦ tɕ‘ioŋ˦，ku˨ p‘a˥ u˧ ʂʅ˦ foŋ˩

人无理，说横话；牛无力，拖横耙 ʐən˦ u˦ li˧，ʂʯɛ˨ xuən˦ xua˧；ȵiu˦ u˦ li˨，t‘o˩ xuən˦ pa˧

人生面不熟 ʐən˦ sən˩ mian˧ pu˨ ʂəu˩ 不熟悉

人五人六的 ʐən˦ u˦ ʐən˦ ləu˨ ·ti 指逞能

人争一口气，佛争一炉香 ʐən˦ tsən˩ i˨ k‘əu˧ tɕ‘i˥，fu˨ tsən˩ i˨ ləu˦ ɕiaŋ˩

人强不如业强 ʐən˦ tɕiaŋ˦ pu˨ ʯ˦ ȵiɛ˨ tɕiaŋ˦ 人强不如工具强

人情一把锯，你有来，我有去 ʐən˦ tɕ‘in˦ i˨ pa˧ tʂ‘ʯ˥，li˧ iəu˧ lai˦，ŋo˧ iəu˧ tɕ‘ʯ˥

七贩骡子八贩马 tɕ‘i˨ fan˥ lo˦ ·tsɿ pa˨ fan˥ ma˧ 瞎折腾

三分人情，七分打扮 san˩ fən˩ ʐən˦ tɕ‘in˦，tɕ‘i˨ fən˩ ta˧ pan˧ 人，主要靠打扮

丈夫有志，妻子有势 tʂaŋ˧ ·fu iəu˧ tʂʅ˥，tɕ‘i˩ ·tsɿ iəu˧ ʂʅ˥

大风灌牛耳 ta˧ foŋ˩ kuan˥ ȵiu˦ ɚ˧ 听不进

大路朝天，各走各边 ta˧ ləu˧ tʂ‘au˦ t‘ian˩，ko˨ tsəu˧ ko˨ pian˩ 各走各的路，互不干涉

大哥莫说二哥，瘌痢一样多 ta˧ ko˩ mo˨ ʂʯɛ˨ ɚ˧ ko˩，la˨ ·li i˨ iaŋ˧ to˩ 彼此都差不多

女大十八变，越变越好看 ɳʯ˧ ta˧ ʂʅ˧ pa˨ pian˥，ʯɛ˨ pian˥ ʯɛ˨ xau˧ k‘an˥

千金买屋，万金买邻 tɕ‘ian˩ tɕin˩ mai˧ u˨，uan˧ tɕin˩ mai˧ lin˦

不管三七二十一 pu˨ kuan˧ san˩ tɕ‘i˨ ɚ˧ ʂʅ˧ i˨ 指不多考虑，干了再说

不看盆里粥，就看脸上肉 pu˨ kan˥ p‘ən˦ ·li tʂəu˨，tɕəu˧ kan˥ lian˧ ʂaŋ˧ ʐəu˨ 从脸上判断贫富

不怕走的慢，就怕沿路栈 pu˨ p‘a˥ tʂəu˧ ·ti man˧，tɕiəu˧ p‘a˥ ian˦ ləu˧ tʂan˧ 做事就怕常分心

不怕生坏了命，就怕落坏了根 pu˨ p‘a˥ sən˩ xuai˧ ·liau min˧，tɕiəu˧ p‘a˥ lo˨ xuai˧ ·liau kən˩

不做声也不做气儿 pu˨ tsəu˥ ʂən˩ iɛ˧ pu˨ tsəu˥ tɕ‘iər˥ 悄悄地

不怕家里穷，就怕出懒虫 pu˨ p‘a˥

kaɹ ·li tɕʻioŋ˧，tɕəu˧ pʻa˥ tʂʻɥ˩
lan˧ tʂʻoŋ˧

长嘴要吃，长根要肥 tʂaŋ˧ tɕi˧ iau˩ tɕi˩，tʂaŋ˧ kən˩ iau˥ fəi˧

丑得不要人惹 tʂəu˧ ·tɛ pu˩ iau˥ ʐən˧ ɥɛ˧ 坏得不要人沾惹

牛眼看人高，狗眼看人低 ȵiu˧ ŋan˧ kan˥ ʐən˧ kau˩，kəu˧ ŋan˧ kan˥ ʐən˧ ti˩

日图三餐，夜图一宿 ɚ˩ tʻəu˧ san˩ tsʻan˩，iɛ˧ tʻəu˧ i˩ səu˩

认钱不认人 ɥən˧ tɕʻan˧ pu˩ ɥən˧ ʐən˧

见人说人话，见鬼说鬼话 tɕian˥ ʐən˧ ʂɥɛ˩ ʐən˧ xua˧，tɕian˥ kuəi˧ ʂɥɛ˩ kuəi˧ xua˧

天干无露水，老来无人情 tian˩ kan˩ u˧ ləu˧ ʂɥəi˧，lau˧ lai˧ u˧ ʐən˧ tɕʻin˧

代个马儿代个骑 tai˧ ·ko ma˧ ·ɚ tai˧ ·ko tɕʻi˧ 大家的马大家都能够骑

半斤对八两，不是争，就是让 pan˥ tɕin˩ ti˥ pa˩ liaŋ˧，pu˩ ʂɿ˧ tsən˩，tɕiəu˧ ʂɿ˧ kaŋ˥ 条件差不多的人互不相让

甘蔗冒得两头甜 kan˩ tʂa˩ mau˧ tɛ˩ liaŋ˧ tʻəu˧ tʻian˧ 人生不可能都如意

白天到处荡，夜里熬油亮 pɛ˧ tʻian˩ tau˥ tʂʻɥ˥ taŋ˧，iɛ˧ ·li ŋau˧ iəu˧ liaŋ˧

宁当孺子牛，不当老爷狗 ȵin˧ taŋ˩ ɥ˥ tsɿ˧ ȵiu˧，pu˩ taŋ˩ lau˧ iɛ˧ kəu˧

讨米的不爱讨米的，懒人不爱懒人 tʻiau˧ mi˥ ·ti pu˩ ŋai˥ tʻiau˧ mi˥ ·ti，lan˧ ʐən˧ pu˩ ŋai˥ lan˧ ʐən˧

正人先正己 tʂən˥ ʐən˧ ɕian˩ tʂən˥ tɕi˧

只有藤缠树，哪有树缠藤 tʂɿ˧ iəu˧ tʻən˧ tʂʻan˧ ʂɥ˧，la˧ iəu˧ ʂɥ˧ tʂʻan˧ tʻən˧

打铁先要本身硬 ta˧ tʻiɛ˩ ɕian˩ iau˥ pen˧ ʂən˩ ŋən˧

打锣不怕锣响 ta˧ lo˧ pu˩ pʻa˥ lo˧ ɕiaŋ˧ 要做就公开做

打死不叫饶 ta˧ sɿ˧ pu˩ tɕiau˥ ʐau˧

闭到眼睛吃毛虫 pi˥ ·tau ŋan˧ ·tɕin tɕʻi˩ mau˧ tʂoŋ˧ 眼不见，心安

各种各的田，各用各的钱；各吃各的饭，各过各的年 ko˩ tʂoŋ˧ ko˩ ·ti tʻian˧，ko˩ ioŋ˧ ko˩ ·ti tɕʻian˧；ko˩ tɕʻi˩ ko˩ ·ti fan˧，ko˩ ko˥ ko˩ ·ti ȵian˧

红苕饭，蔸子火，除了皇帝就是我 xoŋ˧ ʂau˧ fan˧，təu˩ ·tsɿ xo˧，tʂʻɥ˧ ·liau xuaŋ˧ ti˥ tɕiəu˧ ʂɿ˧ ŋo˧

好种出好苗，好树剜好瓢 xau˧ tʂoŋ˧

tʂʻʮ˨ xau˧ miau˨，xau˧ ʂʮ˧ ua˩ xau˧ pʻiau˨

好心当了驴肝肺 xau˧ ɕin˩ taŋ˥ ·liau ʮ˨ kan˩ fəi˥

好话不会说，拐话一溜烟 xau˧ xua˧ pu˨ xuəi˧ ʂʮɛ˨，kuai˧ xua˧ i˨ liəu˥ ian˩　好话说不好，不好的话却说得很快

会种田种一丘，不会种田满畈搜 xuəi˧ tʂoŋ˥ tʻian˨ tʂoŋ˥ i˨ tɕʻiəu˩，pu˨ xuəi˧ tʂoŋ˥ tʻian˨ man˧ fan˧ səu˩　会做事的人会有选择地坚守某一事，不会朝三暮四

吃豆渣过夜，比清坐强些 tɕʻi˨ təu˧ ·tʂa ko˥ iɛ˧，pi˨ tɕʻin˧ tso˧ tɕʻiaŋ˨ ɕiɛ˧　有一点东西，总比什么都没有要强

吃在嘴里，瞄在锅里 tɕʻi˨ tsai˧ tɕi˧ ·li，miau˨ tsai˧ o˩ ·li　不满足

吃人家的哈哈笑，吃自己的双脚跳 tɕʻi˨ ʐən˨ ·ka ·ti xa˧ ·xa ɕiau˥，tɕʻi˨ tsɿ˩ tɕi˧ ·ti ʂʮaŋ˩ tɕio˨ tʻiau˥

吃一鼻子灰 tɕʻi˨ i˨ pʻi˧ ·tsɿ xuəi˩　碰了钉子

吃了哑巴亏 tɕʻi˨ ·liau ŋa˧ ·pa kʻuəi˩　吃了亏，说不出

有志不在年高，无志白活一场 iou˧ tʂɿ˥ pu˨ tsai˧ ȵian˨ kau˩，u˨ tʂɿ˥ pɛ˧ xo˧ i˨ tʂaŋ˨

饭要一口口地吃，路要一步步地走 fan˧ iau˥ i˨ kəu˧ ·kəu ·ti tɕʻi˨，ləu˧ iau˥ i˨ pu˧ ·pu ·ti tsəu˧

男也勤，女也勤，穿衣吃饭不求人 lan˧ iɛ˧ tɕʻin˨，ȵʮ˧ iɛ˧ tɕʻin˨，tʂʻan˩ i˩ tɕʻi˨ fan˧ pu˨ tɕʻiəu˨ zən˨

男也懒，女也懒，落雨落雪翻白眼 lan˧ iɛ˧ lan˧，ȵʮ˧ iɛ˧ lan˧，lo˨ ʮ˧ lo˨ ɕiɛ˨ fan˩ pɛ˧ ŋan˧

你做得初一，我就做得初二 li˧ tsəu˥ ·tɛ tsʻəu˩ i˨，ŋo˧ tɕiəu˧ tsəu˥ ·tɛ tsʻəu˩ ɚ˧

你做你的官，我打我的砖 li˧ tsəu˥ li˧ ·ti kuan˩，ŋo˧ ta˧ ŋo˧ ·ti tʂʮan˩

求不到官秀才在 tɕʻiəu˨ pu˨ tau˥ kuan˩ ɕiəu˥ tsʻai˨ tsai˧

穷莫向亲，冷莫向灯 tɕʻioŋ˨ mo˨ ɕiaŋ˥ tɕin˩，lən˧ mo˨ ɕiaŋ˥ tən˩

穷人命薄，煮粥搭锅 tɕʻoŋ˨ ʐən˨ min˧ pʻo˧，tʂʮ˧ tʂəu˨ ta˨ o˩

穷想富，富想官，官想当皇帝，皇帝想上天 tɕʻoŋ˨ ɕiaŋ˧ fu˥，fu˥ ɕiaŋ˧ kuan˩，kuan˩ ɕiaŋ˧ taŋ˩ xuaŋ˨ ti˥，xuaŋ˨ ti˥ ɕiaŋ˧ ʂaŋ˧ tʻian˩

条条蛇儿啮人 tʻiau˨ ·tʻiau ʂɛ˨ ·ɚ ŋɛ˧ ʐən˨

这山望见那山高，到了那山还是没

柴烧 tɛ˧ ʂan˩ uaŋ˧ ·tɕian la˧ ʂan˩ kau˩，tau˥ ·liau la˧ ʂan˩ xai˨ ʂʅ˧ mɛ˨ tʂʻai˨ ʂau˩

张飞杀岳飞，无非是无非 tʂaŋ˧ fəi˩ ʂa˨ io˨ fəi˩，u˨ fəi˩ ʂʅ˧ u˨ fəi˩

住在屋檐下，愁你不低头 tʂʮ˧ tsai˩ u˨ ian˨ ·xa，tsʻəu˨ li˧ pu˨ ti˩ təu˨

妻是枕边人，十事商量九事成 tɕʻi˩ ʂʅ˧ tʂən˧ pian˩ ʐən˨，ʂʅ˧ sʅ˧ ʂaŋ˩ ·liaŋ ɕiəu˧ sʅ˧ tʂʻən˨

饱人不知饿人饥 pau˧ ʐən˨ pu˨ tʂʅ˩ ŋo˧ ʐən˨ tɕi˩

到了弯腰树，愁你不弯腰 tau˥ ·liau uan˩ iau˩ ʂʮ˧，tsʻəu˨ li˧ pu˨ uan˩ iau˩

狗咬刺猪，不晓得从哪儿下牙 kəu˧ ŋau˧ tsʅ˥ tʂʮ˩，pu˨ ɕiau˧ ·tɛ tsoŋ˨ la˧ ·ɚ xa˧ ŋa˨

明人不要重说，响鼓不用重槌 min˨ ʐən˨ pu˨ iau˥ tʂoŋ˧ ʂʮɛ˨，ɕiaŋ˨ ku˧ pu˨ ioŋ˧ tʂoŋ˧ tʂʻʮ˨

命里只半升，哪怕你起五更；命里有一升半，哪怕你睏到老大晏 min˧ ·li tʂʅ˥ pan˥ ʂən˩，la˧ pʻa˥ li˧ tɕʻi˧ u˧ kən˩；min˧ ·li iəu˧ i˨ ʂən˩ pan˥，la˨ pʻa˥ li˧ kʻuən˥ ·tau lau˧ ta˧ ŋan˥

舍得，舍得；不舍，不得 ʂɛ˧ tɛ˨，ʂɛ˧ tɛ˨；pu˨ ʂɛ˧，pu˨ tɛ˨

细伢儿的么事，是娘身上的肉 ɕi˥ ŋa˨ ·ɚ ·ti mo˧ ·sʅ，ʂʅ˧ ȵiaŋ˨ ʂən˩ ·ʂaŋ ·ti ʐəu˨

鱼儿吃虾儿，虾儿吃沙儿 ʮ˨ ·ɚ tɕʻi˨ xa˩ ·ɚ，xa˩ ·ɚ tɕʻi˨ ʂa˩ ·ɚ 大鱼吃小鱼

哪有猫儿不吃腥 la˧ iəu˧ mau˩ ·ɚ pu˨ tɕʻi˨ ɕin˩

亲戚越走越亲，友情越交越深 tɕʻin˩ tɕʻi˨ ʮɛ˨ tsəu˧ ʮɛ˨ tɕʻin˩，iəu˧ tɕʻin˨ ʮɛ˨ tɕiau˩ ʮɛ˨ ʂən˩

相打无好拳，相骂无好言 ɕiaŋ˩ ta˧ u˨ xau˧ tʂʻʮan˨，ɕiaŋ˩ ma˧ u˨ xau˧ ian˨

咬人的狗不叫，爱叫的狗不咬人 ŋau˧ ʐən˨ ·ti kəu˧ pu˨ tɕiau˥，ŋai˥ tɕiau˥ ·ti kəu˧ pu˨ ŋau˧ ʐən˨

恶人自有恶人磨 ŋo˨ ʐən˨ tsʅ˧ iəu˨ ŋo˨ ʐən˨ mo˨

粗也粗得，细也细得 tsəu˩ iɛ˧ tsəu˩ ·tɛ，ɕi˥ iɛ˧ ɕi˥ ·tɛ 能够粗，也能够细

掇人家的碗，服人家的管 to˨ ʐən˨ ·ko ·ti uan˥，fu˧ ʐən˨ ·ko ·ti kuan˥

婆婆打碗是失错，媳妇打碗是败家精 po˨ ·po ta˧ uan˥ ʂʅ˧ ʂʅ˨ tsʻo˥，ɕi˨ ·fu ta˧ uan˥ ʂʅ˧ pai˧ ka˩ tɕin˩

情愿隔壁看黄牯，不愿隔壁做知府

tɕʻin˦ ·ɥan kɛ˨˦ pi˨˦ kʻan˩ xuaŋ˦ ku˧，pu˨˦ ɥan˧ kɛ˨˦ pi˨˦ tsəu˥ tʂʅ˩ fu˥

蚂蟥听水响 ma˧ ·xuaŋ tʻin˥ ʂɥɛ˧ ɕiaŋ˧ 捕风捉影

满罐子不荡半罐子荡 man˧ kuan˥ ·tsʅ pu˨˦ taŋ˧ pan˥ kuan˥ ·tsʅ taŋ˧ 比喻真有本事的人不骄傲，骄傲的往往是本事不大的人

第四章　浠水方言语法

一、词法

本部分讨论词法中的13项要素：重叠、语缀、小称名词的构成、特殊词语模、方位、数量、代词、介词、连词、助词、语气词、体貌、变音。词法系统中未列出的要素，融入在以上要素之中。

（一）重叠

重叠是汉语常用的一种表义方式，性质上可分为语音性重叠和语法性重叠。浠水方言中，这两种性质的重叠都有。其中，语音性质的重叠词汇部分已及，在此，只对语法性质的重叠进行概括。

语法性质重叠的功能是构成新的复合词或词的不同语法形式，由于两个或两个以上语素的构词和构形具有一定的交叉性，故将两类情况集中在一个大类里概括。

语法性质的重叠关涉到的词类主要是名词、动词、形容词、数词、量词和副词。

1. 名词的重叠

浠水方言中名词的构词性重叠式较少，且一般为两个音节。读音上，后一音节一律读轻声。一般用称谓例：

哥哥、弟弟、姐姐、妹妹、爹爹、婆婆、头头。

小儿语例：

粑粑、棒棒、棍棍、筒筒、框框、圈圈、叉叉、椅椅、碗碗。

浠水方言中名词的构形性重叠式多一些，且大多出现在俗语中，主要表示周遍性的意义。其中，AA式如：

年年　每一年　例：柴要年年割。

月月　每一月　例：月月都可以领到工资。

天天　每一天　例：地要天天扫，脸要天天洗。

节节　每一节　例：倒吃甘蔗节节甜。

斗斗　每一斗　例：秤斗斗满。

AABB 式如：

上上下下　每一方位　例：我上上下下都找遍了。

头头脑脑　每一对象　例：我头头脑脑都找过了。

前前后后　每一方位　例：我前前后后都找过了。

种种色色　每一类对象　例：人上一百，种种色色。

ABB 式数量较少。如：

施［ʂʅ˩］痒痒　“痒痒”由动词转化而来，含有一定的“亲昵”义。例：他在逗细伢儿，在施痒痒。此例也可说成：他在施细伢儿的痒痒。

2. 动词的重叠

浠水方言中关涉到动词的重叠，主要是构成词的不同语法形式类型的。主要表示行为动作的持续性意义。其中，AA 式如：

拍拍[①]　表少量和轻微的语法义　例：拍拍灰儿走路。

哈哈[②]　表持续笑的情状　例：吃人家的哈哈笑，吃自家的双脚跳。

咚咚的　表持续响动的情状　例：昨儿晚上楼上一直咚咚的响，肯定是有贼来过。

叽叽的　表持续叫唤的情状　例：屋檐上麻雀在上面做了窝，整天叽叽的叫。

咕咕的　表持续叫唤的情状　例：斑鸠在树上做了个窝，整天在那儿咕咕的叫。

呼呼的　表风持续吹拂的声音情状　例：风呼呼的叫，树叶儿都落下来了。

哼哼的　表人痛苦时持续叫唤的情状　例：她又发病了，昨儿夜里在

---

① 这类重叠极少。在浠水方言中，表轻微和少量的语法义一般用词汇形式“一下儿”表示。如“拍拍”常说成“拍一下儿”。普通话中的“说说”、“试试”、“写写”、“读读”说成“说一下儿”、“试一下儿”、“写一下儿”、“读一下儿”。

② 描摹动态情状的词，有的归为形容词，这里归入动词。理据主要是动词性词汇义明显，且有一定的独立性。

床上哼哼的叫了一整夜。

轰轰的　表持续且大声的情状　例：好大的雷，轰轰的，像山垮了一样的。

嗡嗡的　表持续且小声的情状　例：苍蝇真多，整天在这儿嗡嗡的叫，烦死人了。

哇哇的　表小孩持续哭的情状　例：这伢儿不晓得么回事儿，整天哇哇的哭。

汪汪的　表狗持续叫唤的情状　例：她家又来人了，狗又在汪汪的叫。

AABB 式如：

收收抗抗（k‘aŋ˧˩）的　表不停地收藏的情状　例：快拿出来，莫收收抗抗的。

躲躲闪闪的　表不断躲闪的情状　例：快点跑过来，莫躲躲闪闪的。

说说笑笑的　表持续说笑的情状　例：快点做事，莫一直在那儿说说笑笑的。

打打闹闹的　表不停打闹的情状　例：快点做事，莫一直在那儿打打闹闹的。

磕磕碰碰的　表不断磕碰的情状　例：忍着点儿，人和人之间总免不了磕磕碰碰的。

拉拉扯扯的　表不断拉扯的情状　例：这点东西你就收了呗，拉拉扯扯的，不好看。

钳钳掐掐的　表持续钳掐的情状　例：他就是这个样儿，总爱对女人钳钳掐掐的，不成体统。

嘻嘻哈哈的　表不严肃地笑的情状　例：埋头做事，莫总是嘻嘻哈哈的。

饿饿吊吊儿的　表经常吃不饱的情状　例：身体没法儿好，一直饿饿吊吊的。

抽抽捏捏的　表不停抽泣的情状　例：么样劝她都不停，一直在那儿抽抽捏捏的哭。

挨挨蹭蹭的　表不断磨蹭的情状　例：快点儿做事，莫总在那儿挨挨蹭蹭的。

3. 形容词的重叠

浠水方言中，下面这些静态描摹形式一方面因其本身具有一定凝固性，另一方面，使用频率较高，故看作是形容词的构词性重叠式。例：

浪浪 laŋ˧ ·laŋ　破烂的样子　例：桶底掉了，浪浪稀穿的。

乜乜 miɛ˥ ·miɛ　细小的样子　例：乜乜一小舟。

经经 tɕin˧ ·tɕin　正儿八经的样子　例：莫打邪呢？捉固经经的。

坨坨 t'o˧˥ ·t'o　睡眼蒙胧的样子　例：眼脸坨坨的，刚起来吧。

塌塌 t'a˨˦ ·t'a　没有生气的样子　例：蔫塌塌儿的，没什么事儿吧？

瘠瘠 tɕi˨˦ ·tɕi　精瘦的样子　例：瘦瘠瘠儿的，挺机灵的。

梆梆 paŋ˧ ·paŋ　硬挺的样子　例：土都冻住了，硬梆梆的。

相比较构词性重叠而言，构形性重叠要多一些。构成新的语法形式之后，不仅使语词在性状上具有了描摹性，而且，还皆不同程度地增加了“很”、“相当”类程度义。常见 AA 式重叠形式如：

高高的 kau˩ kau˩ ·ti

矮矮的 ŋai˧ ŋai˧ ·ti

紧紧的 tɕin˧ tɕin˧ ·ti　例：刚生下来的细伢儿的手总是捏的紧紧的。

松松的 soŋ˩ soŋ˩ ·ti

细细的 ɕi˥ ɕi˥ ·ti　例：细细粑儿细细捏。

粗粗的 ts'əu˩ ts'əu˩ ·ti

满满的 man˧ man˧ ·ti

远远的 ɥan˧ ɥan˧ ·ti

慢慢的 man˧ man˧ ·ti　例：她走路总是满满的。又：她走路总是慢慢斯悠儿的。

弯弯的 uan˩ uan˩ ·ti　例：弯弯扁担不断。

好好的 xau˧ xau˧ ·ti

瘪瘪的 piɛ˨˦ piɛ˨˦ ·ti　例：转个瘪瘪弯，总算和好了。

黄黄的 xuaŋ˧˥ xuaŋ˧˥ ·ti

青青的 tɕ'in˩ tɕ'in˩ ·ti

轻轻的 tɕ'in˩ tɕ'in˩ ·ti　例：年纪轻轻的，叫个么事累。

厚厚的 xəu˧ xəu˧ ·ti

薄薄的 p'o˧ p'o˧ ·ti

常见 AABB 式重叠形式如：

白白净净的 pɛ˧ ·pɛ tɕin˧ tɕin˧ ·ti

标标致致的 piau˩ ·piau tʂʅ˥ tʂʅ˥ ·ti

漂漂亮亮的 pʻiau˥ ·pʻiau liaŋ˧ liaŋ˧ ·ti

大大方方的 ta˧ ·ta faŋ˩ faŋ˩ ·ti

冷冷清清的 lən˧ ·lən tɕʻin˩ tɕʻin˩ ·ti

整整齐齐的 tʂən˧ ·tsən tɕʻi˨ tɕʻi˨ ·ti

称称展展儿的 tʂʻən˩ ·tʂʻən tʂan˧ tʂan˧ ɚ ·ti　例：衣裳尽管不好，但穿的称称展展儿的，还很像个样儿。

斯斯文文的 sɿ˩ ·sɿ uən˨ uən˨ ·ti

四四方方的 sɿ˥ ·sɿ faŋ˩ faŋ˩ ·ti

舒舒服服的 ʂʮ˩ ·ʂʮ fu˧ fu˧ ·ti

清清白白的 tɕʻin˩ ·tɕʻin pɛ˧ pɛ˧ ·ti

干干净净的 kan˩ ·kan tɕin˧ tɕin˧ ·ti

规规矩矩的 kuəi˩ ·kuəi tʂʮ˧ tʂʮ˧ ·ti

光光溜溜的 kuaŋ˩ ·kuaŋ liəu˥ liəu˥ ·ti　例：这石头，光光溜溜的，很好玩。

和和气气的 xo˨ ·xo tɕʻi˥ tɕʻi˥ ·ti　例：这伢儿，说话和和气气的。

热热闹闹的 ʮɛ˨ ·ʮɛ lau˧ lau˧ ·ti

稳稳当当的 uən˧ ·uən taŋ˥ taŋ˥ ·ti

模模糊糊的 mo˨ ·mo xu˨ xu˨ ·ti　例：米汤盆里洗澡——模模糊糊。

随随便便的 ɕi˨ ·ɕi pian˧ pian˧ ·ti　例：遇粥吃粥，遇饭吃饭，随随便便。

矮矮墩墩的 ŋai˧ ·ŋai tən˩ tən˩ ·ti

壮壮实实的 tʂuaŋ˥ ·tʂuaŋ ʂʅ˨ ʂʅ˨ ·ti

歪歪倒倒的 uai˩ ·uai tau˧ tau˧ ·ti　例：老了，身体不好，走路歪歪倒倒的。

歪歪扭扭的 uai˩ ·uai ȵiəu˧ ȵiəu˧ ·ti

白白嫩嫩的 pɛ˧ ·pɛ lən˧ lən˧ ·ti

红红绿绿的 xoŋ˨ ·xoŋ ləu˨ ləu˨ ·ti

花花搭搭儿的 xua˩ ·xua ta˨ tar˨ ·ti　例：棉花长得不好，花花搭搭儿的，太稀了。

糊糊掇掇儿的 xu˦ ·xu t'o˨ t'or˨ ·ti　例：头痛，整天糊糊掇掇儿的。

假假马马的 tɕia˧ ·tɕia ma˧ ma˧ ·ti　例：假假马马的，到处骗人。

齐齐展展的 tɕ'i˦ ·tɕ'i tʂan˧ tʂan˧ ·ti　例：一排房子，齐齐展展的，很气派。

常见ABB式重叠形式如：

白昕昕的 pɛ˧ ɕin˥ ɕin˥ ·ti　例：露出一只手来，白昕昕的，很好看。

光溜溜的 kuaŋ˩ liəu˥ liəu˥ ·ti

干巴巴的 kan˩ pa˧ pa˧ ·ti

粘乎乎的 ȵian˩ xu˧ xu˧ ·ti

松垮垮的 soŋ˩ k'ua˧ k'ua˧ ·ti

乱纷纷的 lan˧ fən˧ fən˧ ·ti

臭烘烘的 tʂ'əu˥ xoŋ˩ xoŋ˩ ·ti

咸丁丁的 xan˦ tin˩ tin˩ ·ti

亲戚道道的 tɕ'in˩ tɕ'i˨ tau˧ tau˧ ·ti　例：亲戚道道的，说么事感谢呢。

大肚嚜嚜的 ta˧ təu˦ mɛ˧ mɛ˧ ·ti　例：大肚嚜嚜的，几个月了啊？快生了吧。

胡须叉叉的 xu˦ ɕi˩ tʂ'a˩ tʂ'a˩ ·ti

常见AAB式重叠形式如：

扭扭软的 ȵiəu˩ ȵiəu˩ ɥan˧ ·ti　例：身子扭扭软的，站都站不起来。

梆梆紧的 paŋ˩ paŋ˩ tɕin˧ ·ti

坌坌香的 poŋ˥ poŋ˥ tɕiaŋ˩ ·ti　例：花生炒得坌坌香的。

4. 数词、量词、副词的重叠

数词、量词、副词的重叠相对较少，而且几乎都是构形性重叠。重叠形式语音上没有太多可说明的，故不注音。重叠类型和语法意义多种多样，分别说明。常见重叠形式如：

三三两两　AABB式，表示行为者的量度模式，三个三个的，两个两个的　例：这些伢儿，三三两两的，到处玩。

个个　AA式，表周遍性"每一"义　例：她家的伢儿个个都不错。

个子个　例：她家的伢儿个子个。

样样　AA式，表周遍性"每一"义　例：铁奶猪儿过年——样样有。

般般　AA 式，表周遍性“每一”义　例：般般年纪儿，一起玩得好啊。

条条　AA 式，表周遍性“每一”义　例：条条路儿通北京。

一口口　ABB 式，表行为者的数量模式，一口一口地，含数量模式性语法义　例：饭要一口口地吃，路要一步步地走。

一步步　同上。

白白的　AA 式，表“徒劳”义，含高程度的语法义

狠狠的　AA 式，表“强有力”义，含高程度的语法义

浠水方言中，还存在着一种模式化的话题重复形式，可看作是广义的重叠。关于该重复，在此简括几点：

1. 重复的类型

(1) 对象性话题的重复

基本模式可概括为：人事对象性话题＋（也）否定性行为＋（个）重复性人事对象话题。其中，否定性行为在句法上为谓语，包括状谓式和述补式两类。基本模式，往往是作为复句中的一部分而出现的，单独出现的情况，往往为省略。例：

人没等着个人，还耽误了一个上午的时间。

芹没掐着芹，遇着个大黑脸人。

饭没吃着饭，就回了。

话也说不好个话，还说么事？

东西也没买到个东西，白到了一趟？

(2) 行为性话题的重复

基本模式可概括为：行为性话题＋（个）行为关联的对象＋（啊）＋重复性行为话题。其中，整个模式为疑问式，且多为待问候性的发话人的问话。所问内容往往具有新出现或非预期情况下本应具有的需打探的情况。行为关联的对象，一般形式为疑问代词“么事”。也可以是名词，不过此时即是回话人的答话。例：

买么事啊买？

说么事说？

搞么事啊搞？

咕隆个么事啊，咕隆？

问个屁啰问。

说你妈的个屁哟，说、说。

特例：发泄对他人行为的不满。

吃了去死啊？吃（还在这儿吃）。

哭你妈的丧啊哭。

2. 模式化话题重复形式的并存形式[①]

有两种并存形式：

(1) 欲言又止性并存形式。如：

人没等着个人，还耽误了一个上午的时间→人……

饭没吃着饭，就回了→饭……

说么事说→说……

搞么事啊搞→搞……

吃了去死啊？吃→吃……

(2) 弱化情绪程度形式。如：

人没等着个人，还耽误了一个上午的时间→没等着个人，还耽误了一个上午的时间。

饭没吃着饭，就回了→没吃着饭，就回了。

说么事说→说么事？

搞么事啊搞→搞么事啊？

吃了去死啊？吃→吃了去死啊？

3. 模式化话题重复形式的模式义

模式化话题重复形式也还带有一定语法形式的性质，重复形式蕴含有一定的模式义。其中，对象性话题的重复蕴含的主要是对话题的评价性意义，参与进了一种主观态度或情绪。行为性话题的重复蕴含的则是行为的持续义。

（二）语缀

浠水方言的语缀主要有：第、初、老、们、子、头、巴、儿、伢儿。

---

① 据重复和并列形式之间的关系分析，三形式间的发生关系大致可概括为：欲言又止性并存形式→弱化情绪程度形式→模式化话题重复形式。或者概括为：原始形式→细化后起形式→“原始形式·细化后起形式”。

其中，“第、初、老”是前缀，其余是后缀。“儿、伢儿”放到本章小称名词的时候讲。本节重点概括“第、初、老、们、子、头、巴”。

1. 第 ti˧

“第”用在整数前，表示次序。例从略。

2. 初 ts‘əu˩

“初”加在“一”至“十”的前面，表示农历一个月前十日的次序。(例略)

3. 老 lau˧

“老”作为前缀，用法大致有四种。

(1) 加在指人或动物的名词前，标记名词特性。如：

老兄 lau˧ ɕioŋ˩

老妹 lau˧ mi˧

老妹郎 lau˧ mi˧ laŋ˧˨ 妹夫

老百姓 lau˧ pɛ˨˦ ɕin˥

老汉 lau˧ xan˥

老头儿 lau˧ t‘əur˧˨

老婆 lau˧ p‘o˧˨

老表 lau˧ piau˧ 具有中表关系的男性的互称

老虎 lau˧ xu˧

老鼠 lau˧ ʂʮ˧

老鸦 lau˧ ŋa˩ 乌鸦

老鳖 lau˧ piɛ˨˦

(2) 加在单音姓氏前用作称呼，早先用以称呼干部和外乡人，现在有所扩展，本乡本土的人也可以这么称呼。 例从略。

(3) 加在“二”至其后序数前，表示兄弟的排行。加在“大”前（老大）表示排行第一；加在“幺”前（老幺）表示排行最末；加在“几”前（老几）表示对不定排行的问询。例从略。

(4) 加在形容词前，标记名词特性。如：

老抠 lau˧ k‘əu˩ 吝啬的人

老赖 lau˧ lai˧ 赖账的人

4. 们 ·mən

“们”用在人称代词（“人家、别个、自己、各人”除外）和指人的名词之后，表示多数。例从略。

5. 子 ·tsɿ

“子”主要用作名词后缀。加“子”的名词相对较多，可以大致分为以下几类。

(1) 指人名词。指人名词中的“子”，一般含贬义。如：

告花子 kau˥ xua˩ ·tsɿ　乞丐

贩子 fan˥ ·tsɿ

麻子 ma˧˩ ·tsɿ　得过天花的人或有明显的雀斑的人

痞子 p'i˧ ·tsɿ　①游戏时故意违反规则的人。②无赖

疯子 foŋ˩ ·tsɿ　神经病人

疤子 pa˩ ·tsɿ

聋子 loŋ˩ ·tsɿ

瞎子 xa˩˧ ·tsɿ

跛子 p'o˧ ·tsɿ

瘫子 t'an˧ ·tsɿ　瘫痪的人

驼子 t'o˧˩ ·tsɿ

(2) 肢体器官。这类“子”数量不是很多，限于用在具有离散特征，尤其是小而圆的对象上。如：

鼻子 p'i˧ ·tsɿ

眼睛珠子 ŋan˥ ·tɕin tʂʮ˩ ·tsɿ　眼珠

胯子 k'ua˥ ·tsɿ 腿

膀子 paŋ˥ ·tsɿ 胳膊

蹄子 t'i˧˩ ·tsɿ

肠子 tʂ'aŋ˧˩ ·tsɿ

肚子 təu˥ ·tsɿ

卵子 lan˥ ·tsɿ　睾丸

腰子 iau˩ ·tsɿ 肾

(3) 动物。这类“子”数量不是很多，而且，一般是外来的叫法。如：

驴子 ʮ˧˩ ·tsɿ

骡子 lo˧˥ ·tsɿ

狮子 sɿ˨˩ ·tsɿ

猴子 xəu˧˥ ·tsɿ

燕子 ian˥˧ ·tsɿ

蜂子 foŋ˨˩ ·tsɿ　蜂类昆虫总名

鲷子 tiau˨˩ ·tsɿ

虾子 xa˨˩ ·tsɿ

值得说明的是，由于浠水方言中“子”多含贬义，“儿”多含褒义，所以，当称说者主观情绪发生变化之后，以上名称中的“子”有的可换为“儿”。如：猴子→猴儿；燕子→燕儿；虾子→虾儿。

(4) 植物。这类“子”非常多，且与北京话差别不大。如：

桃子 t‘au˧˥ ·tsɿ

李子 li˥˧ ·tsɿ

梨子 li˧˥ ·tsɿ

茄子 tɕ‘iə˧˥ ·tsɿ

瓠子 xu˧ ·tsɿ

蔸子 təu˨˩ ·tsɿ　某些植物的根以及靠近根的茎

(5) 日常用品及其他。如：

车子 tʂ‘ɛ˨˩ ·tsɿ

滚子 kuən˥˧ ·tsɿ　轮子

盖子 kai˥˧ ·tsɿ

刨子 pau˧ ·tsɿ

梯子 t‘i˨˩ ·tsɿ

铺子 p‘u˥˧ ·tsɿ　店铺

提子 t‘i˧˥ ·tsɿ　旧时用以量酒、食用油、煤油等的量具

板子 pan˥˧ ·tsɿ 木板

末子 mo˨˧ ·tsɿ　碎末

脚子 tɕio˨˧ ·tsɿ　油、水等靠近容器底部的部分

笃子 təu˨˧ ·tsɿ　器物底部

样子 iaŋ˧ ·tsɿ　鞋子、衣服等的样板

6. 头 tʻəu

“头”，标记名词的后缀。“头”的组合模式主要如下：

(1) 名或名词性语素十头。如：

锄头 tʂʻəu˨ tʻəu˨

榔头 laŋ˨ tʻəu˨

斧头 fu˧ tʻəu˨

木头 mu˩ tʻəu˨

砖头 tʂʯan˩ tʻəu˨

石头 ʂʅ˧ tʻəu˨

前头 tɕʻian˨ tʻəu˨

后头 xəu˧ tʻəu˨

上头 ʂaŋ˧ tʻəu˨

下头 xa˧ tʻəu˨

里头 li˧ tʻəu˨

外头 uai˧ tʻəu˨

脚头 tɕio˩ tʻəu˨　睡在床上伸脚的那一头

零头 lin˨ tʻəu˨

(2) 动十头。如：

吃头 tɕi˩ tʻəu˨

看头 kʻan˥ tʻəu˨

想头 ɕiaŋ˥ tʻəu˨

搞头 kau˧ tʻəu˨

做头 tsəu˥ tʻəu˨　做的价值或意义

说头 ʂʯɛ˩ tʻəu˨

(3) 形十头儿。如：

甜头儿 tʻian˨ tʻəur˨

苦头儿 kʻu˧ tʻəur˨

韵头儿 ʯən˥ tʻəur˨　值得高兴的地方

7. 巴 ·pa

“巴”，标记名词的后缀。一般兼含有贬义色彩。如：

哑巴 ŋa˧ ·pa

结巴 tɕiɛ˩˦ ·pa

下巴 xa˧ ·pa

嘴巴 tɕi˧ ·pa

尾巴 uəi˨ ·pa

泥巴 ȵi˨ ·pa

（三）小称

浠水方言小称形式有两种：一是名词和名词性语素完全或不完全性儿化；一是在名词或名词语素后加“伢儿”。

1. 名词和名词性语素完全或不完全性儿化

名词和名词性语素完全或不完全性儿化用以构成小称名词，与相应的泛称形式匹配。儿化音节念轻声，不完全性儿化的“儿”亦念轻声，有的还存在着音变情况①。例如：

柄——柄儿 pinr

板子——板儿 par

杯子——杯儿 pɛr

本子——本儿 pər

包——包儿 pau˩ ·uɚ

盘子——盘儿 p‘ar

泡——泡儿 p‘au˥ ·uɚ

皮——皮儿 p‘i˨ ·iɚ

瓢——瓢儿 p‘iau˨ ·uɚ

瓶子——瓶儿 p‘ir

洞——洞儿 toŋ˧ ·ŋɚ

筒——筒儿 t‘oŋ˨ ·ŋɚ

帘子——帘儿 niar

珠子——珠儿 tʂʮ˩ ·ʮɚ

桩子——桩儿 tʂʮaŋ˩ ·ŋɚ

圈——圈儿 tɕ‘ʮar

---

① 不完全性儿化指的是语音儿化部分所及处于儿化过程中的分离状态，因其表示细小、亲昵的情绪性意义，且语音上与儿化共性多，故皆看作小称的标记。

沟——沟儿 kəu˩ ·uɚ

管子——管儿 kuar

罐子——罐儿 kuar

壳子——壳儿 k‘o˩˧ ·uɚ

框子——框儿 k‘uaŋ˩ ·ŋɚ

盒子——盒儿 xo˧ ·ɚ

窝——窝儿 o˩ ·ɚ

叶子——叶儿 iɛ˩˧ ·ɚ

碗——碗儿 uar

媳妇——媳妇儿 ɕi˩˧ ·fər

干部——干部儿 kan˥˧ ·pər

牛——牛儿 ȵiəu˧˨ ·uɚ

狗——狗儿 kəu˧ ·ɚ

鸡——鸡儿 tɕi˩ ·iɚ

船——船儿 tʂ‘ar

椅子——椅儿 iər

树——树儿 ʂʮ˧ ·ɚ

屋——屋儿 uʔ˩˧ ·uɚ

2. 名词或名词语素后加“伢儿”

名词或名词语素后加“伢儿”大致可看作是构成小称名词的另一种形式。之所以说是大致，主要是因为“伢儿”只与表人的名词或名词性语素组合，范围并未泛化，而且，“伢儿”的“年龄小”的词汇义还较为明显。例：

男——男伢儿 lan˧˨ ·ŋar

女——女伢儿 ȵʮ˧ ·ŋar

大——大伢儿 ta˧ ·ŋar

细——细伢儿 ɕi˥˧ ·ŋar

好——好伢儿 xau˧ ·ŋar 品学兼优的伢儿

丑——丑伢儿 tʂəu˧ ·ŋar 道德品质不好的伢儿

学生——学生伢儿 ɕio˧ sən˩ ·ŋar

女婿——女婿伢儿 ȵʮ˧ ·ɕi ·ŋar

媳妇——媳妇伢儿 ɕi˩ ·fu ·ŋar

徒弟——徒弟伢儿 tʻəu˨ ·ti ·ŋar

（四）特殊词语模

浠水方言中的词语也具有模式化特征，其中，有一些词语模还有着地方特色。主要如下：

1. 动词 X＋人

这类格式的模标是“人”，能够进入模槽的词是动词，而且一般含“致使”义。其中，动词可分为两类。

一是心理动词，包括活用而致的心理动词。如：

气人　使人生气　例：快到手的钱又飞了，真气人。

怄人　使人生气　例：快到手的钱又飞了，怄人的很。

嚇人　使人恐惧　例：莫说鬼故事，嚇人的很。

烦人　使人烦躁　例：莫说了，烦人的很。

急人　使人着急　例：电影开始放了，还不快走，好急人啦。

怕人　使人害怕　例：流了一大摊子血，好怕人啦。

毛人　使人发毛　例：这儿阴森森的，毛人的很。

伤人　使人感到受到伤害　例：说话太伤人，这样不好。

爱人　使人感到可爱　例：花儿都开了，好爱人啦。

二是行为动词，包括活用而致的行为动词。如：

熏人　使人感到受熏　例：烟子好大，好熏人啦。

吵人　使人感到被吵　例：一屋的伢儿，好吵人啦。

闹人　使人感到吵闹　例：这伢儿不停的哭，好闹人啦。

闷人　使人感到烦闷　例：连着落雨，不能出门，好闷人啦。

挤人　使人感到拥挤　例：一车的人，挤人的很。

晒人　使人感到受晒　例：好大的太阳啊，晒人的很。

炕人　使人感到受炕　例：住在顶楼不好，热天炕人。

烫人　使人感到受烫　例：水太开了，烫人。

累人　使人感到受累　例：不停的写，好累人啦。

胀人　使人感到受胀　例：藕好多的粉，吃了好胀人。

哽人　使人发哽　例：饭做硬了，吃了哽人。

痒人　使人身上发痒　例：落了一身的灰，好痒人。

腾人　使人受到颠簸　例：坐拖拉机回的，好腾人啦。

笑人　使人发笑　例：结巴的很，好笑人啦。

吹人　使人感到被吹　例：风不停的吹，好吹人啦。

冻人　使人感到受冻　例：到处都是凌冰，好冻人啦。

不含"致使"义的情况也有，不过数量极少。如"痛人"、"爱怜他人"义。例：一点细的伢儿，就晓得痛人了，真不错。

2. X 啦 X 的

"X 啦 X 的"里的"啦"念 ·la，部分亦可念 ·ŋa、iə、uə，"的"念 ·ti。两 X 用同一个动词。这个动词必须是动作动词，不能是非动作动词。动作必须是可以重复的，或者是有一个时间段的，不能是瞬间完成的。"X 啦 X 的"表示同一动作的持续，侧重于描摹持续性动作的情态。色彩上，对行为多含有厌烦情绪。如：

蹦啦蹦的　不停地蹦着

跑啦跑的　不停地跑着

翻啦翻的　不停地翻转

滴啦滴的　（水）不停地滴着

弹啦弹的　不停地弹着（琴等对象）

眨啦眨的　（眼睛）不停地眨着

转（tʂɥan˦）啦转的　不停地转来转去的

吃啦吃的　不停地在吃

响啦响的　不停地在响

咳啦咳的　不停地咳嗽

晃啦晃的　不停地晃来晃去的

说啦说的　不停地说来说去的

哆啦哆的　不停地哆来哆去的

想啦想的　不停地在想

3. X 里 X 气

"X 里 X 气的"全是述人的形容词，都含贬义。如：

痞里痞气的　做事不守规则、不守礼法的样子

流里流气的　言谈举止轻浮的样子

苕里苕气的　做事痴傻的样子

蠢里蠢气的　做事愚蠢的样子

蛮里蛮气的　做事只知道使蛮力的样子

4. 打 X

浠水方言中，“打”是一个万能词，也是一些固定说法中的模标。“X”所指对象主要有如下这些。

打货　购买货物

打连身　和衣而睡

打乱窜　因头发晕而站不稳的情状

打栈　从中干扰

打捏（liə˧）儿　往非主题方向说，闹着玩

打肿嘴　成全他人好事的行为

打破嘴　晓以利害，反对或破坏他人之事的行为

打短嘴　劝阻的行为

打照面　碰面了打招呼

打猕（sən˥）的　陡然的

打野　思想开小差

打露胯　一丝不挂

打水漂　白花钱

打蹩拗　闹别扭

打惊掣怪的　少见多怪的

打诈儿　假冒行骗

打开除　劝和

打接应　帮助配合

打茬儿　插话

打嗙（poŋ˥）接吻、亲嘴

打反巴掌　反咬一口

打滚朵　地上翻滚

打抽筋　中途变卦

打主意　向人借钱借物

打劣（liə˧）眼　提反对意见，故意搅局

打边鼓儿　从侧面帮助

5. 冇得X

"冇得"是"没有"、"缺少"的意思，具有一定模标的性质。"冇得X"词语模中"X"所指对象主要有如下这些。

冇得来喜　没有意思

冇得垛（to˧）式儿　分量不足，离基本的状态还差一些距离

冇得绍管　缺少管教

冇得廉成　没有廉耻

冇得恒成　没有恒心

冇得便谈　无可挑剔

冇得信影　音信全无

冇得影儿　还差得很远

冇得平仄　没有标准

冇得大小　缺少大小长幼的观念

冇得好果子吃　没有好的结果

冇得出气眼　没有出气的地方

冇得油盐的话　没有价值的言语

冇得话说　没有什么可说的，不值得跟你说

（五）方位

浠水方言中的方位词按一般的分类主要有以下这些：

1. 上、下、前、后、里、外、边、左、右、东、西、南、北、中。

2. 上头、下头、前头、后头、里头、外头、边头、东头、西头、南头、北头。

3. 左边、右边、东边、西边、南边、北边。

4. 左面、右面、东面、西面、南面、北面、上面、下面、前面、后面、正面、反面、背面、对面。

5. 顶上、脚下、底下、边上、边下、旁边、当中、中间、背后、面上、跟前、眼面前。

以上方位词据音节数和词性特征进一步概括如下：

1. 单音方位词

单音方位词可以单用，但很受限制。"一个在前，一个在后"、"上有老，下有小"，这是意义相反的两个方位词对举着说；"往东走"、"朝上

看”，这是用在“往/朝……V”的格式里。单用主要是这两种情形。

“里、边、上、下”可以加在名词或别的词后，表示处所，具有一定的模标性质。

(1) 里 ·ti

山里、田里、稻场里、草里、水里、河里、塘里、手里、心里、橱柜里、箢箕里、箩筐里、锅里、碗里、教室里、商店儿里、县里、省里、市里

(2) 边 ·pian

“边”表示边缘、边侧，意义比较实在。如：

山边、路边、水边、河边、塘边、田边、地边、枕头边

(3) 上 ·ʂaŋ

天上、山上、路上、墙上、门上、桌子上、树上、脸上、膀子上、肺上、肝上、书上、信上、账上

(4) 下 ·xa

常见的“X下”只有下面几个：

地下、阶沿下、屋下、屋檐下、树下

2. 双音方位词

双音方位词可以作为一个词单独用，也可以加在名词后面组成方位短语，后者也具有一定的模标性质。

(1) 上下范畴

上头 ʂaŋ˧ ·t'əu　顶上 tin˧ ·ʂaŋ

下头 xa˧ ·t'əu　脚下 tɕio˩ ·xa　底下 ti˧ ·xa

“顶上”和“脚下”是通过隐喻方式一定程度地泛化了的方位概念，但泛化程度尚不十分高，只限于表示立体的可分析出上中下诸较多段位性对象的方位。如：

树顶上；树脚下

山顶上；山脚下

屋顶上；屋脚下

柜顶上；柜脚下

坝顶上；坝脚下

(2) 里外范畴

里头 li˧ ·t'əu　外头 uai˧ ·t'əu

里面① li˧ ·mian　外面 uai˧ ·mian

“里头”与“外头”相对，又与“外面”相对：

我睡里头，你睡外头。

就是外面一层是好的，里头都是烂的。

说“里头”与“外头”相对，并不意味着凡说一个“X里头”，就一定有一个相应的“X外头”。一部分器物名词，如“口袋、箩筐、荷包、衣袋、水桶”等只能说“里头”，不能说“外头”，因为容器里面可容他物，外面则不能对等地容纳。表示一种东西里面掺杂另一种东西也只有“X里头”的说法，没有“X外头”的说法。如：

饭里头有沙。

谷里头尽是瘪壳子。

酒里头兑水。

(3) 主次范畴

所谓主次，是具有相对关系的一组方位词，包括核心与边缘关系、立足点所在方位与相对方位间的关系。如：

中间 tʂoŋ˩ kan˧

边上 pian˩ ·ʂaŋ　边下 pian˩ ·xa　旁边 p'aŋ˧ ·pian

“边上”、“边下”、“旁边”都有近侧的意思，属边缘性方位。“边上”指器物说的时候指这个器物的边缘部分，“边下”、“旁边”没有这样的用法。“桌子边上”一定是在桌子上，“桌子边下/旁边”一定不在桌子上。

当中 taŋ˩ tʂoŋ˩

对面 ti˥ mian˧　对过 ti˥ ko˥

“对面”和“对过”是新旧两派说法，新说“对面”，旧说“对过”。

“对过”是古白话中出现的一种说法，在共同语中一直沿用到“五四”前后。各期用例列举如下：

二十七日，番贼拥三千余人，并力东南团楼对过侯家潭，开掘水港。

---

① 浠水方言中还有一老派的“təu˧里”的说法，意义和功能均相当于北京话的“里面”。其中的“təu˧”，初步确认为“肚”的音变形式。例：往被服 təu˧ 里钻/往 təu˧ 里挖/把桃核吃到肚子 təu˧ 里去了。

所执锄锹之人，皆被虏贼用索串其髻者十余人。(《辛巳泣蕲录》)

西门庆道：“咱今邀葵轩走走。”使王经：“往对过请你温师父来。”(《金瓶梅》第六十八回)

平儿忙也陪笑解劝，一面又拉了待书进来。周瑞家的等人劝了一番。凤姐直待伏侍探春睡下，方带着人往对过暖香坞来。(《红楼梦》第七十四回)

话间，诸事打点齐备，老爷见叶通说的能这样通法，料他事理通达，断不到开罪于那位谈大人，便交他持了帖，又叫了一个打杂儿的，捧着那个装银子的拜匣，跟着出了店门，往对过那座小车子店去。(《儿女英雄传》第三十九回)

在宫中通常驻着四个日本宪兵，其中一人是曹长，约经半年一调。他们住在宫内府对过一所平房内，在勤民楼下也有一个办公室。(《满宫残照记》,《国学宝典》“民国笔记”)

我们对过的裕昌祥，进的东洋货比我多，足足有一万多块钱的码子呢，也只花了五百块，就太平无事了。(《林家铺子》)

浠水方言中沿用了这种说法，其所表意义和用法主要可概括如下①：

a. 对面相隔一定距离的，往往在句中充作定语。

大门对过的商店。

湾对过的油坊。

b. 对面相隔一定距离的地方或地点，往往在句中充作动词或介词的宾语。

在对过开了一个油坊。

到对过去买一点东西。

c. 对面相隔一定距离的特定的人。

不相信你问一下对过嘿。

(六) 数量

数量的类型很多，这里概括较有特色的基数、序数和概数。

---

① “对过”也有转义的情况，如下例中的“对过”意即“可以贯穿”或“清清楚楚”：一眼望得对过。

1. 基数

浠水方言中，基数的基本数系与北京话一致，即“一、二、三、四、五、六、七、八、九、十、百、千、万、亿……”。但是，还有一些常用的，尤其是对举性数系。

(1)“一、二、三”组成的数系。习惯用语中的表现如：

一等二靠三落空，一想二干三成功。

一回生，二回熟，三回走大路。

一个和尚挑水吃，两个和尚抬水吃，三个和尚没水吃。

(2)“一、十”组成的数系。习惯用语中的表现如：

一年发个江湖客，十年难发种田人。

一人传虚，十人传实。

一针不补，十针难缝。

一顿吃伤，十顿喝汤（中药)。

(3)“一、百”组成的数系。习惯用语中的表现如：

一夜夫妻百日恩。

一人难合百人意。

一正压百邪。

一俊百好，一丑百歪。

一了百了。

一通百通。

2. 序数

“序数”是相对于“基数”而言的，基数表示数量多少，序数表示次序先后。

浠水方言表示序数的语法成分有“初、老、第”。“初”用以表示阴历头十日的次序（初一……初十)，第十一日以后则直接用数字，不用“初”。“老”用以表示兄弟的排行，后面的数目字一般限于“二”至“十”。排行第一说“老大”，排行最末说“老小”或“老幺”。“第”的用途最广，可是实际出现的时候也不是特别多。例如“新铺村第六组”，实际说法常常是“新铺村六组”。“一楼、二楼、三楼”很少有人说“第一层楼、第二层楼、第三层楼”。“一医院”、“浠水一中”一类说法也很普通。

浠水方言中排行区分年龄和辈分，年龄和辈分小于称说者的，用“老大、老二……老小”数系。年龄和辈分大于称说者的，则用“大 X、二

X……细 X”数系。如：

大哥/大姐/大爷/大娘/大爹/大奶……

二哥/二姐/二爷/二娘/二爹/二奶……

三哥/三姐/三爷/三娘/三爹/三奶……

……

细哥/细姐/细爷/细娘/细爹/细奶……

3. 概数

“概数”是相对于“确数”而言的，确数表示准确的数目，概数表示大概的数目。

浠水方言中，“几”、“把/把儿”、“多”、“冒边儿”、“出头”可以表示概数。两个相邻的数组配也能表示概数。

(1) 几 tɕi˧˦

“几”用在位数词“十、百、千、万、亿”之前和“十”之后：

几十/百/千/万/亿

十几

“几”所指之数在二与九之间，“几”之前加“好”，强调“几”所指之数超过五而接近九。“好几”可以用在“十、百、千、万、亿”前：

好几十/百/千/万/亿

“几”也可以用在“十”后，不管“十”的前面是否有系数词：

十好几个　七十好几（指年龄）

(2) 把/把儿 pa˧˦ /pa˧˦ ·ɚ

“把”用在位数词“百、千、万”后，表示与这个数接近，或略略超出，或略略不及：

百把　千把　万把

“把”还可以用在度量量词、容器量词、集合量词之后，表示与这个数量结构所指的量度接近：

尺把长　斤把重　斗把米

碗把饭　杯把酒

桌把人（一桌坐八人）

此外，还有“个把月”、“年把”的说法，意思就是接近一个月，接近一年。

个体量词和不定量词“点”后面也可以带“把”：

个把人　条把烟　张把纸　块把钱　点把雨（一点点雨）

值得进一步说明的是，“量词＋把”的情况，实际上是“一＋量词＋把”的省略，因为汉语数量形式中数词为“一”时常常省略不用。另外，有些“把”可换成“把儿”。如：

一把儿年纪

尺把儿长

碗把儿饭

桌把儿人

（3）多 to˩

“多”的用法可以分两项说。

第一，用在位数词“十、百、千、万、亿”后，表示不确定的零数，位数词前一定要有系数词（“十”的系数不能是“一”），量词放在“多”的后面：

二十多个

一百多里

三千多块钱

六万多亩

十亿多人

第二，用在数量结构后，表示不确定的尾数：

两尺多布　十九斤多油　一担多谷

一碗多饭　两瓶多酒

一桌多人

一张多纸

（4）冒边儿 mau˥ piar˩　出头 tʂʮ˨ tʻəu˧

“冒边儿”、“出头”用在数词后，表示略略超出。主要用以表示年龄或重量：

五十出头　三十冒边儿

三斤出头　一百斤冒边儿

（5）两个相邻的数组配

相邻的两个数组配可以表示概数。如：

一二十条鱼　三四百斤米　五六千块钱　八九万人

不相邻的数相配的情况极少，能举出的有“三五”(三五十人)、“千八百”(千儿八百的/千八百斤)。此外还有“量＋把＋两＋量（＋名/形)”的说法：

个把两个人　条把两条烟　张把两张纸　块把两块钱

尺把两尺长　斤把两斤重　斗把两斗米

碗把两碗饭　杯把两杯酒

不难看出，以上情况是相邻的数组配与用“把”两种方法的综合。“个把两个人”等于说“一两个人”，其余类推。

(七) 指代

代词的功能是指代。浠水方言中起指代作用的代词介绍如下：

1. 人称代词

浠水方言中的人称代词有如下几组：

我、你、他

人家、别个

自家、自己、各、各人

(1) 我 ŋo˧，你 ni˧，他 tʻa˩

“我、你、他”是浠水方言中的三身代词，一般只表示单数。关于“我、你、他”，在此集中概括其复数的表示情况。因为名词也存在着数的问题，故一并予以概括①。

①代词的复数表示形式

浠水方言中代词的复数表示形式主要有两类：

A. “单数人称代词＋专表复数的助词‘嗟’(·tɕiɛ)”。“嗟”是专表复数的助词，可同三身代词组合。组合形式的表义，相当于北京话中的“单数人称代词＋们”。其造句功用，亦较全面，在代词范畴，它们没有格的限制，主语、定语、动词的宾语、介词的宾语、兼语皆可充当。例：

过年，我嗟下回去了。(过年的时候，我们都回去了。)

这是我嗟送的礼。(这是我们送的礼物。)

是他叫我嗟来的。(是他安排我们来的。)

---

① 郭攀：《汉语涉数问题研究》，中华书局2004年版，第106—118页。

你嗟快点做哇？（你们做事快一点哪？）

这是你嗟的东西呀？（这是你们的东西呀？）

在叫你嗟呢？（正在叫你们呢？）

他嗟是我的同学。（他们是我的同学。）

这是他嗟的作文。（这是他们的作文。）

叫一下儿他嗟。（叫他们一下。）

要叫他嗟来吧？（要叫他们来吗？）

早就跟你嗟说了，字要写好。（早就对你们讲过，字一定要写好。）

如果说以上造句功用同北京话基本一致的话，那么，在以下几方面，浠水方言中的“单数人称代词＋嗟”则略有不同。

a. 北京话第一人称代词复数形式有时有包括式和排除式的区别：包括式是“咱们”，把对话人包括在内。排除式是“我们”，把对话人排除在外。浠水方言中第一人称代词复数形式“我嗟”在不同语境中，可分别表示“包括”、“排除”两类意义。如以下两例，前为包括式，后为排除式。

我嗟一路到街上去耶？（我们一起到街上去呢？）

我妈在叫我嗟，我嗟要回去了。（我妈在叫我们，我们要回家去了。）

b. 北京话中“单数人称代词＋们”后有时可再接数量词或“数量名”形式。浠水方言中通常不后接。偶尔才有接数量词的。如北京话说：“我们三个人都来了。”浠水方言通常表述为：“我嗟下来了。”偶尔才说：“我嗟三个下来了。”但不说：“我嗟三个人下来了。”

c. 北京话“单数人称代词＋们”中存在“它们”形式。例如：

（野雀野鹿）为什么当初不逃到人类中来，现在却要逃到鹰鹯虎狼间去？或者，鹰鹯虎狼之于它们，正如跳蚤之于我们罢。（鲁迅《夏三虫》）

这些国家的绝大多数都在执行着和平中立的外交政策。它们在国际事务中起着愈来愈大的作用。（刘少奇中国共产党中央委员会向第八次全国代表大会的政治报告）

在浠水方言中，没有“它嗟”形式，类似于“它们”的意义通常是用名词或指示代词表示出来的。如上述两例中的“它们”，浠水方言分别表述为“这些野雀野鹿”、“这些国家”。

d. 北京话中，部分名词可同“们”组合，有时，受古汉语的影响，个别疑问代词亦可同“们”组合，如“同学们”、“朋友们”、“谁们”。浠水方言中“嗟”不同名词和疑问代词组合。

据考察，浠水方言中表示复数的助词“嗟”的本字，基本上可认为是古今汉语中表示复数义的助词“家”。其依据，主要有以下几点：

第一，从语法位置和语义内容上讲，浠水方言中的“嗟”与古今表示复数的助词“家”完全一致。历史地看，选用助词“家”表示复数义具有一定程度的历史性和普遍性。据张惠英调查①，表示复数义的助词，大多是由表示场所、范围的名词虚化而来的。“家”就是其中的一个。“家”作为亲属集居的场所，其初义是“家庭”，在句中充作主语、宾语、定语等成分。唐代以后，据吕叔湘考察②，即开始用作单数人称代词的词尾，词义开始虚化，大致相当于“自己”。例：

今之论学者，只务添人底，自家只是减他底，此所以不同。(《河南程氏遗书》)

咱家乾志诚，不忘他家恁地孤恩短命。(《董西厢》)

闻道伊家终日眉儿皱。(《山谷词》)

洒家听的说，我放的秀才去了。(马致远《荐福碑》)

宋金以来，作为助词，同代词组合以后，开始表示复数义。例：

不来后是咱家众僧采，来后怎当待？(《董西厢》)

貂蝉哭而告曰：“奉先不记……咱家两口儿失散，前后三年不能相见？”(《三国志平话》)

至现代汉语阶段，不少方言中以助词“家”表示复数义。现将赵元任20世纪20年代调查的结果③摘录如下：

	(我们)	(你们)	(他们)
常州	我家	你家	他（浊）家
江阴	我家	你家	他家
宜兴			他家
溧阳			他家

---

① 张惠英：《复数人称代词词尾“家”“们”“俚”》，《中国语言学报》，1995年第5期。

② 吕叔湘：《汉语语法论文集》，商务印书馆1984年版，第22—26页。又，相关用例亦摘自该书。

③ 赵元任：《现代吴语的研究》，科学出版社1956年版，第95—97页。

相比较而言，浠水方言中的“嗟”，在语法位置、语义内容上同古今表示复数义的“家”完全一致。

第二，从语音上讲，将“嗟”认定为“家”也可得到较好的解释。

其一，它符合语音演变的总体规律和现实。“家”，《广韵》古牙切，见母、麻韵、开口、二等、平声、假摄。历时地看，一方面，见母“k”颚化为“tɕ”，麻韵“a”舌位上抬细化为“iɛ”是语音演变的常规。另一方面，事实上，在古文献中，“家”的读音，亦有演变为与“tɕiɛ”相近的情况。如《汉语大词典》“家”条“3”：“jie 助词。①犹‘地’。金董解元《西厢记诸宫调》卷三：‘酒来后，满盏家没命饮，面磨罗地甚情绪，吃着下酒，没滋味似泥土。’元无名氏《渔樵记》第一折：‘此女颇不贤慧，数次家和小生作闹，小生只得将就，让他些罢了。’……②犹‘的’。元无名氏《杀狗劝夫》楔子：‘哥哥比兄弟多一片家狠心肠。’元无名氏《小尉迟》第二折：‘虽然我六旬过血气衰，我犹敢把三五石家硬弓开。’”

其二，它符合浠水方言中“家”音演变的具体趋向。由于语法位置和语义内容等方面因素的作用，浠水方言中“家”音的演变呈现出多样化的趋向。据调查，除“·tɕiɛ”之外，还有三种读音。一是读古音“ka˩”，如下列诸词语中的“家”：自家、姑娘家、家蛇、家当、家婆、家公。二是读“tɕia˩”，如下列诸词语中的“家”：家法、家风、家眷、家规、家门（本家）、出家。三是读“·ko”，如下列诸词语中的“家”：人家、张家湾、李家湾。这些读音，如果以中古音为基础，从声母、韵母的变化角度上讲，则大致可概括为两点。即：声母，逐步由“k”颚化为“tɕ”。韵母，逐步由“a”细化。很明显，“·tɕiɛ”音是符合以上声韵演变的具体趋向的。

第三，从与其他方言的比较上看，将“嗟”认定为“家”也可找到一些旁证。例如，在陕西神木方言中，表领属的“他家、那家”，表他称的“人家”等，其“家”即读为同浠水方言中“·tɕiɛ”极为相近的“tɕiəʔ”①。

B. 单数人称代词的变调形式。浠水方言中的单数人称代词“我”、“你”、“他”通过变调可以表示复数。如：

我　ŋo˧，第一人称单数，可用于表示领属关系。例：这是我的屋。

---

① 邢向东：《神木方言的代词》，《方言》，2001 年第 4 期。又，尽管“·tɕiə”的本字基本可确认为“家”，但因今音更接近“嗟”，故以借字“嗟”作为书面记录形式。

ŋo˩˥，第一人称复数，可用于表示领属关系。例：这是我的屋。意即这是我们家的屋。

你 ni˧，第二人称单数，可用于表示领属关系。例：这是你的屋。

ni˩˥，第二人称复数，可用于表示领属关系。例：这是你的屋。意即这是你们家的屋。

他 ta˩，第三人称单数，可用于表示领属关系。例：这是他的屋。

ta˩˥，第三人称复数，可用于表示领属关系。例：这是他的屋。意即这是他们家的屋。

变调形式的“我”、“你”、“他”因为在句中只充作定语，表示领属关系，所以，大致可以将其称作人称代词的属格复数形式或领格复数形式。关于该形式，下面先分两点作一简要描写。

a. 语法形式。大致有三类情况：

第一，人称代词的属格复数形式＋心语。其中的心语，以范畴为标准，大致又有两类情况。

其一，全部可以同人称代词的属格复数形式组合的。如血亲：爸、妈、爹、奶、爷、哥、姐、兄弟、老妹……/姻亲：岳父、岳母、姑爷、嫂、舅、舅娘……/配偶：妻子、丈夫、老婆、媳妇、男人……例如：

我爹（爷爷）是个勤快人。

你岳母昨儿（昨天）给你打电话了。

那个又矮又丑（丑陋）的外地人就是她男人（丈夫）。

其二，部分可以同人称代词的属格复数形式组合的。如以个人为代表的社会关系：师傅、徒弟、朋友……/特定的范围：屋、田、地、地眼儿（地方）……/行政区域：湾、队、大队……/本源：老屋、老家、娘屋……例如：

我跟我师傅一起才只学三个月的手艺。

这是你朋友送给你的东西。

她娘屋的人一个个的都是凶巴巴的。

值得说明的是，该类组合绝大多数还要后接心语，以构成多重定语形式，抽象名词“地眼儿”前则要加指示代词“这个”、“那个”。例如：

他田的水都放干了。

我湾的树这几年都长起来了。

一听他说话就晓得（知道）是你那个地眼儿的人。

第二，人称代词的属格复数形式＋的＋心语。这里的心语，主要是两个范畴的。一是家庭财产。如屋、树、鸡、鸭、桌子、椅子、菜园。二是家庭性的社会关系。如亲戚、关系户。例如：

翻过那座山就可以看到我的屋。

你的狗昨儿夜歇（夜晚）一直在叫么事啊？

那几个从这儿过去的人是他的亲戚。

第三，人称代词的属格复数形式＋的。该形式大致可看作是“其二”省去心语以后的简略形式。它一般出现在交际性语境中，常常作为答语而出现，问语中相对要少。例如：

甲：是哪屋的猪跑出来了啊？

乙：哎哟，是我的。

甲：那块长得好的油菜是你的吧？

乙：不是，是他的。

b. 意义内容。据分析，浠水方言中人称代词的属格复数形式与其相关的心语之间是一种领属关系。从性质上讲，领有者在与数相关的内容方面表现为以个体为代表的群体。其群体的含义是多方面的，主要有两点：

第一，范围上，应该是语境中所反映出的直接或间接的组成单位。直接的单位由行政区域“队”、“公社”等心语明确地标示出来了。例如：

我队儿（队）今年的茶叶比去年长的好。

那几个山就是他公社的林场。

间接的组成单位是隐含性的、习惯性的，但亦可感受到。例如：

我儿子今年的考试成绩是全年级第三名。

他大舅今年考取了博士。

这里“儿子”的现实领有者显然是夫妻双方共同组成的自然单位，而“大舅”的现实领有者也不是“他”一个人，是同胞兄弟姐妹、表兄弟姐妹等共同组成的自然单位。值得说明的是，从逻辑和法律上讲，有时领有者的确是个人，如“我师傅”、“他徒弟”中的“我”和“他”，但是，由于传统观念里没有纯粹属于个人的东西，所以，习惯上还是归属为个体所在的家庭这个自然单位。

第二，代表性上，同范围相应，以个体形式出现的领有者，依语境的不同，实质上代表了上述隐显两类群体。如以上“他公社”中的“他”，实质上代表了“他”所在的公社的全体成员。“他大舅”中的“他”，实质上代表了“他”所在的同辈众亲属。“我师傅”中的“我”，实质上代表了“我”所在的家庭的全体成员。一句话，领有者实质上代表的是其所在单位的全体成员。

经上述语法形式和语义内容的分析，不难看出，浠水方言中三身代词的属格复数形式蕴含有复数义，无论是语法形式还是语义内容皆与北京话中的三身代词的复数形式和物主代词形式相似，是浠水方言中的一类特殊表示形式。

②名词的复数表示形式

浠水方言中，名词的复数表示形式大致用的是“（名词）＋伙的”。其中，“伙的”读作“xo˧ ·ti”。关于该形式，下面先对其构成要素分别作一说明。

第一，名词。在“（名词）＋伙的”形式中，“名词”仅指具有对举关系的双音节称谓名词。以其所属的范畴为标准，它大致包括两类：

其一，亲属关系范畴名词。其中，平辈关系的名词主要有“婆儿（夫妻)”、“兄弟”、“弟兄”、“姊妹”、“姑嫂”、“妯娌”、“郎婿”等。隔辈关系的名词主要有“爷儿（父子)”、“娘儿（母子)”、“婆媳”、“叔侄”等。例如：

他婆儿伙的在外面打一年的工只赚一万多块（元）钱。

她妯娌伙的从街上买了好些布回了。

你爷儿伙的做事真是太慢了，一整天了，一个窟窿还没补好。

其二，社会关系范畴名词。据调查，该类名词十分有限，比较正式的只有“师傅”和“朋友”两个。例如：

叫师傅伙的过来歇一下儿，喝点茶再做。

这个手表，是她结婚的时候她朋友伙的送的。

第二，伙的。据考察，“伙的”是“一伙的”省“一”后的简略形式，单位性质上，大致可看作是名词性短语。在浠水方言中，“伙的”主要表示以下几类意义：

其一，“一伙儿几个”。这种“伙的”大致相当于古汉语中的“辈”，现代汉语中的“们”。上述各例皆表示此义，例不赘。

其二，“某与某之间”或“某某几人之间”。例如：

过年的时候你大姐、二姐都回了，为屋后那几个树，她姊妹伙的吵的不得了。

他爷儿伙的打了一夜歇（夜晚）牌，就是老头儿输了，老大、老二、老三都赢了。

其三，“某与某之间的关系”。例如：

我跟他是郎婿伙的呀。

我跟他是翁婿伙的呀。

由以上说明不难看出，“（名词）＋伙的”主要是作为名词的复数表示形式出现的，其中的“（具有对举关系的双音节称谓‘名词’）＋表示一伙儿几个的‘伙的’”，是名词具体的复数表示形式。

③相关问题的说明和讨论

A. 浠水方言中不同表示形式间的分工合作。从总体上讲，浠水方言中不同表示形式在表义范围上的分工是较为明确的：“（单数人称代词）＋嗟”和单数人称代词的变调形式表示代词的复数义，“（名词）＋伙的”表示名词的复数义。但是，也有一些错综性和联合性的形式。具体地讲，错综性形式是“单数人称代词的变调形式＋一拉伙儿的”。这里“一拉伙儿的”的表义与“伙的”基本相同，只是所蕴含的伙伴特性更浓，色彩上，更偏重于贬义。例如：

他一拉伙儿的都来了。

你一拉伙儿的几个人哪？

由于“一拉伙儿的”发生时是贬义性的，并且，今天仍以贬义为主，所以，从组合情况上讲，同“一拉伙儿”组合的单数人称代词的变调形式以“他/她”为主，“你”次之，没有“我”。另外，该类组合，存在着省略单数人称代词的变调形式“他/她”和“你”的情况，不过，省略后，被省成分仍可较明显地感受到。例如：

老大前脚一进屋，一拉伙儿的后脚就到了。

老大，一拉伙儿的几个人啦？

据语境的提示，上例省略的是“他”，下例省略的是“你”。

又，联合形式。它指的是单数人称代词的变调形式与“（名词）＋伙的”的联合。从其中二联合成分各自出现的常规性上讲，“（名词）＋伙的”以与单数人称代词的变调形式联合使用为常式。单数人称代词的变调形式则表现在两方面。一方面，从总体上讲，以单独表示复数义为常式；另一方面，就进入联合形式的情况而言，因为存在着同“一拉伙儿的”相类似的发生方面的原因，所以，单数人称代词的变调形式中，以“他/她”为常，“你”次之，没有“我”。二形式联合后的用例，见前述名词的复数表示形式部分，此不赘述。

B. 单数人称代词变调形式的表义。据调查，不少方言中存在着单数人称代词的变调形式，也有不少学者在文章中谈到该类现象。一个值得注意的情况是，学者们在谈到该类形式的表义时，几乎都只涉及人称代词的复数。如何伟棠《广东省增城方言的变调》说：“人称代词‘我、你、佢(他)’，本调表示单数，变调表示复数。”万波《安义方言的人称代词》说：“‘我’、‘尔’、‘渠’在单、复数中读音也有区别：在单数中都读阳去调，在复数中都读阳平调。也就是说通过声调变化区分单、复数。”甘于恩《广东粤方言人称代词的单复数形式》说：“同时人称代词的单复数变化，还可以用‘变音’(变调）的曲折方式来表示。”[①] 这极易给人造成一种感觉——单数人称代词的变调形式是专表复数义的一种特殊表达方式。其实不然。据对浠水方言单数人称代词变调形式的考察，我们发现，它至少具有如下特性：

第一，从隐显关系上看，该形式的显性义是具有亲近、不可变、复数等特征的领属关系。隐性义，是复数、亲近的色彩等意义内容。通过对浠水方言中单数人称代词变调与不变调的对比研究，我们发现，变调形式后接的心语，皆是具有亲近、不可变、复数等特征的诸范畴，具体描述见上文，此处不赘。不变调的单数人称代词后接的心语，则是一些在特征上不甚一致的范畴。其中，有的具有可变性，有的难以产生感情上的亲近和归属感，比较一致的是，皆具有单数性。这些范畴及其范例主要如下：

社会关系：同学、同事、邻居、老板、手下。

身体的一部分：头、鼻子、耳朵、手、脚。

个人财产：手表、自行车、眼镜、笔、本子、书、纸。

---

① 何伟棠：《广东省增城方言的变调》，《方言》，1987年第1期。万波：《安义方言的人称代词》，《方言》，1996年第2期。甘于恩：《广东粤方言人称代词的单复数形式》，《中国语文》，1997年第5期。

精神产物：观点、想法、看法、理想、愿望。

生理现象：感冒、牙周炎、伤口。

个人属性：性格、修养、能力、水平、兴趣、爱好。

社会属性：职责、义务、权力、职务。

由变调、不变调二单数人称代词与其心语之间关系的比较不难发现，变调形式表示的是具有亲近、不可变、复数等特征的领属关系，不变调形式则表示的是具有单数、部分可变、部分难以产生亲近感等特征的领属关系。由此不难推知，变调形式产生的动机，应该是区别亲近与难以产生亲近感、可变与不可变、单数与复数等不同性质的领属关系。既然如此，它的隐、显意义自然应该是如上所言。

以上隐显关系同时也反映出了该形式所表诸义的主次关系，即显性为主，隐性为次。

第二，从先后关系上看，“具有亲近、不可变、复数等特征的领属关系”义应该先产生，纯粹的复数义后产生——它是今人在对该形式进行客观分析时概括出来的。这种发生上的先后关系，除了可从隐显关系上进行说明之外，从个体和社会心理的发生发展上亦不难得到解释。因为无论是个体还是社会，皆是从关心自身开始，当涉及众多成员间的关系的时候，在原始的观念中，首先要做的是分清亲疏。这一些，从我们的现实生活中不难观察和感受到。

以上特性说明，单数人称代词的表义是复杂的，复数义只是其中分析出来的、蕴含性的、次要的一类，而不是全部。前面我们在描写浠水方言单数人称代词的表义时将其说成“蕴含”其意即在此。

当然，以上概括的是浠水方言，其他方言中单数人称代词变调形式的表义，我们调查了湖北罗田和武汉方言、河南陕县方言、山东烟台方言，发现同浠水方言基本一致。至于更大范围的方言中单数人称代词变调形式的表义是否如此，有待进一步研究。

2. 人家 zʅən˨ ·ka，别个 pʻiɛ˧ ·ko

“人家”和“别个”都是旁指，有时可以互换。“把东西还给人家”也可以说“把东西还给别个”，“只顾自己，不顾人家”也可以说“只顾自己，不顾别个”。但“别个”可以指某一确定范围内除某一个或某一些人之外的别的人。如：

除了他没得别个。

那天屋里只有他，没得别个。

以上场合只能用“别个”，不能用“人家”。“别个”和“人家”有时也指代说话人自己。如：

照倒别个/人家的脚踩！（抱怨别人踩了自己的脚。）

别个/人家只是说下儿，又不是真要走。

3. 自己tsʅ˩ ·tɕi，自家 tsʅ˩ ·ka，各 kʻo˨˦，各人 kʻo˨˦ ·ʐən

“自己”和“各人”主要用以复指：

我各人会做。（我自己会做。）

我自己去，不要你陪。

“自己”和“各人”还可以连用：

各人自己不晓得照顾自己？

“自己”和“各人”都可以作定语：

自己的东西自己保管。

请的都是各人屋的亲戚，冒没有请外人。

“各人”不能作宾语，作宾语的时候得用“自己”。

“自己”更老派的说法是“自家”，“自家”可以替换“自己”：

我自己去，不要你陪——我自家去，不要你陪。

各人自己不晓得照顾自己——各人自家不晓得照顾自家？

“各人”更老派的说法是从文言中沿用下来的“各”，“各”的常用说法：

各有各的病，各有各的命。

各种各的田，各用各的钱；各吃各的饭，各过各的年。

（二）指示代词

浠水方言中的指示代词是近指、远指二分的。近指用“这”（tiɛ˥），远指用“那”（la˧）。这两个字不仅单用，而且是形成其他相应极性指示代词的基础。如：

这呗儿 tiɛ˥ pɛr	那呗儿 la˧ pɛr
这里 tiɛ˥ ·li	那里 la˧ ·li
这个 tiɛ˥ ·ko	那个 la˧ ·ko
这个地眼儿 tiɛ˥ ·ko ti˧ ŋar	那个地眼儿 la˧ ·ko ti˧ ŋar

这个时会儿 tiɛ˦ ·ko ʂʅ˧ ·xur　　那个时会儿 la˧ ·ko ʂʅ˧ ·xur
这汉儿 tiɛ˦ ·xar　　那汉儿 la˧ ·xar
这会儿 tiɛ˦ ·xur　　那会儿 la˧ ·xur
这们儿 tiɛ˦ ·mər　　那们儿 la˧ ·mər
这些 tiɛ˦ ·ɕiə　　那些 la˧ ·ɕiə
这样 tiɛ˦ ·iaŋ　　那样 la˧ ·iaŋ

关于“这”和“那”及其组合形式值得说明的是：

1.“这”和“那”是泛指，口语中用得极少。口语中用得多的是“这呗儿”和“那呗儿”。如：

甲：东西在哪儿啦？　　乙：这呗儿/那呗儿。

“这呗儿”和“那呗儿”指示时往往伴随着手指动作，伴随有动作表义方式，所以，其描摹特征较强。

“呗儿[①]”也可独用，通指一切对象，带有一定原始性质。如：

甲：东西在哪儿哪？　　乙：呗儿。

2.“这里”、“那里”指示方位，一般用于书面语，口语中则常用“这个地眼儿”、“那个地眼儿”。如：

甲：你是那个地眼儿的人啫。　　乙：我是这个地眼儿的人。

甲：你是那个地眼儿来的哟。　　乙：我是这个地眼儿来的。

“这个地眼儿”、“那个地眼儿”的简略形式是“这汉儿”和“那汉儿”，两组说法尽管可以相互替换，但从侧重点上讲，“这汉儿”和“那汉儿”的指示性要强得一些。

你是那个地眼儿来的哟——你是那汉儿来的哟。

我是这个地眼儿来的——我是这汉儿来的。

3.“这个”、“那个”可以指示人和事。如：

这个/那个人好说话。

这个/那个东西可以吃。

4.“这个时会儿”、“那个时会儿”指示时间，相当于北京话的“这时”和“那时”。如：

---

① 呗儿，也有人认为是中指代词。如果一定要给其一个名称的话，笔者倾向于从历史的视角叫它“通指代词”。

你这个时会儿才来呀？

你那个时会儿做么事去了呢？

“这个时会儿”、“那个时会儿”的简略形式是“这会儿”、“那会儿”，彼此间可以互换。如：

你这个时会儿才来呀——你这会儿才来呀？

你那个时会儿做么事去了呢——你那会儿做么事去了呢？

“这们儿”、“那们儿”表义功能与“这会儿”、“那会儿”相近，但更侧重于指示相距更长的两类时间（时点、时段）。如：

甲：这们儿说的话和唐朝人肯定不一样。

乙：那们儿用的是文言。

5. “这些”、“那些”指示数量，与北京话基本一致，不赘述。

6. “这样”、“那样”指示情状，与北京话差别不大。指示情状，浠水方言中还有一个古代沿用的“个”（ko˧）。

“个”具有描摹特征，语音上曲而长。指示代词“个”及相关的转类性用法一并分类作一概括。

（1）个$_1$。摹状性指示代词“个”，表“这样/这样的”义，在句中充作定语和状语。如：

个狠哪。

个急呀。

个大一堆。

个小一点儿。

个几个粑，吃哪一个？

个几个钱，买么事呢？

个个东西这样一个东西，吃又不好吃。

菜烂得个个样儿这个样子还不丢。

（2）个$_2$。转类为副词的“个”，表“一直、一再”义，作状语。如：

个说你不要去，你还是要去，么样儿，吃了亏呗。

个打，他还是原事在。

（3）个$_1$的重叠形式。如：

个写个写的，笔一下子写断了。

个吃个吃的，没想到背上让人家贴了个条儿。

(4) 个的个。为加强描摹性而生成的双层指示，相当于“如此的这般”。如：

莫个的个说勒。

个的个写哪。

个的个打哪。

(5) 个儿/个儿的/个的。相当于“这样的”，带有一点不以为然的色彩。如：

你莫个儿说。

个儿呀，我昨儿还看到他了勒。

个的做哪，学着点。

(三) 疑问代词

浠水方言中的疑问代词与指示代词具有一定的对应性，据所问内容概括如下：

人	哪个
事	么事（mo˧ ·sɿ）
时间	哪个时会儿/哪会儿/么时会儿
方位	哪个地眼儿/哪汉儿/么地眼儿
数量	几/几多
情状、方式	么/么样/么样儿

以上词位，具体说明如下：

1. 哪个。问人用“哪个”，不说“谁”。这一点与由文言沿用而来的北京话存在区别。如：

哪个是你哥哥啊？

台上讲话的是哪个啊？

甲：(是) 哪个啊？乙：是我。

书是哪个的啊？

钱交哪个啊？

跟哪个在吵架啊？

哪个的衣服啊？

借哪个的钱啊？

“哪个”作定语表领属，一般要带“的 ·ti”。“哪个”作定语如果不表示领属，这个“哪个”就是表别择的“哪”加“(一) 个”。如：

你的哪个哥哥在汉口做事啊？

教你嗟几何的是哪个老师啊？

2. 么事。“么事”相当于北京话的“什么/什么事”。如：

他来做么事啊？

他来有么事啊？

3. 哪个时会儿、哪会儿、么时会儿。“哪个时会儿、哪会儿、么时会儿”问时间，在句中充作状语和宾语，相当于北京话的“什么时候”，有一定的副词性。如：

他哪个时会儿/哪会儿/么时会儿来呀？

他说的是哪个时会儿/哪会儿/么时会儿哪？

4. 哪个地眼儿、哪汉儿、么地眼儿。“哪个地眼儿、哪汉儿、么地眼儿”问方位，在句中充作状语和宾语，相当于北京话的“什么地方”，有一定的副词性。如：

他哪个地眼儿/哪汉儿/么地眼儿等呀？

他说的是哪个地眼儿/哪汉儿/么地眼儿哪？

5. 几、几多。“几、几多”问数量，与北京话差别不大，不赘述。

6. 么、么样、么样儿。“么、么样、么样儿”问情状、方式、缘故等，相当于北京话的“怎么”。分开来讲：

问方式，“么、么样、么样儿”都可用。如：

蒸肉么/么样/么样儿做的呀？

到武汉么/么样/么样儿走啊？

问缘故往往单用“么”。如：

这天么个热呢？

你么个糊涂啊？

你么个的个说啊？

问情状，往往用“么样、么样儿”。如：

今年收成么样/么样儿啊？

吃几副中药看么样/么样儿。

戏演得么样/么样儿啊？

（八）介引

介词的主要功能是介引。浠水方言中起介引作用的介词主要有：在、打、从、自从、往、朝、照、按、顺倒、对、找、向、跟、为、用、凭、除了、连、把、比、似。“把”字是一个以引进受事为主的介词，本章讲“把”字句的时候介绍。“比”和“似”引进比较的对象，本章讲比较句的时候介绍。其他介词，简介如下：

1. 在 tai˧

“在”介绍动作发生的处所，跟北京话介词“在”基本一致。如：

在田里割谷。

在街上买东西。

东西放在桌子上。

东西放在屋里。

“在”源于表“存在”义的“在”，故浠水方言中的“在”蕴含有一定的“存在”义。介词“在”与动词“在”语音上的区别明显，前者为“tai˧”，后者为“tsai˧”。

2. 打 ta˧

“打”介绍行为动作经由的方位。如：

太阳打西边出来了。

每天上学打他门口过。

“打”还可以介绍行为动作关涉的时间。如：

打去年春上起病，一直没有好。

打上个月算起，一共两个月。

“打”的这两项用法都可以换用“从”，但用“打”的说法更老一些。

3. 从 tsʻoŋ˩

“从”具备“打”的全部用法。但“从”可以跟“到”字搭配，“打”不能。如：

从头到尾，都是他安排的。

从浠水到武汉，只要两个多小时。

从天不亮到黑，他一直在外面做生意。

从冬月间到腊月间，一直很冷。

从吃的到穿的，他么事都不缺。

从想法到做出事儿来，还有好多的路要走。

“从”与“自从”存在交叉关系。二者在介绍行为动作关涉的起始时间上具有共同点，可以互换使用。如：

从上个月起，他就冒来上班了——自从上个月起，他就冒来上班了。

从去年开始，天气就很反常——自从去年开始，天气就很反常。

但是，“自从”还可以介绍行为动作关联的情况，“从”不能。如：

自从吃了先生的药，病就没有发了。

自从他搬来了，这儿就没安稳过。

4. 往 uaŋ˧

“往”介绍移动的方向。如：

东西只晓得往外拿，从来不晓得往屋里拿。

慢慢儿地往前奔，总有出头的日子。

车来了，往过来。

要落雨了，还不往回跑。

把凳儿往拢搬。

“往”与“朝”功能基本相同，上述诸例中的“往”都可替换为“朝”。

5. 照 tʂau˧

“照”有两项用法。

一是介绍行为动作的朝向，可以加“倒”或“着”。如：

照（倒/着）脑壳打，也不管别个的死活。

照（倒/着）墙上撞，墙撞了一个大洞。

二是表示依照，一般可以加“倒”或“着”。如：

照（倒/着）样儿做，不相信做不好。

照（倒/着）我的话说，不怕丑（学我的话，不害臊）。

介词“照”，仍可感知到其动词的“仿照、参照”义，所以，其介词性质不单纯。

同样介绍行为动作的方式，表示依照义的还有一个“按”。不过，其词汇义弱得一些。如：

按点敲钟，不要瞎敲。

按你说的做，我没意见。

按次序来，不要插队。

6. 顺倒 ʂɥən˧ ·təu

“顺倒”介绍行为动作的顺序，表示依俗成的正序运作。如：

顺倒这条路直走，很快就到了。

顺倒墙根走，已经形成习惯了。

顺倒你的意思做，总行了吧。

与“顺倒”相对的还有“反倒”，使用范围主要是观念范畴。如：

他就是这样个人，总爱反倒别个的意思做。

7. 对 ti˧

“对”，介绍行为动作、性质状态关联的对象，表示对待。如：

你对别个好，别个就对你好。

这个人对人就是忠实，从来不骗人。

对老师要尊敬。

8. 找 tʂau˧

“找”，介绍行为动作关联的对象，蕴含有“寻觅”类词汇意义。如：

找您借点儿钱，么样呢？

找您打听个人。

误了我的事找你算账。

9. 向 çiaŋ˧

“向”，介绍行为动作关联的对象，蕴含有一定的朝向性词汇意义。如：

向内行学，不会错。

向年龄大的人学很有益。

10. 跟 kən˩

“跟”是浠水方言中用法多样、使用频繁的一个介词，其用法可以归纳为以下几项。

(1) 介绍行为动作的情态，表示“协同”。如：

跟你商量点儿事，么样？

我跟这个人从来没见过面。

跟你一起走好吧？

(2) 介绍行为动作的参与者，表示参与者一方，或者同参与一方有无联系。如：

我可以跟他对质。

有话跟你说，你过来一下儿。

跟班长联系，看后面的事儿么样做。

我的事跟你不相干，你不要插嘴。

我也是浠水人，跟你是同乡。

(3) 引进动作行为的受益者，或受害者、承受者。如：

好好搞，跟你屋里大人争气。

跟客倒茶，快点。

跟我把东西翻得乱七八糟的。

跟你赔不是，莫见怪。

在一些祈使句里，"跟我"主要起加强语气的作用，表示说话人的某种意志，不在于引进受益者。如：

你跟我把饭吃完了再出门！

你跟老子滚！

(4) 引进比较的对象，标示"比较"范畴。如：

这个伙计的脾气跟他爹一个样儿。

他的鞋是牛皮的，跟你的不一样。

11. 为 uəi˧

"为"介绍行为动作的原因，标示"原因"范畴。如：

这两家在为房子的事扯皮。

为儿子上学的事儿操心得不得了。

两口子为么事又吵起来了？

12. 用 ioŋ˧

"用"介绍行为动作的工具，标示"工具"范畴。如：

用绳子把猪捆起来。

用斧头把树剁断。

拉不断就用财门牙齿咬。

13. 凭 pʻin˨

"凭"介绍行为动作凭借的要素，标示"凭借"范畴。如：

凭本事吃饭，不用低三下四。

凭你说，有不有这个道理。

凭么事就要我一个人做？

13. 除了 tʂʻʮ˨ ·liau

"除了"介绍行为动作排除的范围，标示"排除"范畴。如：

这种事，除了他没人做得出来。

请的人除了自家亲戚没得别个。

14. 连 lian˨

浠水方言“连”的用法与北京话基本相同，主要介绍行为动作关联的内容，标示“关联”范畴。如：

连皮吃，不要把苕皮丢了。

连做带歇前后花了一个多月的功夫。

走的时候连个招呼都不打。

哪有一斤？连半斤都冒得。

（九）关连

连词的主要功能是关连。浠水方言中起关连作用的连词有：和、还是、要就、要是、要、只要、只有、除必是、不管、就是、虽说等等。

1. 和 xo˨

“和”表示并列的联合关系。如：

把锯和斧头都借给我。

书和本儿都不见了。

我和他都过来，看一下儿屋。

“和”还可用作介词，介绍行为动作相关的对象，表示“协同”关系。如：

我和他争了几句。

我昨儿和他争了几句。

他和我争了几句。

他确实和我争了几句。

2. 还是 xai˨ ·ʂʅ

“还是”表示选择关系，一般用于问句，出现于“（是）……还是……”的模式中。如：

到武汉你去还是我去？

你是湖南人还是江西人哪？

（是）擀面还是舞饭啊？

3. 要就 iau˦ ·tɕiəu

表示非此即彼的逻辑关系。如：

要就把别个，要就留着自家用。(要么给人，要么留着自己用。)

要就不答应，答应了就跟人家好好过。

要就是张三，要就是李四，除了这两个冒得别个。

4. 要是 iau˥ ·ʂʅ 要 iau˥

“要是”和“要”都表示假设。其中，“要”更加口语化。如：

要是下雨就不开运动会了。

要是去的人多我就去。

要去的人多我就跟着去。

要我说，这个事儿就算了。

5. 只要 tʂʅ˧ ·iau

“只要”表示充足性条件关系，往往和副词“就”关联性使用。如：

只要一吹风就流眼泪。

这伢儿，只要碰一下儿就哭。

只要人勤快，就不愁冒得饭吃。

6. 只有 tʂʅ˧ iəu˨

“只有”表示必要或唯一性条件，往往和副词“才”关联使用。如：

只有分开过才不会老是吵。

只有你去才请得动他。

只有真正的下了功夫，成绩才上的来。

同“只有”相近的连词还有“除必是 tʂʻɥ˨ pi˨ ·ʂʅ”和“除非”，其中，“除非”是受北京话影响较大的说法。如：

这个屋除必是不下雨，一下雨就返潮。

除必是他，别个都不行。

除非下雨，要不黄豆儿就都干死了。

7. 不管 pu˨ kuan˧

“不管”，表示排除一切条件的逻辑关系。如：

不管做么事，都是活一生。

不管哪个人，通过了考试才能上研究生。

不管害不害病，他都吃得一样多。

8. 就是 tɕiəu˧ ·ʂʅ

同于北京话的“即使”。如：

就是落雨下雪也还要出门做事，要不就没饭吃。

个短的一点儿路，就是爬也爬到了。

9. 虽说 ɕi˩ ʂʯɛ˦

同于北京话的“虽然”。如：

虽说年纪大了，人还很健旺。

年成虽说还好，粮食卖不出价，收入还是冒增加。

虽说时代变了，人情世故还是要讲一些。

（十）助词

浠水方言中的助词有：了、倒、过、得、的、看。分别概括如下：

1. 了 ·liau

浠水方言中的“了”主要作动词用，表示“完结”义，音长往往超长。如：

甲：吃饭了冒？乙：吃了。

甲：酱油买回冒？乙：买了哇。

助词“了”由完结动词“了”语法化而来，主要具有两类功能①。

(1) 表示一个动词行为动作的完成范畴语法意义。如：

吃了饭就出去割谷。

割了一斤肉，称了一条鱼。

打电话订了一张票。

你的作文我跟你改了几句话。

头发白了一大片，看来真的老了。

(2) 表示一个句子所表述事件或性状的完结范畴语气。如：

爸答应我参军了。

饭早就吃完了。

快腊月间了。

绳儿太长了。

身上臭死了。

① 语气功能也可归入语气词部分，为求连贯，在此一并概括。

2. 倒 ·tau

“倒”是从众的假借性写法，本字待考[①]。

浠水方言中的“倒”与北京话中持续体助词“着”相近，大致可概括为三类功能。

(1) 表示蕴含有趋向义的持续范畴语法意义，一般出现于祈使句中。如：

坐倒，不用起来。

(钱) 拿倒，不要谢我。

(瓶子) 盖倒，莫让点热气跑了。

把东西拿倒。

你等倒，看我一会儿要你好看。

(2) 表示较单纯的持续范畴语法意义。如：

他在那儿坐倒呢。

勾倒 (个) 腰，丑死了。

躺倒看书。

你们先吃倒着，我一下儿就来。

(3) 表示蕴含有一定完结义的持续范畴语法意义。如：

屋里有人住倒了，再住不下了。

把菜先洗倒，我一下儿回来再做。

把收据开倒，我一下儿来拿。

3. 过 ·ko

“过”用在动词后，表示过去曾经有某种事情，也就是经历范畴语法意义。如：

这个电影我看过，不好看。

杀过猪，没杀过牛。

跟隔壁左右的从冒红过脸。

4. 得 ·tɛ；·ti

浠水方言中的“得”有两种读音，分述如下：

---

① 从语义关系看，更接近于“到”。因为所表“进行”或“持续”范畴语法意义既包括“附着”，还蕴含着“去往”。

(1) 念“·tɛ”的“得”。

①标记述补关系，蕴含有状态范畴意义。使用上，一般后接程度补语“很”。如：

早得很，再睏一下儿。

热得很，把电扇再开大一点儿。

②表示实现或完成范畴语法意义。如：

整天的上网，冒打得。

不消舞饭得，到外面去吃。

③表示可能范畴语法意义。如：

要花点钱，你舍不舍得？

考不好，你怪不得别个。

这种事，要提得起，放得下。

(2) 念·ti的“得”。

①表示状态范畴意义。如：

身上打得青一块紫一块，看不下去。

衣裳洗得干干净净。

把屋里搞得稀巴乱。

②表示方式范畴语法意义。这种“得”，同“倒”具有交叉关系。如：

鱼可以蒸得吃、煮得吃、煎得吃。

走得去，不坐车。

5. 的·ti

这里的结构助词“的”，北京话书面上区分为“的”和“地”，因浠水方言中读音是一样的，故统括在一起。

(1) 构成“的”字短语修饰名词。如：

这是你的信。

他穿大号的鞋。

爹钓的鱼还没吃完。

(2) 构成“的”字短语代替名词。如：

哪个都不准动，那是我的。

老的、少的，男的、女的都出动了。

两个伢儿，大的八岁，小的六岁。

(3) 构成“的”字短语，在句中充作宾语、谓语、补语等成分。如：

他屋里原先是开榨坊的。

锅里的饭还是热的。

脸上煞白的。

长得白胖白胖的。

(4) 构成“的”字短语修饰动词或形容词。如：

他不停的说，烦死了。

他跑得年轻人一样的快。

6. 看 ·k‘an

“看”附在“动词＋下儿”后，表尝试。其中，动词最常用的是“试”，动词后面加“·下儿”(·xar) 主要表示短时和随意义。如：

敢打我，试下儿看。

好不好吃，你尝下儿看。

你打听下儿看，看是不是有这个事。

(十一) 语气词

浠水方言中的语气词主要有：啊、嘞、吧、啰、的、着等。

1. 啊

“啊”的读音情况较为复杂，大致为：

独用时读“a”。

在元音“a，ə”和辅音“n”之后读“na”。

在元音“o，u”之后读“ua”。

在元音“i”之后读“ia”。

在元音“ɥ”之后读“ɥa”。

“啊”的使用情况与北京话差别不大，大致是：

(1) 用在陈述句末尾，表示解释或提醒对方，有时带有不耐烦的语气。如：

身体不好，是没锻炼得啊。

太阳还是出来了啊。

路上好点儿走啊。

茄子啊，南瓜啊……总不是那几样。

我没怪你啊。

(2) 用在祈使句末尾，表示请求、催促、命令、警告等语气。如：

不在外头惹祸啊。

你去睡啊。

快点儿过来啊。

天要落雨了，快点儿回来啊。

(3) 用在感叹句或招呼语中表示感叹语气。如：

好疼啊！

好粗的树啊！

吃了亏，以后要多长记性啊！

天啊！

老天爷啊！

万哥啊，快点过来。

(4) 用在疑问句句末，表示疑问语气。

①用于特指问。如：

东西放到哪儿了啊？

在哪儿啊？

哪个啊？

②用于选择问。如：

是你的啊，还是我的啊？

是坐船啊，还是坐车啊？

吃饭还是吃面啊？

选择问一般是“啊”成双使用，也可以前半句用后半句不用，或前半句不用后半句用，一个也不用的情况很少。

③用于正反问。如：

去不去啊？

明昼儿你来不来啊？

④用于是非问。如：

是舅爷屋里来的客啊？

就你们两个去啊？

你不去啊？

⑤用于反问句。如：

哪个不晓得吃好的喝好的啊？

你冒看到我在忙啊？(你没看见我正忙着吗？)

2. 嘞

“嘞”的基本音为“ə”，在语流中的实际读音同“啊”相似，受前一音节的影响，大致情况是：

在元音“a，ə，o”和辅音“n”之后读“nə”；

在元音“u”之后读“uə”；

在元音“ɥ”之后读“ɥə”；

在辅音“ŋ”后读“ŋə”。

“嘞”所表示的语气，大都蕴含有“要求”、“提醒”的成分，具体如下：

(1) 用于各类问句，表示疑问语气。如：

你们都走了，我嘞？

是你出钱嘞，还是我出钱嘞？

是蒸得吃嘞，还是炒得吃嘞？(是蒸着吃还是炒着吃呢？)

要是所有的人都还好嘞？

要是冒得风嘞？

要是落雨嘞？

不是他还有哪个嘞？

(2) 用于祈使句，表示祈使语气。如：

记倒嘞，莫忘记了。

在别个屋里要听话嘞。

(3) 用于陈述句，表示陈述语气。如：

饭还是热的嘞。

别个还是大学生嘞。

我没得现钱嘞，你赊不赊啊？

3. 吧 ·pa

“吧”和“啊”功能相近，只是口气上轻松的成分多一些。

(1) 用于祈使句，表示命令、请求、建议等语气。如：

上街去吧！

你试下儿看吧。

(2) 用于疑问句，表示疑问语气。如：

伢儿们都还好吧？

迟几天不要紧吧？

(3) 用于陈述句，表示不是十分肯定的语气。如：

甲：哪个把斧头借起走了啊？乙：是张家叔吧。

半天冒看到人，只怕是走了吧。

(4) 用在“好、来、去”等字的后面，表示同意。如：

甲：歇下儿着嘞？乙：好吧。

甲：我出去玩一下儿嘞？乙：去吧。

4. 啰

跟“啊”一样，“啰”在语流中也有不同的语音形式。“啰”的语音形式取决于前面一个音节的末尾音素。大致情况是：

在“a、i、ə”之后是“io”；

在“n”之后是“no”；

在“ŋ”之后是“ŋo”；

在“ɥ”之后是“ɥo”。

“啰”所表示的语气中，大都蕴含有无可奈何的感叹成分。具体如下：

(1) 用于陈述句。如：

甲：生意么样儿啊？乙：不行啰，生意不好做啰。

甲：别个都买电视了，你的不买啊？乙：冒得钱啰。

甲：街上人多不多啊？乙：多啰。不晓得哪来的个多的人！(不知道怎么有那么多人！)

个闷热，只怕要下雨啰。

(2) 用于感叹句。如：

好大的雨啰！

好聪明啰！

水淹的好深啰！

(3) 用于反问句。如：

有么用啰，白长个高。

5. 的 ·ti

语气词“的”用于陈述句，表示肯定或确认语气。如：

甲：你从哪儿来的啊？乙：我从浠水来的。

甲：张三么还不来啊？乙：他要来的。

甲：我嗟一路儿走。乙：我嗟从河东街走的，不同路。

甲：梯把哪个借去了啊？乙：隔壁张家叔借去了的。

6. 着 tʂo˧；·tʂo

“着”有两种读音，表一般性语气时读“·tʂo”，表强调性语气时读“tʂo˧”。

浠水方言中的“着”确认为准语气词，表示未了语气。

几件事情的处理有个先后顺序问题，同一件事情的处理在时间规划上也有个先后问题。从先后关系上看，“着”有两类表现：

(1) 表示侧重“先”这类前提下的未了语气。如：

莫慌，睏下儿着。

急么事，吃了着呢？

我们先打下儿着（打乒乓球），你们接我们的。

东西先赊倒着，钱过几天把。

歇下儿着，吃根烟着。

(主人向路过家门口的熟人打招呼）到屋底坐下儿着。

等我把衣服穿倒着。

甲：跳个舞我看下儿。乙：你先唱了歌儿着。

我来看下儿电视着。

(2) 表示规划了“后”以后的未了语气。如：

甲：买车冒？乙：冒得钱，明年着。

甲：到武汉去吧！乙：今昼儿不早了，明昼儿着。

孩子：我要手机。父母：等你大了着。

甲：到我的打牌去吧。乙：夜歇晚上着。

甲：上街去吧。乙：等下儿着，等我把手上的事搞完了着。

分家可以，等我死了着。

浠水方言中的准语气词“着”源于古白话中准语气词“着”。古白话用例如：

月娘道："你到明日请他来走走。"王姑子道："我知道。等我替你老人家讨了这符药来着……"（《金瓶梅》第40回）

说"着"是未了语气词，主要是考虑如下方面因素：

一是"着"用于句末或小句末尾，主要表示语气。

二是语气类型属未了性质，功能上类似于"再说"，而且往往还可同"再说"进行替换。

说"着"是准语气词，主要是因为其蕴含有动词性词汇义"完成某事之后再及另一样事情"[①]。其表现是义近"再说"。不过，差别还是有的。"再说"还可单独成句，独立使用，"着"不能。比较如下：

吃了着→吃了着→吃了着。

吃了再说→吃了……再说→甲：吃了着呢？乙：再说、再说。

另外，"着"还蕴含有叹词的特征。其表现主要在调上，具有一种词调与句调相兼属的性质，尤其是强调式，语音拉长之后，有一种独立的小句语调特征。而"着"与其前接部分之间的关系，亦可理解为一种连贯复句前后分句之间的关系。

（十二）体貌

体貌的内容，助词部分已经有所论述，这里再专门从体貌视角对浠水方言中体貌性内容的表达模式进行概括和补充。

浠水方言中涉及的体貌性内容及其表达模式主要有如下这些：

1. 完成范畴语法义及完成体模式

浠水方言中存在着完成范畴语法义，其表达模式与北京话基本相同。即："V＋了"。其中，"V"为各类行为动词。如：吃、喝、穿、拿、用、打、骂、说、做、痛、想、盘算等。

2. 持续范畴语法义及持续体模式

浠水方言持续体表达模式为："V＋倒"。其中，"V"仍是行为动词，而"倒"则是类似于北京话"着"的一个方言词。另外，由于"倒"语法化不很彻底等原因，"V＋倒"所表示的意义具有不单纯的特征。除表示行为动作的持续之外，还兼含有前述助词部分所及"趋向"、"完结"的语法

---

① 实义动词"着"表示"附着"、"使附着"、"击中"等义，皆蕴含有连续的过程性行为，即"至某处，实施某行为"，故能够生成"完成某事之后再及另一样事情"义。

意义。

3. 经历范畴语法义及经历体模式

浠水方言持经历体表达模式为："V＋过"。其模式及其表义情况与北京话无异。

4. 尝试范畴语法义及尝试体模式

浠水方言尝试范畴语法义不很单纯，常兼含有小量、短时、随意等语法范畴义。

尝试体表达模式，完整形式为："V＋（一）下儿＋看"，简略式为："V＋（一）下儿"，代表式为："试＋（一）下儿＋看"或"试＋（一）下儿"。

(1) "V＋（一）下儿＋看"。模式中，"V"仍为行为动词。"下儿"有时作"一下儿"，数量短语，主要表示小量、短时、随意等语法范畴义。"看"，前及表尝试的助词。例子助词部分已及，不赘述。

(2) "V＋（一）下儿"。省去"看"以后，"V＋（一）下儿"所表尝试范畴语法义往往不变。例：

敢打我，试（一）下儿看——敢打我，试（一）下儿。

好不好吃，你尝（一）下儿看——好不好吃，你尝（一）下儿。

你打听（一）下儿看，看是不是有这个事——你打听（一）下儿，看是不是有这个事。

不过，就"V＋（一）下儿"而言，有时还表示不含"尝试"的"小量、短时、随意"等语法范畴义。例：

我看（一）下儿书就来。

每天清早跑（一）下儿步。

你休息（一）下儿。

你有空多关心（一）下儿伢儿的学习。

我看（一）下儿电视再做事。

(3) "试＋（一）下儿＋看"或"试＋（一）下儿"。本模式的代表性源自表"尝试"义的"试"。例：

你试（一）下儿看，看水深不深？

你试（一）下儿，看水热冒？

一些“V”为非“试”的表达形式，常常亦可添加“试＋（一）下儿＋看”或“试＋（一）下儿”进行强调。例：

你还是去考（一）下儿，考试（一）下儿看/试（一）下儿。

我明昼下班去碰（一）下儿他，碰试（一）下儿看/试（一）下儿。

我也想去买（一）下儿彩票，买试（一）下儿看/试（一）下儿。

你还是再在包里找（一）下儿，找试（一）下儿看/试（一）下儿。

5．反复范畴语法义及反复体模式

浠水方言中反复体模式主要有以下几种：

(1) A的A的。A为单音节动词，这种格式表示“不断地、反复地、一个劲儿地”的语法义。例：

他不停地跑的跑的，总算在规定的时候跑到了。

赶的赶的，总算赶上他了。

亘天哭的哭的，烦死了。

(2) 连A带B。A、B都是单音节动词，这种模式表示两个动作连续反复地进行的语法意义。例：

连吃带喝，用了不少钱。

连说带笑，连比带划的，像演戏一样。

连哭带骂的，闹了大半夜。

(3) 五A六A。A是动词，多为单音节，少数可以是双音节，这种模式多表示不经意的行为的反复。例：

五搞六搞的，还把他搞好了。

五说六说的，后来还是把它说通了。

五嚼六嚼的，冒想到一下子嚼翻了。

值得进一步说明的是，这里的“五A六A”通常亦可替换为“七A八A”。

（十三）变音

通过词的读音变化来实现对不同语法意义的表达的方式称为变音。浠水方言中的变音主要有三类：一是儿化，二是语法变调，三是轻重、长短音变读。儿化类变音语音部分已及，此处只简及后两类变音。

1. 语法变调

(1) 通过语法变调区分领属关系

指代部分所及人称代词的变化是从数的区分上讲的，它区分的是数范畴的语法意义。如下：

我 ŋo˧，第一人称单数，可用于表示领属关系。例：这是我的屋。

ŋo˨˦，第一人称复数，可用于表示领属关系。例：这是我的屋。意即这是我们家的屋。

你 ni˧，第二人称单数，可用于表示领属关系。例：这是你的屋。

ni˨˦，第二人称复数，可用于表示领属关系。例：这是你的屋。意即这是你们家的屋。

他 ta˩，第三人称单数，可用于表示领属关系。例：这是他的屋。

ta˨˦，第三人称复数，可用于表示领属关系。例：这是他的屋。意即这是他们家的屋。

再进一步分析不难看出，它还涉及领属关系的区分。常调是个体领有，变调是群体领有。而侧重领属关系，这种变调的范围就更广一些，除以上三类人称代词之外，还可扩大到名词。其中，较常见的还有一个“家”。其两种领属情况的表示如下：

家 ka˩，“家婆/家公”中的一个语素，表示作为一个整体的母亲的娘家。例：这是家婆的东西。

ka˨˦，或儿化，表示蕴含有众多成员的母亲的娘家。例：昨儿家儿来人了。

(2) 通过语法变调区别人和其他动物或事物

①生

浠水方言中妇女生小孩的“生”读“sən˩”，动物生蛋的“生”读“sən˥˧”。例：

她前儿生（sən˩）了，是个男伢儿。

医院生（sən˩）伢儿下都要几千块钱。

这个鸡好长时候儿冒生（sən˥˧）蛋了。

鸭生（sən˥˧）的蛋比鸡生（sən˥˧）的蛋大些。

值得说明的是，哺乳动物生产不叫“生”，而叫“过”。如“过细猪儿”、“过细牛儿”。

②扑

浠水方言中人、动物面朝下匍匐的“扑”读 p‘u˧，物体正面朝下放置的“扑”读 p‘u˨˦。例：

他睏醒睡觉总爱扑（p‘u˧）倒睏。

猫扑（p‘u˧）在地上不动。

牌扑（p‘u˨˦）在桌子上，哪个也看不到。

洗干净了的盆儿扑（p‘u˨˦）倒放，好干些。

2．轻重、长短音变读

（1）用轻重音变读区别主观大量和小量

浠水方言中这种现象的典型例子只有一个“把”。“把”可用在位数词“百、千、万”和量词“块、里、张、斤、个、丈、尺、寸”等后面表示约数，而且可通过轻重音格式变化来区别主观大量和小量。

“把”读“pa˧”，一般而言，重读时强调的是大量，轻读时强调的是小量。量的大小是主观性质的，因而也就因人而异，一千元钱，对一个人而言是大量，对另一个人而言，也可能是小量。例：

千把（pa˧ 重读）块钱啦，细事儿小事儿吗？

不过千把（pa轻读，轻声）块钱的事儿，用的着这样生气吗？

一天就能赚百把（pa˧ 重读）块钱啦。

一天就赚个百把（pa轻读，轻声）块钱儿，算不得么事。

（2）用长短音变区别主观强弱程度义

浠水方言中，事物的情状，用常规音长的状态形容词表示，强调情状的程度，则用状态形容词的长音形式表示。例[①]：

气的青筋爆的	气的青筋爆的
tɕ‘i˥ ·ti tɕ‘in˩ tɕin˩ pau˥ ·ti	—— tɕ‘i˥ ·ti tɕ‘in˩ tɕin˩ pau˥¯ ·ti
咸丁的 xan˨ tin˧ ·ti	——咸丁的 xan˨ tin˧¯ ·ti
坌香的 poŋ˥ ɕiaŋ˩ ·ti	——坌香的 poŋ˧¯ ɕiaŋ˧·ti
梆紧的 paŋ˩ tɕin˧ ·ti	——梆紧的 paŋ˥¯ tɕin˨ ·ti
白昕的 pɛ˧ ɕin˥ ·ti	——白昕的 pɛ˧ ɕin˥¯ ·ti
光溜的 kuaŋ˩ liəu˥ ·ti	——光溜的 kuaŋ˧ liəu˥¯ ·ti

① 声调后的“¯”表示延音。

二、句法

本部分讨论句法中的11种句式和结构：处置句、被动句、双宾句、否定句、比较句、存现句、可能句、疑问句、祈使句、感叹句、心补结构。

(一) 处置句

处置句的特征是：形式上，用介词将宾语提到动词谓语的前面；意义上，在于表示一种有目的的处置行为。浠水方言中处置句代表性介词同北京话一样，皆是“把”。句式内部结构情况大致可分为如下几类：

1. 简单的主谓式处置句

这里简单的主谓式处置句，指的是谓语后面不带其他成分的情况。其中，谓语可以是不及物动词，也可以是及物动词。如：

真把你没治。

看你把我么搞。

把门关倒，外面起风了。

大水把屋都淹了。

“把”的宾语，有时可以不是动词谓语的宾语，而是述补结构的宾语。“带结果补语的述补结构在语法功能上相当于一个动词”①。如：

把肚子都笑痛了。

把眼睛都看花了。

2. 双关联对象的处置句

双关联对象处置句的特征是存在两个关联对象。“把”所引入关联对象之外的对象主要是宾语。如：

你把借的钱还的他。

把东西还的别个。

动词谓语后的宾语，可以是虚指形式。如：

你把这碗面吃了他。

你敢把他杀了他？

---

① 朱德熙：《语法讲义》，商务印书馆1982年版，第126页。

你敢把衣裳扯了他？

3. 述补式处置句

述补式处置句的特征是：意义上，不仅表述处置行为，还同时表述处置的结果、趋向等内容。形式上，谓语后面还接有补语。如：

把凳儿搁稳当，这样才好坐。

把鸡赶出去，吵死了。

把被服叠平。

你把筷子抽出去。

再挑几担水，把缸装满。

他把地下扫的干干净净。

他把箱子翻的不像个样儿。

4. 兼语式处置句

句子结构表现为兼语式。如：

他把书给我看。

他把自行车借的我骑。

我把一碗饭给他吃。

我把一些钱留倒留给他用。

5. 含致使义处置句

“把”含有一定的致使义。如：

把你吃亏了。

把你破费了。

把你累倒了。

真把你冒得没有法儿。

你把我么样？我才不怕你呢。

浠水方言中处置句的否定式，一般是将否定词用在“把”字前头。如：

冒把东西拿走啊。

冒把话说死啊。

“莫”表示禁止性否定。如：

莫把他当外人。

莫把别个不当人。

浠水方言中的处置句还有一种强调形式，即“非＋一般处置表达形式”。如：

非把话说完，你把我么的怎么样？

非把车儿借的他骑。

非把这些钱留倒他用。

这种强调形式，其实是排除一切条件的条件句“非……不可”的简略形式，正规一些的表达通常要加上“不可”。如：“非把话说完不可，你把我么的怎么样？”“非把车儿借的他骑不可。”

（二）被动句

浠水方言中通常用“把”引进被动局面制造者。

“把”，在浠水方言中是一个多功能词。

首先，它是一个表示“给予”和“分派/安排”义的实义动词。如：

妈把了一件袄子姐。（妈妈给了姐姐一件袄子。）

东西拿回来了，钱还冒把给人家。（将东西拿了回来，但是还没有给钱。）

你把钱也要得。（你给钱也可以。）

把人回去报信。（分派人回去报信。）

把几个人在前头拉，把几个人在后头送。（安排几个人在前面拉，几个人在后面推。）

其次，它还是一个介词，除前及用于处置句介绍处置的对象之外，还用于被动句，介绍被动局面的制造者，或者说行为动作的施予者，标记被动关系。如：

谷把牛吃了。

麦把鸡吃了。

狗把张家湾的打死了。

一个大活人把尿憋死了不成。

值得说明的是，浠水方言中的“把”有时所指存在着歧义，到底表示什么意义，需要根据具体语言环境来决定。如：

二哥把鱼吃了。

根据不同语境可表示三类意义：一是“给予”义，句义为“二哥将某物给鱼吃了”。二是“处置”义，句义为“二哥将鱼吃了”。三是“被动”义，句义为“二哥被鱼吃了”。

（三）双宾句

双宾语是一个动词带两个宾语，其中，一个宾语指人（记作“宾$_{人}$”），一个宾语指物或事（记作“宾$_{物}$”）。两个宾语相对于动词的位置次序有两种：“动＋宾$_{物}$＋宾$_{人}$”，记作a式；“动＋宾$_{人}$＋宾$_{物}$”，记作b式。宾语的位置次序跟动词的语义性质很有关系。能带双宾语的动词按其语义性质可以分为以下六类：给予类、取得类、欠负类、踢打类、言说类、称呼类。以下分类考察。

1. 给予类动词带双宾语

浠水方言中给予类动词主要有“把、送、分、匀、还、找、退、补、奖、卖”等。这类动词带双宾语有a式也有b式。

a式：

他把了一块钱我。

他送个手表我，我不敢要。

分几斤肉他，免得又吵。

匀点儿秧我，今年又下少了点。

还十块钱他。

找十块钱他。

退十块钱他。

补十块钱他。

奖一条牛他。

卖几斤鸡蛋我。

b式：

他把了我一块钱。

他送了我一个手表，我不敢要。

分他几斤肉，免得又吵。

匀给我点儿秧，今年又下少了点。

还他十块钱。

找他十块钱。

退他十块钱。

补他十块钱。

赔他十块钱。

奖他一条牛。

卖给我几斤鸡蛋。

2. 取得类动词带双宾语

浠水方言中取得类动词主要有“赢、赚、扣、罚、偷、抢、买、赊、借”等。这类动词带双宾语一般用 b 式。如：

他赢了我一百块钱。

他赚了我一百块钱。（他从我这儿赚了一百块钱。）

他扣了我一百块钱。

他罚了我一百块钱。

他偷了我一百块钱。

他抢了我一百块钱。

他赊了我一斤肉。

他买了我一百块钱的东西。

“借”的情况比较特殊。“借”是“取”、“与”同词的双向动词，所以，使用 b 式有时存在着歧义。如：

他借我一百块钱。

孤立地看，上例既可表示“他从我这里借走一百块钱”，也可表示“他借给我一百块钱”，但结合语境，这种歧义就不存在了。

3. 欠负类动词、踢打类动词、言说类动词带双宾语

浠水方言中欠负类动词主要有“差、该、欠”三个。踢打类动词主要有“打、踢、跺”等。言说类动词有“说、问、骂、咒”等。这几类动词带双宾语都用 b 式。如：

我还差他一百块钱。

我还该他一百块钱。

我还欠他一百块钱。

我打了他两巴掌。

我踢了他一脚。

我跺了他一脚。

我说了他几句。

妈要问你话。

妈骂了我几句。

我咒了他几句。

4. 称呼类动词带双宾语

称呼类动词主要用“叫”。“叫”带的两个宾语都是表示人的名词。两个宾语的顺序是所称之人在前，称谓词在后。如：

他是你妈的兄弟，你要叫他舅。

（四）否定句

浠水方言否定句所用的否定词有“不、冒、冒得、没、莫”等。

1. 不

浠水方言中的“不”同北京话中的“不”相似，用于一般性否定，主要否定是非范畴。如：

这不是我的帽子。

你去不去？

你去不？

甲：你写不写字？乙：我不。

我再也不玩儿了。

2. 冒、冒得、没

表示有无范畴否定义，浠水方言中用“冒、冒得、没”。其中，“冒”主要为否定副词，“冒得”一般为否定性动词，“没”则副词、动词兼而有之。

(1) 冒

“冒”往往用于有无范畴中动态行为的否定。如：

作业还冒写完。

我冒打人。

桃子还冒红。

饭还冒香。

“冒”还可以用来单独回答问题。如：

甲：作业写完冒？乙：冒。

甲：你打人冒？乙：冒。

甲：桃子红冒？乙：冒。

甲：饭香冒？乙：冒。

浠水方言中还有一特殊的强调否定性意义的简略回答形式“够冒”。其中的“够”，表示的基本义是达到某一标准，但同时又蕴含有一定的因对“标准”进行强调而带来的程度意义，大致相当于北京话中的“远”。语法上，“够”可归为估量副词。如：

甲：衣裳洗完冒？我在等倒用搓衣板呢？乙：够冒。

甲：该他的钱还完冒？乙：够冒。

甲：桃子红冒？乙：够冒。

值得进一步说明的是：

①从问句上讲：

首先，所问的内容必须足以引起答话者产生厌烦情绪，它引出的实际情况是答话者不愿意看到而又无可奈何的。如“该钱”例中引出的实际情况是：欠他人的钱还需要很长时间才能还完，答话者常为此着急。“桃子”例中引出的实际情况是：桃子没有红，答话者希望桃子红，可又没有办法催红。反过来讲，所问内容若不足以使答话者产生厌烦情绪，不足以引出前述事实，则不使用强调性“够冒”，而只用一般性的否定回答“冒”。如：

甲：饭吃完冒？乙：冒。过一下儿就吃完了。

甲：牌码打够冒？乙：冒。再码几盘。

其次，问句的主语一般是指物名词，代词和指人名词也可作主语，但一般被省略了。

再次，谓语是两类动词。一是典型的行为动词，如“洗、擦、扫、写、走、吃、喝”。二是兼类性状态动词，如“熟、红、干”。

复次，问句的末尾，一般是否定副词“冒”。

②从答句上讲，“够冒”的前后没有其他词语出现。“够冒”不具有类推性，也没有相对的强调肯定意义的“够有”之类形式。

(2) 冒得

“冒得”往往用于有无范畴表示“无”极“拥有”或“存在”义，作为“有”的对立面，大致同于北京话用为动词的“没有”。

手冒得力了。

做事有我的份，吃东西冒得我的份。

菜舞的冒得味儿。

冒得去头。(不值得去。)

明昼儿冒得雨。

屋里冒得人。

冒得一丈，只有九尺多。

冒得个这样粗，只有个这样粗。

起病冒得一个月就死了。

我的劲冒得你大。

我冒得你跑的快。

“冒得”可以单独回答问题，表示的还是“不拥有”或“不存在”义。如：

甲：吃东西有你的份儿没？乙：冒得。

甲：菜舞的有味儿没？乙：冒得。

甲：明昼儿有雨没？乙：冒得。

甲：屋里有人没？乙：冒得。

(3) 没

“没”往往用于有无范畴中静态对象的不存在性否定。如：

锅里没饭了。

鱼捞完了，塘里没鱼了。

饭还没做。

水还没开。

桃子还没熟。

李子还没红。

3. 莫

“莫”表示禁止性否定，大致相当于北京话的“不要”或“别”。如：

莫往前走，前面的水深的很。

莫走，有事儿跟你说呢。

莫太欺负人了。

莫把伢儿凉倒了。(别让宝宝受凉。)

莫个儿的这样的说嘞，做人还是要厚道点。

浠水方言中的“莫”表“制止”义时，有比较强的指责口气。表“警告”义时，一般用的是叮嘱口气。

(五) 比较句

我们把比较句限定在比较狭小的范围之内，凡具备比较主体、比较基准、引进基准的介词、比较结果这四种构成要素的是比较句。不具备这四种构成成分，虽然也表示比较，但不算比较句[①]。四种成分当中，比较基准、比较结果两项必须出现。介词和比较主体在句子里面可以不出现，但可以补出。

1. 肯定比较句

肯定比较句使用的介词是“比”。“比”可以用于差比和平比。其中，“差比”是比较高下等差，“平比”是比较异同。

老妹比姐胖好些。

身子比原先强些。

我比哥迟一年上学。

我比你跑的快。

唱戏唱的比剧团的还好听些。

睏床比睏铺舒服多了。

我跟他（比），还是差一些。

我比上不足，比下有余。

这条（鱼）比那条重半斤都不止。

这个伙计的脾气跟他老子（比）一个样。

后两例是平比，其余是差比。

2. 否定比较句

否定比较句里面的否定词用“不”和“没/冒得”。介词主要用“比”。如：

打起牌来老子的精神不比儿子差。

打起牌来老子的精神没/冒得儿子好。

他来得不比你早。

他来得没/冒得你早。

我的数学比他好，他的语文也不如我好。(我的数学课比他好，他的语文也不比我好。)

---

① 如“他好过我不少”，意即“他比我好很多”，是广义的比较句，但用于比较的词“过”明显表明了等次差别，故不在讨论范围之内。

（六）存现句

说明某处所（或某时间）存在、出现、消失、变更某些人或事物的句子是存现句。存现句分存在句和隐现句两类概括。

1. 存在句

(1)“有”字句

草里有蛇，细心呢。

床上有我戛儿刚才换下的衣裳。

塘里好多的鱼啊。

今昼今天有雨，明昼明天冒得没有雨。

(2)“是”字句

路里边是我的我们家的，路外边是他的他们家的。

上头是张湾张家湾，下头是朱湾朱家湾。

河对岸是小学。

屉子肚里里头是我的东西。

屋里到处是灰。

(3)“了”字句

墙上贴了一个画儿。

屋里点了一盏灯。

湾里住了十几户人家。

地下睏了躺了一个人。

北京话中有“着”字句，湖北不少方言中有“倒”字句，浠水方言中只有“了”字句，没有与“着”字句、“倒”字句类似的持续性状态表示形式。

(4) 无动句

无动句，是隐含有“有”、“是”、“了”或只有存在句三段中C段的存在句。如：

今昼今天街上好多的人啦。

屋顶上一个大热水器。

屋里三个人。

衣裳上一块块的泥巴。

门前头一大块竹子。

窗子外头一棵柏树。

左边一个山，右边一个山，路在山中间。

整屋的人。

满屋的灰。

一身的汗。

2. 隐现句

脸上出了好多粉刺。

树上飞来了两个斑鸡斑鸠。

屋里来了一个客。

班上走了三个学生。

鞋穿了被弄穿了一个洞。

衣裳破了一个大口子。

牛栏里少了一条牛。

鸡笼里多了几个鸡。

湾里死了一个人。

湾里变了样儿了。

他今昼今天换了装扮。

(七) 可能句

表示“可能”义的句子就是可能句。浠水方言中的可能句有两种表示法：一是用表“可能”义的词表示，主要是能愿动词和某些副词；二是用可能补语等句法形式表示。

1. 表“可能”义的词表示的可能句

(1) 能愿动词表“可能”义的可能句

浠水方言中表“可能”义的能愿动词主要有：能、会，得、要得，该、应当。以下分组举例说明。

“能、会”例：

甲：明昼儿明天你能来吧？乙：能来。

他会洗澡儿游泳。

他会去好好儿读书的，不要替他瞎操心。

“会”的否定形式同北京话一样，用前加“不”的形式。“能”的否定形式则一般是“V+不了”。如“能来”的否定形式是“来不了”。

“得、要得”例：

今昼儿今天我得跑两个人家。

他帮你割了一天的谷，你得给他一百块钱。

甲：一百块钱一天要得吧？乙：要得。

浠水方言中“要得吧”用得较多，而且，通常省为“要吧”。

“该、应当”例：

今昼儿今天该他倒霉。

该你赚不倒钱，哪像你这个样儿做生意的？

不听老人言噻，该。

兄弟两个分家，应当一人一半。

浠水方言中“该”是“活该”或“注定”的意思，而且常常单独成句。

(2) 副词表“可能”义的可能句

浠水方言表“可能”义的副词主要有：八成、保证、保管、保准、冒得准、大概、多半、绝对、肯定、说不定、不一定、未必。此外还有一些功能相同的惯用语，如：八九不离十。以这些副词和惯用语的性质为据，可再细分为三小类。

①肯定类可能句。主要使用“保证、保管、保准、绝对、肯定”诸词表示。这些词皆属同义词，差异是：“保管、保准”属老派说法，“保证、绝对、肯定”属新派说法。例：

我跟他说了，明昼明天他保准/保证会来。

饭，他绝对/保证/保准做的好。

②否定类可能句。主要使用“未必”表示。例：

明昼明天他未必会来。

甲：饭，他绝对/保证/保准做的好。乙：未必。

③不定类可能句。主要使用“八成、大概、多半、说不定、不一定、八九不离十”诸词或惯用语表示。这些词中，“多半、八成、八九不离十”属老派说法。例：

今年的年成多半过得去。

他八九不离十的买下来了。

他不一定买下来了。

2. 可能补语等句法形式表示的可能句

可能补语一般带“得”。大致有三类情况：

V+得/不+C：看得完/看不完　看得倒/看不倒　看得出来/看不出来　看得穿/看不穿

V+得/不了：看得了/看不了　吃得了/吃不了

V+得/不得：看得/看不得　学得/学不得　说得/说不得

（八）疑问句

学界通常把疑问句分为特指问、是非问、选择问、正反问几类。本节按这种分法分类概括。

1. 特指问

特指问一般需要用疑问词。浠水方言中问人用“哪个”；问物事用“么事”；问方式、问缘故用“么样”；问处所用“哪儿”、“哪个地眼儿”、“哪汉儿”；问情况用“么样儿”；问性质用“么”。这些疑问词以及用它们构成的疑问句本章在讲疑问代词的时候业已介绍。需要补充的还有“几”和“好”。

（1）几 **tɕi˧**

①问数量。用在位数词“十、百、千、万、亿”前后询问以位数词为参照的前后不定的数量。如：

（有）几斤重啊？

（有）几担啊？

（有）几尺啊？

中国有十几亿人啊？

世界上有六十几亿人啊？

用在单纯的位数词“十、百、千、万、亿”前询问1—10范围内的数量。如：

暑假放几十天啊？

一天挣几百块钱啊？

一个月的工资有几千啊？

一年的存款有几万啊？

②问时间。一般用在时间单位词或名词“秒”、“分”、“刻”、“钟头”、“天”、“月”、“年”、“代”、“世纪”、“朝代”等的前面，表示不定的询问量，所询问时间量的范围一般在10以下。如：

一共几秒啊？

一共几天啊？

一共几年啊？

一共几世纪啊？

名词前面有时可以加量词。如：

一共几个月啊？

一共几个朝代啊？

“几”前面也可加前缀“第”、“初”等。如：

今昼今天初几啊？

你是第几啊？

③统问。一般用“几多”。如：

(有）几多斤重啊？

(有）几多担啊？

(有）几多尺啊？

中国有几多人啊？

世界上有几多亿人啊？

一共几多天啊？

一共几多年啊？

(2）好 xau˧

“好”用在“多、高、大、长、厚、重、深、粗”等形容词前面，一般表示程度。如：

好大一条蛇啊！

好粗一条蛇啊！

好细的鱼儿啊！

好高的个子啊！

他长的好矮啊！

“好”也可像“几”一样用来询问数量和时间。如：

好大一条蛇啦？

好高啊？

一担谷值好多钱啊？

2. 是非问

浠水方言中的是非问可以用疑问语调表示，但以疑问语气词问询为常，最常用的是“啊”和“吧”。本章在讲这几个语气词的时候，已经把浠水是非问的基本情况反映出来了。这里只讨论两种比较特殊的是非问。

(1) 打招呼性质的问询语

浠水方言中打招呼常用肯定式问询，一般情况是见人干什么或经历了什么就问什么。疑问语气词可以是“啊”，也可以是“吧”。

比如走到别人家门口，看见女主人正在洗衣服，跟她打招呼，最为自然的说法就是“您在洗衣服啊?”如果女主人正在喂猪，最为自然的说法就是:“您在喂猪啊?”。如果知道人家刚吃饭不久就问:“吃了吧?”

(2) 验证性确问

表示自己事前的预见确实不错，已经被事实证明的情况，通常用验证性确问。常见的形式是:我说吧/我说的不错吧!

比如小孩爬高，家长事先告诫，爬高容易摔跤，小孩不听，果然摔跤了，“我说吧/我说的不错吧!”就是在这样的场景下说出来的。

3. 选择问

浠水方言中的选择问一般用连词“还是”。基本内容连词部分已及，不赘述。

4. 正反问

浠水方言中的正反问形式是:“X不X”。

a. 去不去啊/要不要啊/肯不肯啊/门关不关啊/掉的课补不补啊?

b. 答应不答应啊/晓得不晓得啊/应该不应该啊/愿意不愿意啊?

c. 吃饭不吃饭啊/割麦不割麦啊/上武汉不上武汉啊/坐车不坐车啊?

d. 猪肯吃不肯吃啊/爱喝不爱喝啊/这句话该说不该说啊/经用不经用啊?

e. 听得懂听不懂啊/挑得起挑不起啊/进得去进不去啊/爬得上去爬不上去啊?

f. 热不热啊/甘蔗甜不甜啊/年成好不好啊/水深不深啊/跑得快不快啊?

g. 好看不好看啊/干净不干净啊/麻烦不麻烦啊/长得标致不标致啊?

a、b、c、d、e五组里的X是动词或动词短语。f、g两组里的X是形容词。七组形式都有其相应的省略形式，而且在使用上以省略形式为常。

正反问是由“X”和“不X”两项组成的，“X”为前项，“不X”为后项。省略前项的情况较为复杂。大致说来，如果X是单音节的，不论动词还是形容词，不存在省略的问题，a组和f组都只有一种说法。如果X不止一个音节，无论它是词还是短语，都存在省略的问题，不省略的是全式，省略的是简式。

b组相应的简式是：

答不答应啊/晓不晓得啊/应不应该啊/愿不愿意啊？

c组相应的简式是：

吃不吃饭啊/割不割麦啊/上不上武汉啊/坐不坐车啊？

d组相应的简式是：

猪肯不肯吃啊/爱不爱喝啊/这句话该不该说啊/经不经用啊？

e组相应的简式有两种：

听不听得懂啊/挑不挑得起啊/进不进得去啊/爬不爬得上去啊？

听听不懂啊/挑挑不起啊/进进不去啊/爬爬不上去啊？

g组相应的简式是：

好不好看啊/干不干净啊/麻不麻烦啊/长得标不标致啊？

省略后项的情况，是将“不X”省略为“不”，并且所有形式都是同一种模式。如：

去不？

答应不？

吃饭不？

猪肯吃不？

听得懂不？

热不？

好看不？

“不”，常可替换为“没/冒/冒得”。如：

去没/冒/冒得？

答应没/冒？

吃饭没/冒/冒得？

谷割完冒/豆腐磨完冒/衣裳补完冒/太阳落土冒/饭熟冒/麦黄冒/路干冒？

（九）祈使句

浠水方言中祈使句的特点主要有二：

1. 表达形式上具有简短的特点

其最简表达表现在两个意义范畴：

一是呼唤、招呼、应答范畴。如：

呃。(呼唤对方过来，且多存在延音形式。)

喂。(呼唤对方过来。)

嗯。(应答，多为短音形式。)

二是催促范畴。如：

做啦！(催促做饭等实施某行为。)

洗呀！(催促洗脸等。)

说啦！(催促讲话等。)

简短表达的祈使，程度上往往较强。若要弱化程度，一般使用如下形式：

一是动词后加“（一）下儿”。如：

你尝（一）下儿，看咸不。

你看（一）下儿他来冒。

我跟他先打（一）下儿，三打两胜，哪个输了哪个下。

二是动词后加未了语气词“着”。如：

你坐倒着，莫急，冒得事儿的。

你莫管我，你先吃倒着。

今昼今天晚上看一下儿电视着，有么事儿明昼明天再说。

2. 常用詈语代制止性祈使

说个×。(别说了或不要说了。)

说你妈的×。(别说了或坚决不要说了。)

（十）感叹句

表感叹语气的句子就是感叹句，分为无标记感叹句和有标记感叹句。无标记感叹句通过感叹语调和具体语境与陈述句、疑问句、祈使句区别开。有标记感叹句除感叹语调外，还用特定的词语或句法格式作为形式标记。这里只概括有标记感叹句。

1. 用特定词语的感叹句

(1) 用独立的叹词、叹词语气词共现形式、独立的语气词表示的感叹句

啊！有鱼吃了！

啊！好大一个蛇！

嘻！真好吃！

哟。长个这样高了。

呃哟。长个这样高了。

哦。个的这样的哟。

哼。你等着。

呸。到时候有你好看的。

哎哟。痛死我了。

呃。求你了，莫不要打。

唉！有么法什么办法呢！

嗞！算么事什么哦！

(2) 由特定代词或副词表示的感叹句

常见的代词和副词如："么、几、太、好、真、简直"等。

你么个这样笨啦！

他不晓得几多么能干！

这个人真是太丑坏了！

他对我真好！

好笨啦，一加二都不晓得算！

我简直把他冒得法儿没有办法！

2. 用特定句法格式的感叹句

(1) 好（副词）＋数量词＋体词性结构

好（一）个偷鸡摸狗的贼，看你往哪儿跑！

好（一）个不要脸的东西！

(2) 你＋代词＋体词性结构

你个这个冒得用没有用的东西！

你个这个近视眼！

以上两格式多用于负面情绪性意义的表达。

(3) 带“几多”、“真”、“太”、“简直”、“几”、“好”、“确实”的句式

几多钱啰！从来冒没有看过。

这人真没良心啦！

你太冒得没有良心了！

他简直不是个东西！

几好看哦！

好好看啦！

我确实把你冒得没有法儿了！

(十一) 心补结构

心语，单位层级上包括词和短语，单位性质上包括动词性和形容词性。心补结构可以分为七类：结果补语结构、趋向补语结构、评判补语结构、程度补语结构、可能补语结构、时地补语结构、数量补语结构。

1. 结果补语结构

结果补语结构是表示结果的动词或形容词直接粘附在心语后头作补语的结构。如：

(1)“及物动词＋完结过程或状态类/特征性、标志性的状态类不及物动词”形式。如：

砍断、钉穿、用光、做完、淹死、累病、学会、吹熄、点着（tʂʻo˧）、睏着、靠拢、泡肿、撞倒

以上“点着、睏着”的“着”不是持续体助词，而是表示进入某状态的动词，“点着”相当于北京话的“点燃”，“睏着”则相当于“睡着了”。

(2)“及物动词＋表示性状的形容词”形式。如：

烧红、烘热、煮烂、吃饱、捆紧、装满、捶瘪、晒干、说清楚、洗干净、放稳当、刨光溜

(3)“形容词＋形容词、动词或小句”形式。如：

他真是老糊糊涂了。

二娘急哭了。

三爷今昼儿今天忙的脸也冒得时候儿时间洗。

心补结构较少带宾语，动作的受事通常放在主语、状语的位置上用处置式、被动式引出，句末一般还要加上表完结语气的“了”。如：

把竹子砍断了。

竹子砍断了。

灯吹熄了。

把灯吹熄了。

锅烧红了。

把锅烧红了。

衣裳洗干净了。

把衣裳洗干净了。

2. 趋向补语结构

趋向补语结构是以趋向动词作补语的一种结构形式。浠水方言中大致存在三种类型：

(1) 行为动词＋单音节趋向动词。其中，单音节趋向动词主要是“来、去、回、走”。如：

进来　出来　上来　下来　回来　过来　起来

进去　出去　上去　下去　回去　过去　起去

拿回　拿走　搬回　搬走　送回　送走　赶回　赶走

其中，“回去”更老派的说法是“去回”。

(2) 行为动词＋双音节趋向动词。此类补语结构入句以后，陈述句句末一般要用完结语气词“了”。如：

把东西抬进来。

把东西抬进来了。

把东西拿过去。

把东西拿过去了。

把东西吊上去。

把东西吊上去了。

3. 评判补语结构

评判补语结构是由“行为动词、形容词＋起评议、判断作用的形容词或动词等词语”构成的一种结构形式。入句以后，依心语词性的不同，分为两类：

(1) 行为动词＋起评判作用的形容词、动词等词语。如：

他总是起的很早。

起来以后，他总是把门口扫的很干净。

他吃饭吃的太快。

他走路走的太慢。

他书读的好。

有的评价补语前面加“个”、“的个”。如：

这伢儿，一直哭，哭个不停啦。

这伢儿，一直哭，哭的个没完没了。

(2) 形容词+起评判作用的形容词、动词等词语。如：

他的红汗衫红的精神。

你莫喜的太早。

这伢儿糊糊涂的不像个样儿，笔落了也不晓得。

这个人穷的可怜巴撒的。

值得说明的是，评判补语结构补充说明的也是结果，但较之结果补语而言，侧重的是主观评价，这一点，同结果补语存在着差异。

4. 程度补语结构

带程度补语的心语主要是形容词。表示心理活动和生理感觉的动词的句法表现跟形容词有一致的地方，因而这类动词也能带程度补语。按朱德熙《语法讲义》中的概括，程度补语结构分粘合、组合两类形式。如下：

(1) 粘合式

粘合式是心语和补语直接结合，中间不用“得”联系。浠水方言中常见的充当补语的成分有“死、多、流、不过”等。其中，“死、流、不过”都表示程度之甚。“流”、“多”只用于形容词之后；“死”、“不过”既可用在形容词后，也可用在动词之后。由“死、多、流”构成的心补结构入句后一般要加“了”。如：

肚子疼死了。

心里烦死了。

今年比去年强多了。

屋里比外头热乎多了。

他啦，整天的快活流了。

伢儿要吃不过得很了。

头毛头发要剃不过得很了。

(2) 组合式

组合式是心语和补语之间用“的”联系。常见充当补语的词语有“很、好很、要命、要死、不得了、没法儿”等。如：

今昼儿今天 38 度，热的很。

今昼儿今天零下 3 度，冷的好很啦。

今昼儿今天一直发风，冷的要命。

昨儿昨天肚子痛的要死。

一下儿吵，一下儿又好的不得了。

这天啦，热的没法儿。

5．可能补语结构

浠水方言中的可能补语在可能句部分已有总述，即主要为三类形式，具体地分述如下：

(1)“V＋得/不得”

根据内部区别特征进一步分为如下几类情况。

①“V＋得”可以带宾语，否定形式是“V＋不得”。如：

他还真舍得用钱。

再也顾不得个这样多了。

怪不得钱不见了，原来是他在做贼。

只怪自己怪不得别个。

②“V＋得”可以指动作的受体，也可以指动作的主体。指动作受体的时候，不能带宾语。指动作主体的时候，一般能带宾语。“V＋得”的否定形式是“V＋不得”。如：

有的菇子吃得，有的菇子吃不得。

冷开水喝得，冷水喝不得。

人家的东西人家动得你动不得。

他吃得饭，喝不得酒。

③“V＋得”仅指动作的受体，一般不能带宾语。“V＋得”的否定形式是“V＋不得”。如：

你们饿得，我饿不得。

这个钱用得。好生的，么用不得呃？

甲：大太阳底下晒不得。乙：晒得！

甲：衣裳收得了。乙：还冒干，收不得。

④“V＋得”的否定形式是“不 V＋得”。其中，“V＋得”的典型形式

是业已词汇化的“晓得”。如：

甲：朱三买车了你晓得不晓得？乙：不晓得。

不晓得么搞的，总是搞错。

(2)“V＋得/不＋C”

因为是组合形式，所以，这类形式非常常见。如：

他连铁也啮得动。

么儿的吵他也睏得着。

这样的事要提得起，放得下。

他没我跑得快。

鞋带系得紧。

值得说明的是，有些词既可充任可能补语，也可充任其他补语。

①倒

“倒”作可能补语，往往着眼于能力，表示会或者不会。如：

这个事儿你做得倒做不倒？

毛笔字你写得倒写不倒？

英语你说得倒说不倒？

“倒”还可以作结果补语，表示行为动作的结果。如：

风把树吹倒了。

再大的风也吹不倒这个墙。

②会

“会”也既可作可能补语又可作结果补语。如：

甲：洗澡儿游泳你学不学得会？乙：我学不会。

洗澡儿我自个儿学会了。

(3)“V＋得/不了”

浠水方言“V＋得/不了”中“了”为完成体助词，“V”为关涉可完成与否的动词。如：

甲：一大碗饭吃得了呗？乙：吃不了。

甲：这丘田今昼儿今天割得了呗？乙：割不了。

6. 时地补语结构

时地补语表示心语行为所涉及的时间位置或方位位置。如：

她网瘾好大，一上上到天亮。

他一直在写文章，一直写到现在。

割谷一直割到天黑。

牛放在山上。

犁放在田里冒拿回。

油太少了，就一点油花浮在碗里。

7. 数量补语结构

数量补语表示心语行为所涉及的数量。如：

他割谷割了三天了。

他在我屋里住了三天了。

他又重了三斤。

灯已经黑过几回。

这家伙红过一阵子。

三、语法例句

这里所列的“语法例句”来源于张振兴先生提供的《汉语方言语法调查例句》。《汉语方言语法调查例句》所列用括号括起来，括号后面的文字是浠水方言中的相应说法。

001 (这句话用××话怎么说?)

这句话用浠水话么说的?

tɛ˥ tʂʮ˥ xua˧ ioŋ˧ tɕi˩ ʂʮəi˧ xua˧ mo˧ ʂʮɛ˨˩˧ ·ti?

002 (你还会说别的地方的话吗?)

你还会说别个地眼儿的话?

li˧ xai˨ xui˧ ʂʮɛ˨˩˧ p'iə˧ ·ko ti˧ ·ŋar ·ti xua˧?

003 (不会了，我从小就没出过门，只会说××话。)

不会，我一直冒出门，就只会说浠水话。

pu˨˩˧ xui˧，ŋo˥ i˨˩˧ tʂ'ʅ ˧ mau˧ tʂ'ʮ˨˩˧ mən˨，tɕiəu˧ tʂʅ˥ xui˧ ʂʮɛ˨˩˧ tɕi˩ ʂʮəi˧ xua˧。

004 (会，还会说××话、××话，不过说得不怎么好。)

会，还会说黄石话、武汉话，就是说的不么好。

xui˧，xai˨ xui˧ ʂʮɛ˩ xuaŋ˨ ʂʅ˧ xua˧、u˧ xan˥ xua˧，tɕiəu˧ ʂʅ˧ ʂʮɛ˩ ·ti pu˩ mo˧ xau˧。

005（会说普通话吗？）
会不会说普通话嘞？
xui˧ ·pu xui˧ ʂʮɛ˩ p'u˧ t'oŋ˩ xua˧ ·lɛ？

006（不会说，没有学过。）
不会，冒学过。
pu˩ xui˧，mau˧ ɕio˧ ·ko。

007（会说一点儿，不标准就是了。）
会一点儿啊，说的不么像。
xui˧ i˩ tiar˧ ·a，ʂʮɛ˩ ·ti pu˩ mo˧ tɕiaŋ˧。

008（在什么地方学的普通话？）
在哪个地眼儿学的普通话啊？
tai˧ la˧ ·ko ti˧ ·ŋar ɕio˧ ·ti p'u˧ t'oŋ˩ xua˧ ·la？

009（上小学中学都学普通话。）
读小学中学都学普通话。
təu˧ ɕiau˧ ɕio˧ tʂoŋ˩ ɕio˧ təu˩ ɕio˧ p'u˧ t'oŋ˩ xua˧。

010（谁呀？——我是老王。）
哪个啊？——我是老王啊。
la˧ ·ko ·a？——ŋo˧ ʂʅ˧ lau˧ uaŋ˨ ·ŋa。

011（您贵姓？——我姓王。您呢？）
您贵姓啊？——我姓王。您嘞？
li˧ kuəi˥ ɕin˥ ·a？——ŋo˧ ɕin˥ uaŋ˨。li˧ ·lɛ？

012（我也姓王，咱俩都姓王。）
我也姓王，我嗟都姓王。
ŋo˧ iɛ˧ ɕin˥ uaŋ˨，ŋo˧ ·tɕiɛ təu˩ ɕin˥ uaŋ˨。

013（巧了，他也姓王，本来是一家嘛。）
好巧啊，他也姓王，原来都是家门儿。
xau˧ tɕ'iau˧ ·a，t'a˩ iɛ˧ ɕin˥ uaŋ˨，ʮan˨ lai˨ təu˩ ʂʅ˧ tɕia˩ ·mər。

014（老张来了吗？说好他也来的！）
老张来冒？说好他也来的耶！

lau˧ tʂaŋ˩ lai˨ mau˧? ʂɥɛ˩ xau˧ t‘a˩ iɛ˧ lai˨ ·ti iɛ˩!

015（他没来，还没到吧。）

他冒来，还冒到吧。

t‘a˩ mau˧ lai˨。xai˨ mau˧ tau˥ ·pa。

016（他上哪儿了？——还在家里呢。）

他在哪个地眼儿去了啊？——还在屋的。

t‘a˩ tai˧ la˧ ·ko ti˧ ·ŋar tɕ‘i˥ ·liau ·ua? ——xai˨ tai˧ u˩ ·ti。

017（在家做什么？——在家吃饭呢。）

在屋的搞么事啊？——在屋的吃饭。

tai˧ u˩ ·ti kau˥ mo˥ sɿ˧ ·a? ——tai˧ u˩ ·ti tɕ‘i˩ fan˧。

018（都几点了，怎么还没吃完？）

几点钟了啊，么还冒吃完啊？

tɕi˧ tian˧ tʂoŋ˩ ·liau ·a，mo˧ xai˨ mau˧ tɕ‘i˩ uan˨ ·la?

019（还没有呢，再有一会儿就吃完了。）

还冒，再过一下儿就吃完了。

xai˨ mau˧，tʂai˥ ko˥ i˩ xar˧ tɕiəu˧ tɕ‘i˩ uan˨ ·liau。

020（他在哪儿吃的饭？）

他在哪个地眼儿吃的饭啊？

t‘a˩ tai˧ la˧ ·ko ti˧ ·ŋar tɕ‘i˩ ·ti fan˧ ·la?

021（他是在我家吃的饭。）

他在我的吃的饭。

t‘a˩ tai˧ ŋo˩ ·ti tɕ‘i˩ ·ti fan˧。

022（真的吗？——真的。他是在我家吃的饭。）

真的啊？——真的。他是在我的吃的饭。

tʂən˩ ·ti ·ia? ——tʂən˩ ·ti。t‘a˩ ʂɿ˧ tai˧ ŋo˩ ·ti tɕ‘i˩ ·ti fan˧。

023（先喝一杯茶再说吧！）

先喝杯茶着！

ɕian˩ xo˩ pəi˩ tʂ‘a˨ tʂo˧!

024（说好了就走的，怎么半天了还不走？）

说好了就走的，么半天了还不走啊？

ʂɥɛ˩ xau˧ ·liau tɕiəu˧ tsəu˧ ·ti，mo˧ pan˥ t‘ian˩ ·liau xai˨ pu˩ tʂəu˧ ·ua?

025（他磨磨蹭蹭的，做什么呢？）

个摸！在搞么事啊？

ko˧ mo˩! tai˧ kau˧ mo˧ sʅ˧ ·a?

026（他正在那儿跟一个朋友说话呢。）

他在那个地眼儿跟一个朋友说话。

t'a˩ tai˧ la˧ ·ko ti˧ ·ŋar kən˩ i˩ ·ko p'oŋ˧ iəu˧ ʂʯɛ˩ xua˧。

027（还没说完啊？催他快点儿！）

还冒说完啊？叫他快点儿！

xai˧ mau˧ ʂʯɛ˩ uan˧ ·la? tɕiau˧ t'a˩ k'uai˧ ·tiar!

028（好，好，他就来了。）

好，好。他就来了。

xau˧，xau˧。t'a˩ tɕiəu˧ lai˧ ·liau。

029（你上哪儿去？——我上街去。）

你到哪个地眼儿去啊？——我到街上去。

li˧ tai˧ la˧ ·ko ti˧ ·ŋar tɕ'i˧ ·ia? ——ŋo˧ tau˧ kai˩ ʂaŋ˧ tɕ'i˧。

030（你多会儿去？——我马上就去。）

你么时候儿去啊？——车身就走。

li˧ mo˧ ʂʅ˧ xor tɕ'i˧ ·ia? ——tʂ'ɛ˩ ʂən˩ tɕiəu˧ tsəu˧。

031（做什么去呀？——家里来客了，买点儿菜去。）

去做么事啊？——屋的来了客，去买点儿菜。

tɕ'i˧ tsəu˧ mo˧ sʅ˧ ·a? ——u˩ ·ti lai˧ ·liau k'ɛ˩，tɕ'i˧ mai˧ tiar˧ ts'ai˧。

032（你先去吧，我们一会儿再去。）

你先去吧，我嗟过下儿再走。

li˧ ɕian˩ tɕ'i˧ ·pa，ŋo˧ ·tɕiɛ ko˧ xar˧ tsai˧ tsəu˧。

033（好好儿走，别跑！小心摔跤了。）

慢点儿走，莫跑！莫跶倒了。

man˧ tiar˧ tsəu˧，mo˧ p'au˧! mo˧ ta˩ ·təu ·liau。

034（小心点儿，不然的话摔下去爬都爬不起来。）

小心点儿啊，要是落下去了就爬也爬不起来。

ɕiau˧ ·ɕin tiar˧ ·a，iau˧ ʂʅ˧ lo˩ xa˧ tɕ'i˧ ·liau tɕiəu˧ p'a˧ iɛ˧ p'a˧ ·pu tɕ'i˧ ·lai。

035（不早了，快去吧！）

不早了，快点儿去吧！

puɅ tsau˧ ·liau，k'uai˥ ·tiar tɕ'i˥ ·pa！

036（这会儿还早呢，过一会儿再去吧。）

这们儿还早，过下儿再去吧。

tɛ˥ ·mər xai˧ tsau˧，ko˥ xar˧ tsai˥ tɕ'i˥ ·pa。

037（吃了饭再去好不好？）

吃了饭再去要吧？

tɕ'iɅ ·liau fan˧ tsai˥ tɕ'i˥ iau˥ ·pa？

038（不行，那可就来不及了。）

不行，来不赢。

puɅ ɕin˧，lai˧ ·pu in˧。

039（不管你去不去，反正我是要去的。）

不管你去不，反正我是要去的。

puɅ kuan˧ li˧ tɕ'i˥ ·pu，fan˧ ·tʂən ŋo˥ ʂʅ˧ iau˥ tɕ'i˥ ·ti。

040（你爱去不去。你爱去就去，不爱去就不去。）

你想去就去，不想去就算了。

li˧ ɕiaŋ˧ tɕ'i˥ tɕiəu˧ tɕ'i˥，puɅ ɕiaŋ˧ tɕ'i˥ tɕiəu˧ san˥ ·liau。

041（那我非去不可！）

那我非去不可！

la˧ ŋo˥ fəi˩ tɕ'i˥ puɅ k'o˧！

042（那个东西不在那儿，也不在这儿。）

那个东西不在那个地眼儿，也不在这个地眼儿。

la˧ ·ko toŋ˩ ·ɕi puɅ tai˧ la˧ ·ko ti˧ ·ŋar，iɛ˥ puɅ tai˧ tɛ˥ ·ko ti˧ ·ŋar。

043（那到底在哪儿？）

那到底在哪个地眼儿嘞？

la˧ tau˥ ·ti tai˧ la˧ ko ti˧ ·ŋar ·lɛ？

044（我也说不清楚，你问他去！）

我也说不清，你去问他！

ŋo˥ iɛ˥ ʂʮɛɅ ·pu tɕ'in˩，li˧ tɕ'i˥ uən˧ t'a˩！

045（怎么办呢？——不是那么办，要这么办才对。）

么办呢？——不是个的搞的，要这样搞才行。

mo˧ pan˧ ·lɛ？——pu˧˩ ʂʅ˧ ko˥ ·ti kau˧ ·ti，iau˥ tɛ˥ iaŋ˧ kau˧ tsʻai˧ çin˧˩。

046（要多少才够呢？）

要几多才够数啊？

iau˥ tçi˧ to˩ tsʻai˧˩ kəu˥ səu˥ ·ua？

047（太多了，要不了那么多，只要这么多就够了。）

太多了，不要个多，这些就有了。

tʻai˥ to˩ ·liau，pu˧˩ iau˥ ko˧ to˩，tɛ˥ çiɛ˩ tçiəu˧ iəu˧ ·liau。

048（不管怎么忙，也得好好儿学习。）

不管么忙的，也要好好儿的学。

pu˧˩ kuan˧ mo˧ maŋ˧˩ ·ti，iɛ˧ iau˥ xau˧ ·xaur ·ti çio˧。

049（你闻闻这朵花香不香？）

你闻下儿看，这个花儿香不香啊？

li˧ uən˧˩ ·xar ·kʻan，tɛ˥ ·ko xuar˩ çiaŋ˩ ·pu çiaŋ˩ ·ŋa？

050（好香呀，是不是？）

好香啊！

xau˧ çiaŋ˩ ·ŋa！

051（你是抽烟呢，还是喝茶？）

你吃烟还是喝茶啊？

li˧ tçʻi˧˩ ian˩ xai˧˩ ʂʅ˧ xo˧˩ tsʻa˧˩ ·la？

052（烟也好，茶也好，我都不会。）

烟啊，茶啊，我都不沾。

ian˩ ·la，tsʻa˧˩ ·la，ŋo˧ təu˩ pu˧˩ tʂan˩。

053（医生叫你多睡一睡，抽烟喝茶都不行。）

郎中叫你多睏下儿，不吃烟，不喝茶。

laŋ˧˩ ·tʂoŋ tçiau˥ li˧ to˩ kuən˥ ·xar，pu˧˩ tçi˧˩ ian˩，pu˧˩ xo˧˩ tsʻa˧˩。

054（咱们一边走一边说。）

我嗟一路儿走一路儿说。

ŋo˧ ·tçiɛ i˧˩ ·ləur tsəu˧ i˧˩ ·ləur ʂʮɛ˧˩。

055（这个东西好是好，就是太贵了。）

这个东西好是好，就是太贵了。

tɛ˧ ·ko toŋ˩ ·ɕi xau˧ ʂʅ˧ xau˧，tɕiəu˧ ʂʅ˧ tʻai˧ kuəi˧ ·liau。

056（这个东西虽说贵了点儿，不过挺结实的。）

这个东西虽说贵了点儿，但经用啊。

tɛ˧ ·ko toŋ˩ ·ɕi ɕi˩ ʂʮɛ˨ kuəi˧ ·liau ·tiar，tan˧ tɕin˩ ioŋ˧ ·ŋa。

057（他今年多大了？）

他今年有几大儿啊？

tʻa˩ tɕin˩ ·ȵian iəu˧ tɕi˧ tar˧ ·la？

058（也就是三十来岁吧。）

也就是三十多点儿吧。

iɛ˧ tɕiəu˧ ʂʅ˧ san˩ ʂʅ˧ to˩ tiar˧ ·pa。

059（看上去不过三十多岁的样子。）

看样儿三十多点儿。

kʻan˧ iaŋ˧ ·ŋɚ san˩ ʂʅ˧ to˩ ·tiar。

060（这个东西有多重呢？）

这个东西好重呃？

tɛ˧ ·ko toŋ˩ ·ɕi xau˧ tʂoŋ˧ ·ŋɛ？

061（怕有五十多斤吧。）

怕有五十多斤吧。

pa˧ iəu˧ u˧ ʂʅ˧ to˩ tɕin˩ ·pa。

062（我五点半就起来了，你怎么七点了还不起来？）

我五点半就起来了，你么七点了还不起来耶？

ŋo˧ u˧ tian˧ pan˧ tɕiəu˧ tɕʻi˧ ·lai ·liau，li˧ mo˧ tɕʻi˨ tian˧ ·liau xai˨ pu˨ tɕʻi˧ ·lai ·iɛ？

063（三四个人盖一床被。一床被盖三四个人。）

三四个人共一床被服。一床被服盖三四个人。

san˩ sʅ˧ ·ko zən˨ koŋ˧ kai˧ i˨ tʂʻʮaŋ˨ pi˧ ·ku。i˨ tʂʻʮaŋ˨ pi˧ ·ku kai˧ san˩ sʅ˧ ·ko zən˨。

064（一个大饼夹一根油条。一根油条外加一个大饼。）

一个饼子夹一根油馃子。一根油馃子还加一个饼子。

i˨ ·ko pin˧ ·tsʅ ka˨ i˨ kən˩ iəu˨ ko˧ ·tsʅ。i˨ kən˩ iəu˨ ko˧ ·tsʅ xai˨ tɕia˩

i˩ ·ko pin˧ ·tsɿ。

065（两个人坐一张凳子。一张凳子坐了两个人。）

两个人坐一个凳子。一个凳子坐了两个人。

liaŋ˧ ·ko zʅən˦ tso˧ i˩ ·ko tən˥ ·tsɿ。i˩ ·ko tən˥ ·tsɿ tso˧ ·liau liaŋ˧ ·ko zʅən˦。

066（一辆车装三千斤麦子。三千斤麦子刚好够装一辆车。）

一个车装三千斤麦。三千斤麦装一个车将将儿好。

i˩ ·ko tʂʻɛ˩ tʂʯaŋ˩ san˩ tɕʻian˩ tɕin˩ mɛ˩。san˩ tɕʻian˩ tɕin˩ mɛ˩ tʂʯaŋ˩ i˩ ·ko tʂʻɛ˩ tɕiaŋ˩ ·tɕiaŋ ·ŋɚ xau˧。

067（十个人吃一锅饭。一锅饭够吃十个人。）

十个人吃一锅饭。一锅饭够十个人吃。

ʂʅ˧ ·ko zʅən˦ tɕʻi˩ i˩ o˩ fan˧。i˩ o˩ fan˧ kəu˥ ʂʅ˧ ·ko zʅən˦ tɕʻi˩。

068（十个人吃不了这锅饭。这锅饭吃不了十个人。）

十个人吃不完这锅饭。这锅饭十个人吃不倒。

ʂʅ˧ ·ko zʅən˦ tɕʻi˩ ·pu uan˦ tɛ˥ o˩ fan˧。tɛ˥ o˩ fan˧ ʂʅ˧ ·ko zʅən˦ tɕʻi˩ ·pu tau˧。

069（这个屋子住不下十个人。）

这间屋住不下十个人。

tɛ˥ kan˩ u˩ tʂʯ˧ ·pu xa˧ ʂʅ˧ ·ko zʅən˦。

070（小屋堆东西，大屋住人。）

细屋儿堆东西，大屋住人。

ɕi˥ u˩ ·ɚ ti˩ toŋ˩ ·ɕi，ta˧ u˩ tʂʯ˧ zʅən˦。

071（他们几个人正说着话呢。）

他嗟几个在说话。

tʻa˩ ·tɕiɛ tɕi˧ ·ko tsai˧ ʂʯɛ˩ xua˧。

072（桌上放着一碗水，小心别碰倒了。）

桌子上有碗水，莫碰泼了。

tʂo˩ ·tsɿ ·ʂaŋ iəu˧ uan˧ ʂʯəi˧，mo˧ pʻoŋ˥ pʻo˩ ·liau。

073（门口站着一帮人，在说着什么。）

门口围了一堆人，不晓得在说么事。

men˦ kʻəu˧ uei˦ ·liau i˩ ti˩ zʅən˦，pu˩ ɕiau˧ ·tɛ tsai˧ ʂʯɛ˩ mo˧ sɿ˧。

074（坐着吃好，还是站着吃好？）
坐倒吃好些啊，还是徛倒吃好些啊？
tso˧ ·təu tɕʻi˨ xau˧ ·ɕiɛ ·la，xai˧ ʂʅ˧ tɕʻi˧ ·təu tɕʻi˨ xau˧ ·ɕiɛ ·la？
075（想着说，不要抢着说。）
想好了再说，莫抢倒说。
ɕiaŋ˥ xau˧ ·liau tsai˥ ʂʯɛ˨，mo˧ tɕʻiaŋ˥ ·təu ʂʯɛ˨。
076（说着说着就笑起来了。）
说倒说倒就笑起来了。
ʂʯɛ˨ ·təu ʂʯɛ˨ ·təu tɕiəu˧ ɕiau˥ ·tɕʻi ·lai ·liau。
077（别怕！你大着胆子说吧。）
莫怕！你大起胆子说。
mo˧ pʻa˥！li˧ ta˧ ·tɕʻi tan˥ ·tsʅ ʂʯɛ˨。
078（这个东西重着呢，足有一百来斤。）
这个东西重的很，足足的有一百多斤。
tɛ˥ ·ko toŋ˧ ·ɕi tʂoŋ˧ ·ti xən˥，tsəu˨ ·tsəu ·ti iəu˧ i˨ pɛ˨ to˩ tɕin˩。
079（他对人可好着呢！）
他对人冒得说的！
tʻa˩ ti˥ zən˧ mau˧ ·tɛ ʂʯɛ˨ ·ti！
080（这小伙子可有劲着呢。）
这伢儿好有劲！
tɛ˥ ŋar˧ xau˧ iəu˧ tɕin˥！
081（别跑，你给我站着！）
莫跑，你跟我徛倒！
mo˧ pʻau˧，li˧ kən˩ ŋo˧ tɕi˧ ·təu！
082（下雨了，路上小心着！）
落雨了，路上小心点儿啊！
lo˨ ʯ˧ ·liau，ləu˧ ·ʂaŋ ɕiau˧ ɕin˩ tiar˧ ·a！
083（点着火了。着凉了。）
火点着了。冻凉了。
xo˧ tian˧ tʂʻo˧ ·liau。toŋ˥ liaŋ˧ ·liau。
084（甭着急，慢慢儿来。）

莫着急，慢慢儿的来。

mo˧ tʂʻo˧ tɕi˩˨，man˧ ·mar ·ti lai˨˦。

085（我正在这儿找着呢，还没找着。）

我正在找，还冒找倒。

ŋo˧ tʂən˥ tsai˧ tʂau˧，xai˨˦ mau˧ tʂau˧ ·tau。

086（她呀，可厉害着呢！）

她啊，不晓得几狠！

tʻa˩ ·la，pu˩˨ ɕiau˥ ·tɛ tɕi˧ xən˥！

087（这本书好看着呢！）

这本书不晓得几好看！

tɛ˥ pən˥ ʂʯ˩ pu˩˨ ɕiau˥ ·tɛ tɕi˥ xau˧ kʻan˥！

088（饭好了，快来吃吧。）

饭舞好了，快点儿来吃吧。

fan˧ u˧ xau˧ ·liau，kʻuai˥ ·tiar lai˨˦ tɕʻi˩˨ ·pa。

089（锅里还有饭没有？你去看一看。）

锅的还有饭冒得啊？你去看下儿。

o˩ ·ti xai˨˦ iəu˧ fan˧ mau˧ tɛ˩˨ ·la？li˧ tɕʻi˥ kʻan˥ ·xar。

090（我去看了，没有饭了。）

我去看了，冒得饭了。

ŋo˧ tɕʻi˥ kʻan˥ ·liau，mau˧ tɛ˩˨ fan˧ ·liau。

091（就剩一点儿了，吃了得了。）

就剩一点儿，吃完算了。

tɕiəu˧ ʂən˧ i˩˨ tiar˧，tɕʻi˩˨ uan˨˦ san˥ ·liau。

092（吃了饭要慢慢儿的走，别跑，小心肚子疼。）

吃饭后要慢慢儿的走，莫跑，小心肚子痛。

tɕʻi˩˨ fan˧ xəu˧ iau˥ man˧ ·mar ·ti tsəu˧，mo˧ pʻau˧，ɕiau˧ ·ɕin təu˧ ·tsɿ tʻoŋ˥。

093（他吃了饭了，你吃了饭没有呢？）

他吃了饭了，你吃了冒？

tʻa˩ tɕʻi˩˨ ·liau fan˧ ·liau，li˧ tɕʻi˩˨ ·liau mau˧？

094（我喝了茶还是渴。）

我喝了茶还是渴。

ŋo˧ xo˩ ·liau ts'a˨ xai˨ ʂʅ˧ k'o˩。

095（我吃了晚饭，出去溜达了一会儿，回来就睡下了，还做了个梦。）

我吃了夜饭，出去玩一下儿，回来就睏了，还做了一个梦。

ŋo˧ tɕ'i˩ ·liau iɛ˧ fan˧，ts'ɥ˩ ·tɕ'i uan˨ i˩ ·xar，xuəi˨ ·lai tɕiəu˧ kun˧ ·liau，xai˨ tsəu˧ ·liau i˩ ·ko moŋ˧。

096（吃了这碗饭再说。）

吃了这碗饭着。

tɕ'i˩ ·liau tɛ˧ uan˧ fan˧ tʂo˧。

097（我昨天照了相了。）

我昨儿照了相的。

ŋo˧ tso˩ ·ɚ tsau˧ ·liau ɕiaŋ˧ ·ti。

098（有了人，什么事都好办。）

有了人，么事都好说。

iəu˧ ·liau ʐən˨，mo˧ sʅ˧ təu˩ xau˧ ʂɥɛ˩。

099（不要把茶杯打碎了。）

莫把茶杯儿打了。

mo˧ pa˧ ts'a˨ pəi˩ ·ɚ ta˧ ·liau。

100（你快把这碗饭吃了，饭都凉了。）

你快点儿把这碗饭吃了，饭都冷了。

li˧ k'uai˧ ·tiar pa˧ tɛ˧ uan˧ fan˧ tɕ'i˩ ·liau，fan˧ təu˩ liaŋ˨ ·liau。

101（下雨了。雨不下了，天晴开了。）

落雨了。雨冒落了，天晴了。

lo˩ ɥ˧ ·liau。ɥ˧ mo˧ lo˩ ·liau，t'ian˩ tɕ'in˨ ·liau。

102（打了一下。去了一趟。）

打了一下儿。去了一趟。

ta˧ ·liau i˩ ·xar。tɕ'i˧ ·liau i˩ t'aŋ˧。

103（晚了就不好了，咱们快点儿走吧！）

晏了就不好了，我嗟快点儿走吧！

ŋan˧ ·liau tɕiəu˧ pu˩ xau˧ ·liau。ŋo˧ ·tɕiɛ k'uai˧ ·tiar tsəu˧ ·pa。

104（给你三天时间做得了做不了？）

把你三天工夫做不做得完？

pa˧ li˧ san˩ t'ian˩ koŋ˩ ·fu tsəu˥ ·pu tsəu˥ ·tɛ uan˨？

105（你做得了，我做不了。）

你做得完，我做不完。

li˧ tsəu˥ ·tɛ uan˨，ŋo˧ tsəu˥ ·pu uan˨。

106（你骗不了我。）

你唬不倒我。

li˧ xu˥ ·pu tau˧ ŋo˧。

107（了了这桩事情再说。）

做完这个事着。

tsəu˥ uan˨ tɛ˥ ·ko sɿ˧ tʂo˧。

108（这间房没住过人。）

这间屋冒住过人。

tɛ˥ kan˩ u˨ mau˧ tʂɥ˧ ko˥ zən˨。

109（这牛拉过车，没骑过人。）

这条牛拉过车，冒骑过人。

tɛ˥ t'iau˨ ȵiəu˨ la˩ ·ko tʂ'ɛ˩，mau˧ tɕ'i˨ ·ko zən˨。

110（这小马还没骑过人，你小心点儿。）

这个细马儿还冒骑过人，你小心点儿。

tɛ˥ ·ko ɕi˥ ma˧ ·ɚ xai˨ mau˧ tɕ'i˨ ·ko zən˨，li˧ ɕiau˧ ·ɕin ·tiar。

111（以前我坐过船，可从来没骑过马。）

从前我坐过船，冒骑过马。

ts'oŋ˨ tɕ'ian˨ ŋo˧ tso˧ ·ko tʂ'ɥan˨，mau˧ tɕ'i˨ ·ko ma˧。

112（丢在街上了。搁在桌上了。）

落倒街上了。搁在桌子上了。

lo˨ ·tau kai˩ ·ʂaŋ ·liau。ko˨ ·tai tʂo˨ ·tsɿ ·saŋ ·liau。

113（掉到地上了，怎么都没找着。）

落到地下了，到处找都冒找倒。

lo˨ ·tau ti˧ ·xa ·liau，tau˥ tʂ'ɥ˥ tʂau˧ təu˩ mau˧ tʂau˧ ·tau。

114（今晚别走了，就在我家住下吧！）

真昼夜歇莫走了，就在我的歇！

tʂən˩ tʂəu˧ iɛ˧ ·ɕiə mo˧ tsəu˧ ·liau，tɕiəu˧ tai˧ ŋo˨ ·ti ɕiə˨!

115（这些果子吃得吃不得?）

这些东西吃不吃得啊?

tɛ˥ ɕiə˩ toŋ˩ ·ɕi tɕʻi˨ ·pu tɕʻi˨ ·tɛ ·la?

116（这是熟的，吃得。那是生的，吃不得。）

这是熟的，吃得。那是生的，吃不得。

tɛ˥ ʂʅ˧ ʂəu˧ ·ti，tɕʻi˨ ·tɛ。la˧ ʂʅ˧ sən˩ ·ti，tɕʻi˨ ·pu ·tɛ。

117（你们来得了来不了?）

你嗟来不来得成啊?

li˧ ·tɕiɛ lai˦ ·pu lai˦ ·tɛ tʂʻən˦ ·la?

118（我没事，来得了，他太忙，来不了。）

我冒得事，来得成；他忙的很，来不成。

ŋo˧ mau˧ tɛ˨ sʅ˧，lai˦ ·tɛ tʂʻən˦；tʻa˩ maŋ˦ ·ti xən˧，lai˦ ·pu tʂʻən˦。

119（这个东西很重，拿得动拿不动?）

这个东西重的很，拿不拿得动啊?

tɛ˥ ·ko toŋ˩ ·ɕi tʂoŋ˧ ·ti xən˧，la˦ ·pu la˦ ·tɛ toŋ˧ ·ŋa?

120（我拿得动，他拿不动。）

我拿的动，他拿不动。

ŋo˧ la˦ ·ti toŋ˧，tʻa˩ la˦ ·pu toŋ˧。

121（真不轻，重得连我都拿不动了。）

真重，连我都拿不动。

tʂən˩ tʂoŋ˧，lian˦ ŋo˧ təu˩ la˦ ·pu toŋ˧。

122（他手巧，画得很好看。）

他的手巧，画的好看的很。

tʻa˩ ·ti ʂəu˧ tɕʻiau˧，xua˧ ·ti xau˧ kʻan˥ ·ti xən˧。

123（他忙得很，忙得连吃过饭没有都忘了。）

他忙的不得了，忙的连饭吃冒都不记得了。

tʻa˩ maŋ˦ ·ti pu˨ tɛ˨ ·liau，maŋ˦ ·ti lian˦ fan˧ tɕʻi˨ mau˧ təu˩ pu˨ tɕiau˧ ·tɛ ·liau。

124（你看他急得，急得脸都红了。）

你看他急得，急得脸也红了。

li˧ k'an˥ t'a˩ tɕi˨ ·tɛ， tɕi˨ ·tɛ lian˧ təu˩ xoŋ˨ ·liau。

125（你说得很好，你还会说些什么呢？）

你说的好的很。你还会说些么事啊？

li˧ ʂʯɛ˨ ·ti xau˧ ·ti xən˧， li˧ xai˨ xui˧ ʂʯ ɛ˨ ɕiɛ˩ mo˧ ·sʅ ·a？

126（说得到，做得了，真棒！）

说的到，做的到，真不错！

ʂʯɛ˨ ·ti tau˥， tsəu˥ ·ti tau˧， tʂən˩ pu˨ ts'o˥！

127（这个事情说得说不得呀？）

这个事儿说说不得啊？

tɛ˥ ·ko sʅ˧ ·ɚ ʂʯɛ˨ ·ʂʯɛ ·pu tɛ ·la？

128（他说得快不快？听清楚了吗？）

他说的快不快啊？听清冒？

t'a˩ ʂʯɛ˨ ·ti k'uai˥ ·pu k'uai˥ ·ia？ t'in˥ tɕ'in˩ mau˧？

129（他说得快不快？只有五分钟时间了。）

他说的快不快啊？只剩五分钟了。

t'a˩ ʂʯɛ˨ ·ti k'uai˥ ·pu k'uai˥ ·ia？ tʂʅ˧ ʂən˧ u˧ fən˩ tʂoŋ˩ ·liau。

130（这是他的书。）

这是他的书。

tɛ˥ ʂʅ˧ t'a˩ ·ti ʂʯ˩。

131（那本书是他哥哥的。）

那本书是他哥的。

la˧ pən˧ ʂʯ˩ ʂʅ˧ t'a˨ ko˩ ·ti。

132（桌子上的书是谁的？——是老王的。）

桌子上的书是哪个的啊？——是老王的。

tʂo˨ ·tsʅ ʂaŋ˧ ·ti ʂʯ˩ ʂʅ˧ la˧ ·ko ·ti ·ia？——ʂʅ˧ lau˧ uaŋ˨ ·ti。

133（屋子里坐着很多人，看书的看书，看报的看报，写字的写字。）

屋的坐了好多人，看书的看书，看报的看报，写字的写字。

u˨ ·ti tso˧ ·liau xau˧ to˩ ʐən˨， k'an˥ ʂʯ˩ ·ti k'an˥ ʂʯ˩， k'an˥ pau˥ ·ti k'an˥ pau˥， ɕiɛ˧ tsʅ˧ ·ti ɕiɛ˧ tsʅ˧。

134（要说他的好话，不要说他的坏话。）

要说他的好话，不说他的坏话。

iau˧ ʂʮɛ˨ t'a˩ ·ti xau˧ xua˧，pu˨ ʂʮɛ˨ t'a˩ ·ti xuai˧ xua˧。

135（上次是谁请的客？——是我请的。）

上回儿是哪个请的客啊？——我请的客。

saŋ˧ xuiər˨ ʂʅ˧ la˧ ·ko tɕ'in˧ ·ti k'ɛ˨ ·la？——ŋo˧ tɕ'in˧ ·ti k'ɛ˨。

136（你是哪年来的？）

你是哪年来的啊？

li˧ ʂʅ˧ la˧ ȵian˨ lai˨ ·ti ·ia？

137（我是前年到的北京。）

我是前年到的北京。

ŋo˧ ʂʅ˧ tɕ'ian˨ ·ȵian tau˧ ·ti pɛ˨ tɕin˩。

138（你说的是谁？）

你说的是哪个啊？

li˧ ʂʮɛ˨ ·ti ʂʅ˧ la˧ ·ko ·la？

139（我反正不是说的你。）

我说的反正不是你。

ŋo˧ ʂʮɛ˨ ·ti fan˧ ·tʂən pu˨ ʂʅ˧ li˧。

140（他那天是见的老张，不是见的老王。）

他那天是见的老张，不是老王。

t'a˩ la˧ t'ian˩ ʂʅ˧ tɕian˧ ·ti lau˧ tʂaŋ˩，pu˨ ʂʅ˧ lau˧ uaŋ˨。

141（只要他肯来，我就没得说了。）

只要他肯来，我就冒得么事说的了。

tʂʅ˧ iau˧ t'a˩ k'ən˧ lai˨，ŋo˧ tɕiəu˧ mau˧ tɛ˨ mo˧ sʅ˧ ʂʮɛ˨ ·ti ·liau。

142（以前是有的做，没的吃。）

往日是有做的，冒得吃的。

uaŋ˧ ·ŋɚ ʂʅ˧ iəu˧ tsəu˧ ·ti，mau˧ ·tɛ tɕ'i˨ ·ti。

143（现在是有的做，也有的吃。）

还周是有做的，也有吃的。

xai˨ ·tʂəu ʂʅ˧ iəu˧ tsəu˧ ·ti，iə˧ iəu˧ tɕ'i˨ ·ti。

144（上街买个蒜啊葱的，也方便。）

上街买点儿蒜啊葱啊，也方便。

ʂaŋ˧ kai˩ mai˨ ·tiar san˧ ·la ts'oŋ˩ ·ŋa，iɛ˧ faŋ˩ ·pian。

145（柴米油盐什么的，都有的是。）
柴米油盐，哪样儿都有。
tʂʻai˥˧ mi˧ iəu˥˧ ian˥˧，la˧ ·iaŋ ·ŋɚ təu˩ iəu˥˧。
146（写字算账什么的，他都能行。）
写字算账，他都能行。
ɕiɛ˧ tsɿ˧ san˥ tʂaŋ˥，tʻa˩ təu˩ lən˥˧ ɕin˥˧。
147（把那个东西递给我。）
把那个东西拿的我。
pa˧ la˧ ·ko toŋ˩ ·ɕi la˥˧ ·ti ŋo˧。
148（是他把那个杯子打碎了。）
是他把那个杯儿打了。
ʂʅ˧ tʻa˩ pa˧ la˧ ·ko pəi˩ ·iɚ ta˧ ·liau。
149（把人家脑袋都打出血了，你还笑！）
把别个的脑壳都打出血了，你还笑！
pa˧ piɛ˧ ·ko ·ti lau˧ ·kʻo təu˩ ta˧ tʂʻʮ˨˩˦ ɕiɛ˨˩˦ ·liau，li˧ xai˥˧ ɕiau˥！
150（快去把书还给他。）
快点儿把书还的他。
kʻuai˥ ·tiar pa˧ ʂʮ˩ xuan˥˧ ·ti tʻa˩。
151（我真后悔当时没把他留住。）
我真是悔啊，那个时会儿冒把他留倒。
ŋo˧ tʂən˩ ʂʅ˨˩˦ xuəi˥ ·ia，la˧ ·ko ʂʅ˥˧ ·xuiər mau˧ pa˧ tʻa˩ liəu˥˧ ·təu。
152（你怎么能不把人当人呢？）
你么能把人不当人嘞？
li˧ mo˧ lən˥˧ pa˧ ʐən˥˧ pu˨˩˦ taŋ˥ ʐən˥˧ ·lɛ？
153（有的地方管太阳叫日头。）
有的地眼儿把太阳叫日头。
iəu˧ ·ti ti˧ ·ŋɚ pa˧ tʻai˥ ·iaŋ tɕiau˥ ɚ˨˩˦ ·tʻəu。
154（什么？她管你叫爷爷？）
么事啊？她叫你叫爹啊？
mo˧ sɿ˧ ·a？tʻa˩ tɕiau˥ li˧ tɕiau˥ tiɛ˩ ·la？
155（你拿什么都当真的，我看没必要。）

你把么事都当真的，冒得那个必要。

li˧ pa˧ mo˧ sɿ˧ təu˩ taŋ˥ tʂən˩ ·ti，mau˧ tɛ˨˦ la˧ ·ko pi˨˦ iau˥。

156 (真拿他没办法，烦死我了。)

实在把他没法儿，烦死我了。

ʂʅ˨˦ ·tsai pa˧ t‘a˩ mɛ˨˦ far˨˦，fan˦ sɿ˧ ŋo˧ ·liau。

157 (看你现在拿什么还人家。)

看你还周拿么事还人家。

k‘an˥ li˧ xai˦ ·tʂəu la˦ mo˧ sɿ˧ xuan˦ ʐən˦ ·ka。

158 (他被妈妈说哭了。)

他让妈说得哭起来了。

t‘a˩ ɥaŋ˧ ma˦ ʂɥɛ˨˦ ·tɛ k‘u˨˦ ·tɕ‘i ·lai ·liau。

159 (所有的书信都被火烧了，一点儿剩的都没有。)

所有的书和信下紧火烧了，一点儿都冒剩。

so˧ iəu˧ ·ti ʂɥ˩ xo˦ ɕin˥ xa˧ tɕin˧ xo˦ ʂau˩ ·liau，i˨˦ ·tiar təu˩ mau˧ ʂən˧。

160 (被他缠了一下午，什么都没做成。)

让他裹了一个下昼，么事都冒做成。

ɥaŋ˧ t‘a˩ ko˧ ·liau i˨˦ ·ko xa˧ tʂəu˥，mo˧ sɿ˧ təu˩ mau˧ tsəu˥ tʂ‘ən˦。

161 (让人给打懵了，一下子没明白过来。)

让别个打昏了，半天不晓得么搞的。

ɥaŋ˧ p‘iɛ˧ ·ko ta˧ xun˩ ·liau，pan˥ t‘ian˩ pu˨˦ ɕiau˧ ·tɛ mo˧ kau˧ ·ti。

162 (给雨淋了个浑身湿透。)

浑身□得透湿。

xuən˩ ʂən˩ ts‘a˧ ·tɛ t‘əu˥ ʂʅ˨˦。

163 (给我一本书。给他三本书。)

把一本书我。把三本书他。

pa˧ i˨˦ pən˧ ʂɥ˩ ŋo˧。pa˧ san˩ pən˧ ʂɥ˩ t‘a˩。

164 (这里没有书，书在那里。)

这儿没书，书在那儿。

tɛ˥ ·ɚ mɛ˨˦ ʂɥ˩，ʂɥ˩ tai˧ la˧ ·ɚ。

165 (叫他快来找我。)

叫他快点儿来找我。

tɕiau˥ tʻa˩ kʻuai˥ ·tiar lai˨ tʂau˧ ŋo˧。

166（赶快把他请来。）

赶快把他请来。

kan˧ kʻuai˥ pa˧ tʻa˩ tɕʻin˧ lai˨。

167（我写了条子请病假。）

我写病假条儿请了病假。

ŋo˧ ɕiɛ˧ pin˧ tɕia˧ tʻiau˧ ·uɚ tɕʻin˧ ·liau pin˧ tɕia˧。

168（我上街买了份报纸看。）

我上街买了份报纸看。

ŋo˧ ʂaŋ˧ kai˩ mai˧ ·liau fən˧ pau˥ tʂʅ˧ kʻan˥。

169（我笑着躲开了他。）

我朝他笑了下儿，躲开了。

ŋo˧ tsʻau˧ tʻa˩ ɕiau˥ ·liau ·xar，to˧ kʻai˩ ·liau。

170（我抬起头笑了一下。）

我抬头笑了下儿。

ŋo˧ tʻai˧ tʻəu˨ ɕiau˥ ·liau ·xar。

171（我就是坐着不动，看你能把我怎么着。）

我就是坐倒不动，看你把我么样。

ŋo˧ tɕiəu˧ ʂʅ˧ tso˧ ·təu pu˩ toŋ˧，kʻan˥ li˧ pa˧ ŋo˧ mo˧ iaŋ˧。

172（她照顾病人很细心。）

她招呼病人过细的很。

tʻa˩ tʂau˩ ·xu pin˧ ·ʐən ko˥ ɕi˥ ·ti xən˧。

173（他接过苹果就咬了一口。）

他接倒苹果就啮了一口。

tʻa˩ tɕiɛ˩ ·təu pʻin˨ ·ko tɕiəu˧ ŋɛ˧ ·liau i˩ kʻəu˨。

174（他的一番话使在场的所有人都流了眼泪。）

他的一些话让这汉儿的人下流眼泪了。

tʻa˩ ·ti i˩ ɕiɛ˩ xua˧ ɥaŋ˧ tɛ˥ ·xar ·ti ʐən˨ xa˧ liəu˨ ŋan˧ ·li ·liau。

175（我们请他唱了一首歌。）

我嗟请他唱了一个歌儿。

ŋo˧ ·tɕiɛ tɕʻin˧ tʻa˩ tʂʻaŋ˥ ·liau i˨ ·ko ko˩ ·ɚ。

176（我有几个亲戚在外地做工。）

我有几个亲戚在外面打工。

ŋo˧ iəu˥ tɕi˧ ·ko tɕʻin˩ ·tɕʻi tai˧ uai˧ mian˧ ta˧ koŋ˩。

177（他整天都陪着我说话。）

他一天到黑都陪倒我说话。

tʻa˩ i˨ tʻian˩ tau˥ xɛ˨ təu˩ pʻi˦ ·tau ŋo˧ ʂʮɛ˨ xua˧。

178（我骂他是个大笨蛋，他居然不恼火。）

我说他是个大笨蛋，他也不气。

ŋo˧ ʂʮɛ˨ tʻa˩ ʂʅ˧ ·ko ta˧ pən˧ tan˧，tʻa˩ iɛ˧ pu˨ tɕʻi˥。

179（他把钱一扔，二话不说，转身就走。）

他把钱一丢，二话不说，斢头就走。

tʻa˩ pa˧ tɕʻian˦ i˨ tiəu˩，ɚ˧ xua˧ pu˨ ʂʮɛ˨，tʻiau˥ tʻəu˦ tɕiəu˧ tsəu˦。

180（我该不该来呢？）

我该不该来啊？

ŋo˧ kai˩ ·pu kai˩ lai˦ ·ia？

181（你来也行，不来也行。）

你来也要得，不来也要得。

li˧ lai˦ iɛ˧ iau˥ ·tɛ，pu˨ lai˦ iɛ˧ iau˥ ·tɛ。

182（要我说，你就不应该来。）

要我说，你就不该来。

iau˥ ŋo˧ ʂʮɛ˨，li˧ tɕiəu˧ pu˨ kai˩ lai˦。

183（你能不能来？）

你能不能来啊？

li˧ lən˦ ·pu lən˦ lai˦ ·ia？

184（看看吧，现在说不准。）

看下儿着，这个时会儿还说不倒。

kʻan˥ ·xar tʂo˧，tɛ˥ ·ko ʂʅ˦ ·xəur xai˦ ʂʮɛ˨ ·pu ·tau。

185（能来就来，不能来就不来。）

能来就来，不能来就算了。

lən˦ lai˦ tɕiəu˧ lai˦，pu˨ lən˦ lai˦ tɕiəu˧ san˥ ·liau。

186 (你打算不打算去?)

你打不打算去?

li˧ ta˧ ·pu ta˧ ·san tɕʻi˥?

187 (去呀! 谁说我不打算去?)

去啊! 哪个说我不去啊?

tɕʻi˥ ·ia! la˧ ·ko ʂʮɛ˨˩˦ ŋo˧ pu˨˩˦ tɕʻi˥ ·ia?

188 (他一个人敢去吗?)

他一个人敢不敢去啊?

tʻa˩ i˨˩˦ ·ko ʐən˥˧ kan˧ ·pu kan˧ tɕʻi˥ ·ia?

189 (敢! 那有什么不敢的?)

敢! 那有么不敢的啊?

kan˧! la˧ iəu˧ mo˧ pu˨˩˦ kan˧ ·ti ·ia?

190 (他到底愿不愿意说?)

他到底愿不愿意说啊?

tʻa˩ tau˥ ·ti ʮan˧ ·pu ʮan˧ i˥ ʂʮɛ˨˩˦ ·la?

191 (谁知道他愿意不愿意说?)

哪个晓得他愿不愿意说啊?

la˧ ·ko ɕiau˧ ·tɛ tʻa˩ ʮan˧ ·pu ʮan˧ i˥ ʂʮɛ˨˩˦ ·la?

192 (愿意说得说，不愿意说也得说。)

愿意说也要说，不愿意说也要说。

ʮan˧ i˥ ʂʮɛ˨˩˦ iɛ˧ iau˥ ʂʮɛ˨˩˦，pu ʮan˧ i˥ ʂʮɛ˨˩˦ iɛ˧ iau˥ ʂʮɛ˨˩˦。

193 (反正我得让他说，不说也得说。)

反正我要他说，不说也得说。

fan˧ ·tʂən ŋo˧ iau˥ tʻa˩ ʂʮɛ˨˩˦，pu˨˩˦ ʂʮɛ˨˩˦ iɛ˧ tɛ˨˩˦ ʂʮɛ˨˩˦。

194 (还有没有饭吃?)

还有冒得饭吃啊?

xai˥˧ iəu˧ mau˧ ·tɛ fan˧ tɕʻi˨˩˦ ·ia?

195 (有，刚吃呢。)

有，我嗟一的吃的。

iəu˧，ŋo˧ ·tɕiɛ i˨˩˦ ·ti tɕʻi˨˩˦ ·ti。

196 (没有了，谁叫你不早来!)

冒得了，哪个叫你不早点儿来的啊！

mau˧ tɛ˨˦ ·liau，la˧ ·ko tɕiau˥ li˧ pu˨˦ tsau˥ ·tiar lai˨˩ ·ti ·ia！

197（你去过北京吗？——我没去过。）

你去过北京冒？——我冒去过。

li˧ tɕʻi˥ ·ko pɛ˨˦ tɕin˩ mau˧？——ŋo˧ mau˧ tɕʻi˥ ·ko。

198（我十几年前去过，可没怎么玩，都没印象了。）

我十几年前去过，冒好好儿的玩，都记不得了。

ŋo˧ ʂʅ˧ tɕi˧ ȵian˨˩ tɕʻian˨˩ tɕʻi˥ ·ko，mau˧ xau˧ ·xaur ·ti uan˨˩，təu˩ tɕi˥ ·pu tɛ˨˦ ·liau。

199（这件事他知道不知道？）

这个事他晓不晓得啊？

tɛ˥ ·ko sʅ˧ tʻa˩ ɕiau˧ ·pu ɕiau˧ ·tɛ ·la？

200（这件事他肯定知道。）

这个事他肯定晓得。

tɛ˥ ·ko sʅ˧ tʻa˩ kʻən˧ ·tin ɕiau˧ ·tɛ。

201（据我了解，他好像不知道。）

据我了解，他好像不晓得。

tʂʮ˥ ŋo˧ liau˧ kai˧，tʻa˩ xau˧ ·tɕʻiaŋ pu˨˦ ɕiau˧ ·tɛ。

202（这些字你认得不认得？）

这些字你认不认得啊？

tɛ˥ ɕiɛ˩ tsʅ˧ li˧ ɻən˧ ·pu ɻən˧ ·tɛ ·la？

203（我一个大字也不认得。）

我一个字都不认得。

ŋo˧ i˨˦ ko˥ tsʅ˧ təu˩ pu˨˦ ɻən˧ ·tɛ。

204（只有这个字我不认得，其他字都认得。）

只有这个字我不认得，别的都认得。

tʂʅ˥ iəu˧ tɛ˥ ·ko tsʅ˧ ŋo˧ pu˨˦ ɻən˧ ·tɛ，pʻiɛ˧ ·ti təu˩ ɻən˧ ·tɛ。

205（你还记得不记得我了？）

你还记不记得我啊？

li˧ xai˨˩ tɕi˥ ·pu tɕi˥ ·tɛ ŋo˧ ·la？

206（记得，怎么能不记得！）

记得，么不记得嘞！

tɕi˥ ·tɛ，mo ˦ pu˨˩˧ tɕi˥ ·tɛ ·lɛ！

207（我忘了，一点都不记得了。）

我忘经了，一点儿都不记得了。

ŋo˦ uaŋ˦ tɕin˦ ·liau，i˨˩˧ tiar˦ təu˩ pu˨˩˧ tɕi˥ ·tɛ ·liau。

208（你在前边走，我在后边走。）

你在前头走，我在后头走。

li˦ tai˧ tɕʻian˧˩ ·tʻəu tsəu˦，ŋo˦ tai˧ xəu˧ ·tʻəu tsəu˦。

209（我告诉他了，你不用再说了。）

我跟他说了，你不消再说得了。

ŋo˦ kəu˩ tʻa˩ ʂʮɛ˨˩˧ ·liau，li˦ pu˨˩˧ ɕiau˩ tsai˥ ʂʮɛ˨˩˧ ·tɛ ·liau。

210（这个大，那个小，你看哪个好？）

这个大，那个小，你看哪个好些啊？

tɛ˥ ·ko ta˧，la˧ ·ko ɕiau˦，li˦ kʻan˥ la˧ ·ko xau˦ ·ɕiɛ ·la？

211（这个比那个好。）

这个比那个好些。

tɛ˥ ·ko pi˦ la˧ ·ko xau˦ ·ɕiɛ。

212（那个没有这个好，差多了。）

那个冒得这个好，差远了。

la˧ ·ko mau˧ tɛ˨˩˧ tɛ˥ ·ko xau˦，tʂʻa˩ ʮan˦ ·liau。

213（要我说这两个都好。）

要我说这两个都好。

iau˥ ŋo˦ ʂʮɛ˨˩˧ tɛ˥ liaŋ˦ ·ko təu˩ xau˦。

214（其实这个比那个好多了。）

其实这个比那个好多了。

tɕʻi˧˩ ʂʅ˨˩˧ tɛ˥ ·ko pi˦ la˧ ·ko xau˦ to˩ ·liau。

215（今天的天气没有昨天好。）

真昼儿，天冒得昨儿好。

tʂən˩ tʂəur˥，tʻian˩ mau˧ tɛ˨˩˧ tso˨˩˧ ·ɚ xau˦。

216 (昨天的天气比今天好多了。)

这天，昨儿比真昼儿好多了。

tɛ˦ t'ian˩，tso˨˩˧ ·ɚ pi˧ tʂən˩ tʂəur˦ xau˧ to˩ ·liau。

217 (明天的天气肯定比今天好。)

这天，明昼儿肯定比真昼儿好。

tɛ˦ t'ian˩，mən˧˩ tʂəur˧ k'ən˧ ·tin pi˧ tʂən˩ tʂəur˦ xau˧。

218 (那个房子没有这个房子好。)

那个屋冒得这个屋好。

la˧ ·ko u˨˩˧ mau˧ tɛ˨˩˧ tɛ˦ ·ko u˨˩˧ xau˧。

219 (这些房子不如那些房子好。)

这些屋冒得那些屋好。

tɛ˦ ɕiɛ˩ u˨˩˧ mau˧ tɛ˨˩˧ la˧ ɕiɛ˩ u˨˩˧ xau˧。

220 (这个有那个大没有?)

这个有冒得那个大啊?

tɛ˦ ·ko iəu˧ mau˧ tɛ˨˩˧ la˧ ·ko ta˧?

221 (这个跟那个一般大。)

这个跟那个一样大。

tɛ˦ ·ko kən˩ la˧ ·ko i˨˩˧ iaŋ˧ ta˧。

222 (这个比那个小了一点点儿，不怎么看得出来。)

这个比那个小一点儿，不大看得出来。

tɛ˦ ·ko pi˧ la˧ ·ko ɕiau˧ i˨˩˧ ·tiar，pu˨˩˧ ta˧ k'an˦ ·tɛ tʂ'ʮ˨˩˧ lai˧˩。

223 (这个大，那个小，两个不一般大。)

这个大，那个小，两个不一样大。

tɛ˦ ·ko ta˧，la˧ ·ko ɕiau˧，liaŋ˧ ·ko pu˨˩˧ i˨˩˧ iaŋ˧ ta˧。

224 (这个跟那个大小一样，分不出来。)

这个跟那个一样大，分不出来。

tɛ˦ ·ko kən˩ la˧ ·ko i˨˩˧ iaŋ˧ ta˧，fən˩ ·pu tʂ'ʮ˨˩˧ lai˧˩。

225 (这个人比那个人高。)

这个人比那个人高。

tɛ˦ ·ko ʐən˧˩ pi˧ la˧ ·ko ʐən˧˩ kau˩。

226（是高一点儿，可是没有那个人胖。）

是高一点儿，冒得那个人胖。

ʂʅ˧ kau˩ i˨ ·tiar，mau˧ ·tɛ la˧ ·ko zən˦ p'aŋ˥。

227（他们一般高，我看不出谁高谁矮。）

他嗟一样高，我看不出来哪个高哪个矮。

t'a˩ ·tɕiɛ i˨ iaŋ˧ kau˩，ŋo˧ k'an˥ ·pu tʂ'ɥ˨ lai˦ la˧ ·ko kau˧ la˧ ·ko ŋai˧。

228（胖的好还是瘦的好？）

胖好啊还是瘦好啊？

p'aŋ˥ xau˧ ·ua xai˦ ʂʅ˧ səu˥ xau˧ ·ua？

229（瘦的比胖的好。）

瘦比胖好。

səu˥ pi˧ p'aŋ˥ xau˧。

230（瘦的胖的都不好，不瘦不胖最好。）

瘦啊胖啊都不好，不瘦不胖最好。

səu˥ ·ua p'aŋ˥ ·ŋa təu˩ pu˨ xau˧，pu˨ səu˥ pu˨ p'aŋ˥ tsai˥ xau˧。

231（这个东西没有那个东西好用。）

这个东西冒得那个东西好用。

tɛ˥ ·ko toŋ˩ ·ɕi mau˧ ·tɛ la˧ ·ko toŋ˩ ·ɕi xau˧ ioŋ˧。

232（这两种颜色一样吗？）

这两种颜色一样不一样啊？

tɛ˥ liaŋ˧ tʂoŋ˧ ian˦ sɛ˨ i˨ iaŋ˧ pu˨ i˨ iaŋ˧ ·ŋa？

233（不一样，一种色淡，一种色浓。）

不一样，一种颜色浅些，一种颜色深些。

pu˨ i˨ iaŋ˧，i˨ tʂoŋ˧ ian˦ sɛ˨ tɕ'ian˧ ·ɕiɛ，i˨ tʂoŋ˧ ian˦ sɛ˨ ʂən˩ ·ɕiɛ。

234（这种颜色比那种颜色淡多了，你都看不出来？）

这种颜色比那种颜色浅多了，你看不出来啊？

tɛ˥ tʂoŋ˧ ian˦ sɛ˨ pi˧ la˧ tʂoŋ˧ ian˦ sɛ˨ tɕ'ian˧ to˩ ·liau，li˧ k'an˥ ·pu tʂ'ɥ˨ lai˦ ·ia？

235（你看看现在，现在的日子比过去强多了。）

还周过的日子比往日好多了。

xai˦ tʂəu˩ ko˥ ·ti ɚ˩˥ ·tsʅ pi˧ uaŋ˧ ·ŋɚ xau˧ to˩ ·liau。

236（以后的日子比现在更好。）

将后的日子比还周还要好。

tɕiaŋ˩ xəu˧ ·ti ɚ˩˥ ·tsʅ pi˧ xai˦ tʂəu˩ xai˦ iau˥ xau˧。

237（好好干吧，这日子一天比一天好。）

好好儿搞，日子一天比一天好。

xau˧ ·xaur kau˧，ɚ˩˥ ·tsʅ i˩˥ t'ian˩ pi˧ i˩˥ t'ian˩ xau˧。

238（这些年的生活一年比一年好，越来越好。）

这些年的日子一年比一年好，越来越好过。

tɛ˥ ɕiɛ˩ ȵian˦ ·ti ɚ˩˥ ·tsʅ i˩˥ ȵian˦ pi˧ i˩˥ ȵian˦ xau˧，ɥɛ˩˥ ·lai ɥɛ˩˥ xau˧ ko˥。

239（咱兄弟俩比一比谁跑得快。）

我嗟两个弟兄来比下儿看，看哪个跑的快。

ŋo˧ ·tɕiɛ liaŋ˧ ·ko ti˧ ɕioŋ˩ lai˦ pi˧ ·xar ·k'an，k'an˥ la˧ ·ko p'au˦ ·ti k'uai˥。

240（我比不上你，你跑得比我快。）

我比不赢你，你跑的比我快。

ŋo˧ pi˧ ·pu in˦ li˧，li˧ p'au˦ ·ti pi˧ ŋo˧ k'uai˥。

241（他跑得比我还快。一个比一个跑得快。）

他跑的比我还快。一个比一个快。

t'a˩ p'au˦ ·ti pi˧ ŋo˧ xai˦ k'uai˥。i˩˥ ·ko pi˧ i˩˥ ·ko k'uai˥。

242（他比我吃得多，干得也多。）

他比我吃的多，做的也多。

t'a˩ pi˧ ŋo˧ tɕ'i˩˥ ·ti to˩，tsəu˥ ·ti iɛ˧ to˩。

243（他干起活来，比谁都快。）

他做起事来比哪个都快。

t'a˩ tsəu˥ ·tɕ'i sʅ˧ lai˦ pi˧ la˧ ·ko təu˩ k'uai˥。

244（说了一遍，又说一遍，不知说了多少遍。）

说了一遍又一遍，不晓得说了几多遍。

ʂɥɛ˩˥ ·liau i˩˥ pian˥ iəu˧ i˩˥ pian˥，pu˩˥ ɕiau˧ ·tɛ ʂɥɛ˩˥ ·liau tɕi˧ to˩ pian˥。

245 (我嘴笨，怎么也说不过他。)

我的嘴巴笨，横直说不赢他。

ŋo˧ ·ti tɕi˧ ·pa pən˧，xuən˨ ·tʂʻʅ ʂʮɛ˨ ·pu in˨ tʻa˩。

246 (他走得越来越快，我都跟不上了。)

他走的越发儿快了，我跟都跟不赢。

tʻa˩ tsəu˧ ·ti ʮɛ˨ ·far kʻuai˧ ·liau，ŋo˧ kən˩ təu˩ kən˩ ·pu in˨。

247 (越走越快。越说越快。)

越走越快。越说越快。

ʮɛ˨ tsəu˧ ʮɛ˨ kʻuai˧。ʮɛ˨ ʂʮɛ˨ ʮɛ˨ kʻuai˧。

第五章　浠水方言语料记音

记音的方言语料，较为常见的语料类型是民间故事，但可惜的是，民间故事的整理往往在语言上作了较多的改造，共同语化程度太高，不十分理想，故在此选择的语料类型仅为民歌、儿歌、谜语和俗语。

一、民歌

民歌辑录范围，包括民间流传民歌和现代浠水人新创民歌。辑录过程中，部分字略有改动。

（一）团陂街

一进团陂街，大门朝南开，她家有个女裙衩，胜过祝英台。

i˨˩˧ tɕin˥ t'an˧˩ p'i˧˩ kai˩，ta˧ men˧˩ tʂ'au˧˩ lan˧˩ k'ai˩，t'a˩ tɕia˩ iəu˧ ·ko ɳʮ˧ tʂ'ʮən˧˩ tʂ'ai˩，ʂən˥ ·ko tʂəu˨˩˧ in˩ t'ai˧˩。

头发黑如墨，脸上桃红色，生得个长相冒得话说，满街都晓得。

t'əu˧˩ ·fa xɛ˨˩˧ ʮ˧˩ mɛ˨˩˧，lian˧ ·ʂaŋ t'au˧˩ xoŋ˧˩ sɛ˨˩˧，sən˩ ·tɛ ·ko tʂaŋ˧ ɕiaŋ˥ mau˧ tɛ˨˩˧ xua˧ ʂʮɛ˨˩˧，man˧ kai˩ təu˩ ɕiau˧ ·tɛ。

二姑十七八，打扮回娘家，手拿洋伞一尺八，走路撒莲花。

ɚ˧ ku˩ ʂʅ˧ tɕ'i˨˩˧ pa˨˩˧，ta˧ ·pan xuəi˧˩ ȵiaŋ˧˩ tɕia˩，ʂəu˧ la˧˩ iaŋ˧˩ san˧ i˨˩˧ tʂ'ʅ˨˩˧ pa˨˩˧，tsəu˧ ləu˧ sa˧ lian˧˩ xua˩。

一进麦儿冲，麦儿黄松松，麦沟里跳出个小杂种，扯手不放松。

i˨˩˧ tɕin˥ mɛ˨˩˧ ·ɚ tʂ'oŋ˩，mɛ˨˩˧ ·ɚ xuaŋ˧˩ soŋ˩ ·soŋ，mɛ˨˩˧ kəu˩ ·li t'iau˥ tʂ'ʮ˨˩˧ ·ko ɕiau˧ ts'a˧ tʂoŋ˧，tʂ'ɛ˧ ʂəu˧ pu˨˩˧ faŋ˥ soŋ˩。

越扯越慌张，再扯我□娘，哪家生的小儿郎，调戏二姑娘。

ʮɛ˨˩˧ tʂ'ɛ˧ ʮɛ˨˩˧ xuaŋ˩ tʂaŋ˩，tsai˥ tʂ'ɛ˧ ŋo˧ tan˥ ȵiaŋ˧˩，la˧ tɕia˩ sən˩ ·ti ɕiau˦ ɚ˨ laŋ˨，t'iau˨ ɕi˥ ɚ˦ ku˩ ·ȵiaŋ。

二姑你莫骂，都是后生家，年纪不过十七八，都是爱玩耍。

ɚ˦ ku˩ li˦ mo˦ ma˦，təu˩ ʂʅ˦ xəu˦ sən˩ ·ka，ȵian˨ ·tɕi pu˧˩ ko˥ ʂʅ˦ tɕ'i˧˩ pa˧˩，təu˩ ʂʅ˦ ŋai˥ uan˨ ʂɥa˦。

二姑你好人，向你求个情，婚姻事儿你答应，记得你一生。

ɚ˦ ku˩ li˦ xau˦ zən˨，ɕiaŋ˥ li˦ tɕ'iəu˨ ·ko tɕ'in˨，xuən˩ in˩ sʅ˦ ·ɚ li˦ ta˧˩ in˥，tɕi˥ ·tɛ li˦ i˧˩ sən˩。

辰时来看姐，天色黑如墨，心想问姐借夜歇，可得可不得。

ʂən˨ ʂʅ˨ lai˨ k'an˥ ɕiɛ˦，t'ian˩ ·sɛ xɛ˧˩ ɥ˨ mɛ˧˩，ɕin˩ ɕiaŋ˥ uən˦ ɕiɛ˦ tɕiɛ˥ iɛ˦ ɕiə˧˩，ko˦ tɛ˧˩ ko˦ ·pu tɛ˧˩。

巳时姐红脸，骂郎好大胆，自从那日会一面，向姐讨姻缘。

sʅ˦ ʂʅ˨ tɕiɛ˦ xoŋ˨ lian˦，ma˦ laŋ˨ xau˦ ta˦ tan˦，tsʅ˦ ts'oŋ˨ la˦ ɚ˧˩ xuəi˦ i˧˩ ·mian，ɕiaŋ˥ tɕiɛ˦ t'au˦ in˩ ·ɥan。

午时许姻缘，许到二十边，奴的鲜花冒蓄满，那话不敢端。

u˦ ʂʅ˨ ʂɥ˦ in˩ ·ɥan，ʂɥ˦ ·tau ɚ˦ ʂʅ˦ pian˩，ləu˨ ·ti ɕian˩ ·xua mau˦ ɕəu˧˩ man˦，la˦ xua˦ pu˧˩ kan˥ tan˩。

未时进房门，三尺大红绫，外带胭脂和水粉，奉送我情人。

uəi˦ ʂʅ˨ ɕin˥ faŋ˨ ·mən，san˩ tʂʅ˧˩ ta˦ xoŋ˨ liŋ˨，uai˦ tai˥ ian˩ ·tʂʅ xo˨ ʂɥəi˦ fən˦，foŋ˦ soŋ˥ ŋo˦ tɕ'in˨ zən˨。

申时靠郎坐，问郎饿不饿，我郎饿了去烧火，招待我情哥。

ʂən˩ ʂʅ˨ k'au˥ laŋ˨ tso˦，uen˦ laŋ˨ ŋo˦ ·pu ŋo˦，ŋo˥ laŋ˨ ŋo˦ ·liau tɕ'i˥ ʂau˩ xo˦，tʂau˩ tai˦ ŋo˦ tɕ'in˨ ko˩。

酉时姐做饭，鲜鱼和鸡蛋，郎叫多谢姐有慢，有慢我心甘。

iəu˦ ʂʅ˨ tɕiɛ˦ tsəu˥ fan˦，ɕian˩ ɥ˨ xo˨ tɕi˩ ·tan，laŋ˨ tɕiau˥ to˩ ·ɕiɛ tɕiɛ˦ iəu˦ man˦，iəu˦ man˦ ŋo˦ ɕin˩ kan˩。

戌时点明灯，向郎表痴情，把郎拉到上席坐，请郎把酒饮。

ɕi˧˩ ʂʅ˨ tian˦ min˨ tən˩，ɕiaŋ˥ laŋ˨ piau˦ tʂ'ʅ˩ tɕ'in˨，pa˦ laŋ˨ la˩ ·tau ʂaŋ˦ ·ɕi tso˦，tɕ'in˦ laŋ˨ pa˦ tɕiəu˦ in˥。

亥时进绣房，掀开红萝帐，郎脱衣裳白如雪，姐脱衣裳白如霜。

xai˦ ʂʅ˨ ɕin˥ ɕiəu˥ faŋ˨，ɕian˩ ·kai xoŋ˨ lo˨ tʂaŋ˥，laŋ˨ t'o˧˩ i˩ ·ʂaŋ pɛ˦ ɥ˨ ɕiɛ˧˩，tɕiɛ˦ t'o˧˩ i˩ ·ʂaŋ pɛ˦ ɥ˨ ʂɥaŋ˩。

子时把郎拉，我郎瞌睡大，这大的瞌睡来干吗？耽误小奴家。

tsɿ˧ ʂʅ˦ pa˧ laŋ˦ la˩，ŋo˧ laŋ˦ k'o˩ ·ʂʯ ta˧，tɛ˥ ta˧ ·ti k'o˩ ·ʂʯ lai˦ kan˥ ma˧？tan˩ ·u ɕiau˧ ləu˦ ·ɕia。

丑时跟郎说，我郎你听得，奴的鲜花你开折，切莫对人说。

tʂ'əu˧ ʂʅ˦ kən˩ laŋ˦ ʂʯɛ˩，ŋo˧ laŋ˦ li˧ t'in˥ tɛ˩，ləu˦ ·ti xian˩ xua˩ li˧ kai˩ tʂɛ˩，tɕiɛ˩ ·mo ti˥ zən˦ ʂʯɛ˩。

寅时郎要去，拉住我郎衣，我郎要去等鸡啼，天亮不留你。

in˧ ʂʅ˦ laŋ˦ iau˥ tɕi˥，la˩ ·tʂʯ ŋo˧ laŋ˦ i˩，ŋo˧ laŋ˦ iau˥ tɕi˥ tən˥ tɕi˩ t'i˦，t'ian˩ liaŋ˧ pu˩ liəu˦ li˧。

卯时郎走了，走路二面倒，郎的精神姐夺了，如同雪花飘。

mau˧ ʂʅ˦ laŋ˦ tsəu˧ ·liau，tsəu˧ ləu˧ ɚ˧ ·mian tau˥，laŋ˦ ·ti tɕin˩ ·ʂən tɕiɛ˧ t'o˧ ·liau，ʯ˦ t'oŋ˦ ɕiɛ˩ ·xua p'iau˩。

（二）娘劝女儿莫风流

正月里，是新年，娘劝女儿听娘言。

tʂən˩ ʯɛ˩ ·li，ʂʅ˧ ɕin˩ ȵian˦，ȵiaŋ˦ tʂ'ʯan˥ ɳʯ˧ ·ɚ t'in˥ ȵiaŋ˦ ian˦。

人到十八学针线，莫学喝酒、莫吃烟。

zən˦ tau˥ ʂʅ˧ pa˩ ɕio˧ tʂən˩ ɕian˥，mo˧ ɕio˧ xo˩ ɕiəu˦、mo˧ tɕ'i˩ ian˩。

二月里，是花朝，娘劝女儿听娘教。

ɚ˧ ʯɛ˩ ·li，ʂʅ˧ xua˩ tʂau˩，ȵiaŋ˦ tʂ'ʯan˥ ɳʯ˧ ·ɚ t'in˥ ȵiaŋ˦ tɕiau˩。

清早起来把地扫，头要梳，脚要整。

tɕin˩ ·tsau tɕi˥ lai˦ pa˧ ti˧ sau˥，t'əu˦ iau˥ səu˩，tɕio˩ iau˥ tʂən˧。

三月里，是清明，娘劝女儿学成人，

san˩ ʯɛ˩ ·li，ʂʅ˧ tɕ'in˩ min˦，ȵiaŋ˦ tʂʯan˥ ɳʯ˧ ·ɚ ɕio˧ tʂ'ən˦ zən˦。

托个人生，身要贵，身稳、口稳好安身。

to˩ ·ko zən˦ sən˩，ʂən˩ iau˥ kuəi˥，ʂən˩ uən˧、k'əu˧ uən˧ xau˧ ŋan˩ ʂən˩。

四月里，四月八，娘劝女儿学当家。

si˥ ʯɛ˩ ·li，si˥ ʯɛ˩ pa˩，ȵiaŋ˦ tʂʯan˥ ɳʯ˧ ·ɚ ɕio˧ taŋ˩ tɕia˩。

清早起来七件事，油盐柴米酱醋茶。

tɕin˩ ·tsau tɕi˥ lai˦ tɕi˩ ·tɕian sɿ˧，iəu˦ ian˦ tʂ'ai˦ mi˧ tɕiaŋ˥ ts'əu˥ tʂ'a˦。

五月里，是端阳，娘劝女儿莫轻狂。

u˧ ɥɛ˨˦ ·li，ʂʅ˧ tai˩ ·iaŋ，ȵiaŋ˨ tʂɥan˥ ɳɥ˧ ·ɚ mo˧ tɕʻin˩ kuaŋ˨。

四季的衣裳要漂亮，茶水方便外面光。

sʅ˥ tɕi˧ ·ti i˩ ·ʂaŋ iau˥ pʻiau˥ ·liaŋ，tʂʻa˨ ·ʂɥəi faŋ˩ pian˧ uai˧ ·mian kuaŋ˩。

六月里，是热天，娘劝女儿要耐烦。

ləu˨˦ ɥɛ˨˦ ·li，ʂʅ˧ ɥɛ˨˦ tʻian˩，ȵiaŋ˨ tʂɥan˥ ɳɥ˧ ·ɚ iau˥ lai˧ fan˨。

不论天晴与天变，要与哥嫂打算盘。

pu˨˦ lən˧ tʻian˩ tɕʻin˨ ɥ˧ tʻian˩ pian˥，iau˥ ɥ˨ ko˩ sau˧ ta˧ san˥ ·pan。

七月里，七月七，娘劝女儿懂高低。

tɕʻi˨˦ ɥɛ˨˦ ·li，tɕʻi˨˦ ɥɛ˨˦ tɕʻi˨˦，ȵiaŋ˨ tʂɥan˥ ɳɥ˧ ·ɚ toŋ˧ kau˩ ti˩。

莫嫌丈夫人面体，只要田地有种的。

mo˧ ɕian˨ tʂaŋ˧ ·fu ʐən˨ mian˧ tʻi˧，tʂʅ˧ iau˥ tʻian˨ tʻi˧ iəu˧ tʂoŋ˥ ·ti。

八月里，是中秋，娘劝女儿莫风流。

nəu˨˦ ɥɛ˨˦ ·li，ʂʅ˧ tʂoŋ˩ tɕʻiəu˩，ȵiaŋ˨ tʂɥan˥ ɳɥ˧ ·ɚ mo˧ foŋ˩ ·liəu。

四季的衣裳要脱俗，乡下女儿莫剪头。

sʅ˥ tɕi˧ ·ti i˩ ·ʂaŋ iau˥ tʻo˨˦ səu˨˦，ɕiaŋ˩ ·xa ɳɥ˧ ·ɚ mo˧ tɕian˧ tʻəu˨。

九月里，是重阳，勤俭二字不能忘。

tɕiəu˧ ɥɛ˨˦ ·li，ʂʅ˧ tʂʻoŋ˨ iaŋ˨，tɕʻin˨ tɕian˧ ɚ˧ tsʅ˧ pu˨˦ lən˨ uaŋ˨。

辛苦做，快活吃，好吃懒做福不长。

ɕin˩ ku˧ tsəu˥，kʻuai˥ ·xo tɕʻi˨˦，xau˥ tɕʻi˨˦ lan˧ tsəu˥ fu˨˦ pu˨˦ tsʻaŋ˨。

十月里，小阳春，娘劝女儿把气争。

ʂʅ˧ ɥɛ˨˦ ·li，ɕiau˧ iaŋ˨ tʂʻɥən˩，ȵiaŋ˨ tʂɥan˥ ɳɥ˧ ·ɚ pa˧ tɕʻi˥ tsən˩。

一个恶字容易得，一个好字最难寻。

i˨˦ ·ko ŋo˨˦ tsʅ˧ ioŋ˨ ·i tɛ˨˦，i˨˦ ·ko xau˧ tsʅ˧ tsai˥ lan˨ xin˨。

冬月里，大雪飘，娘说的话儿纸未包。

toŋ˩ ɥɛ˨˦ ·li，ta˧ ɕiɛ˨˦ pʻiau˩，ȵiaŋ˨ ʂɥɛ˨˦ ·ti xua˧ ·ɚ tʂʅ˧ uəi˧ pau˩。

对待丈夫要和顺，凡事忍让最为高。

ti˥ tai˧ tʂaŋ˧ ·fu iau˥ xo˨ ʂɥən˧，fan˨ sʅ˧ ɥən˧ ɥaŋ˧ tsai˥ uəi˨ kau˩。

腊月里，过新年，紧开口慢开言。

la˨˦ ɥɛ˨˦ ·li，ko˥ ɕin˩ ȵian˨，tɕin˧ kai˩ kəu˧ man˧ kai˩ ian˨。

别人长短要少管，无忧无虑无愁烦。

pʻiɛ˧ ʐən˨ tʂʻaŋ˨ tan˧ iau˥ ʂau˧ kuan˧，u˨ iəu˩ u˨ li˧ u˨ tsʻəu˨ fan˨。

（三）这是新四军

睏到夜更深，

k'uən˥ ·tau iɛ˧ kən˥ ʂən˩，

门口在过兵，

mən˨ ·kəu tsai˧ ko˥ pin˩，

又不要茶水呀，

iəu˧ pu˩˨ iau˥ tʂ'a˨ ʂɥəi˧ ·ia，

又不喊百姓哟，

iəu˧ pu˩˨ xan˧ pɛ˩˨ ɕin˥ ·io，

只听脚步响呃，

tʂʅ˧ t'in˥ tɕio˩˨ pu˧ ɕiaŋ˧ ·ŋɛ，

不见人作声。

pu˩˨ tɕian˥ ʐən˨ tsəu˥ ʂən˩。

伢们不要怕，

ŋa˨ ·mən pu˩˨ iau˥ p'a˥，

这是新四军。

tɛ˥ ʂʅ˧ ɕin˩ sʅ˥ tʂɥən˩。

姑娘快起来呀，

ku˩ ȵiaŋ˨ k'uai˥ tɕi˧ ·lai ·ia，

门前点盏灯哟，

mən˨ tɕ'ian˨ tian˧ tʂan˧ tən˩ ·io，

照在大路上呃，

tʂau˥ tsai˧ ta˧ leu˧ ·ʂaŋ ·ŋɛ，

同志好行军。

t'oŋ˨ tʂʅ˥ xau˧ ɕin˨ tʂɥən˩。

（四）姐在塘边洗衣裳

姐在塘边洗衣裳，

tɕiɛ˧ tsai˧ t'aŋ˨ ·pian ɕi˧ i˩ ·ʂaŋ，

郎在山上打稻场，

laŋ˨ tsai˧ ʂan˩ ·ʂaŋ ta˧ tau˧ ·tʂ'aŋ，

郎打三下望望姐，

laŋ˥˧ ta˦ san˨˩ ·xa uaŋ˦ ·uaŋ tɕiɛ˦，

姐洗三下望望郎，

tɕiɛ˦ ɕi˦ san˨˩ ·xa uaŋ˦ ·uaŋ laŋ˥˧，

下下打的空稻场。

xa˦ ·xa ta˦ ·ti koŋ˨˩ tau˦ ·tʂʻaŋ。

(五) 山歌本是古人留

山歌本是古人留，

ʂan˨˩ ko˨˩ pən˦ ʂʅ˦ ku˦ ʐən˥˧ liəu˥˧，

留给后人解忧愁，

liəu˥˧ tɕi˨˦ xəu˦ ʐən˥˧ kai˦ iəu˨˩ tsʻəu˥˧，

自从三皇和五帝，

tsʅ˦ tsʻoŋ˥˧ san˨˩ xuaŋ˥˧ xo˥˧ u˦ ti˦，

唱了几多春和秋，

tʂʻaŋ˦ ·liau tɕi˦ to˨˩ tʂʻʮən˨˩ xo˥˧ tɕʻiəu˨˩，

切记莫把古人丢。

tɕʻiɛ˨˦ tɕi˦ mo˦ pa˦ ku˦ ʐən˥˧ tiəu˨˩。

(六) 姐儿门前一棵槐

姐儿门前一棵槐，

tɕiɛ˦ ·ɚ mən˥˧ tɕian˥˧ i˨˦ ·kʻo xuai˥˧，

手扒槐树望郎来，

tʂəu˦ pa˨˩ xuai˥˧ ʂʮ˦ uaŋ˦ laŋ˥˧ lai˥˧，

娘问女儿望么事，

ȵiaŋ˥˧ uən˦ ȵʮ˦ ·ɚ uaŋ˦ mo˦ ·sʅ，

我望槐花几时开，

ŋo˦ uaŋ˦ xuai˥˧ xua˨˩ tɕi˦ ʂʅ˥˧ kai˨˩，

哥啊，不好说是望郎来。

ko˨˩ ·la，pu˨˦ xau˦ ʂʮɛ˨˦ ʂʅ˦ uaŋ˦ laŋ˥˧ lai˥˧。

(七) 三百六十调

姐在河边洗菜薹，

tɕiɛ˦ tai˦ xo˥˧ pian˨˩ ɕi˥˧ tsʻai˦ tʻai˥˧，

郎在河边驾竹排。

laŋ˥˩ tai˧ xo˥˩ pian˩ ka˧ tʂəu˨˩ pʻai˥˩。

郎用竹篙来打水，

laŋ˥˩ ioŋ˧ tʂəu˨˩ kau˩ lai˥˩ ta˧ ʂʯəi˧，

姐把罗裙□起来，

tɕiɛ˧ pa˧ lo˥˩ tʂʻʯən˥˩ tʂau˧ tɕʻi˧ lai˥˩，

要死情哥你拢来。

iau˧ sʅ˧ tɕʻin˥˩ ko˩ li˧ loŋ˧ lai˥˩。

清早起来满山跑，

tɕʻin˩ tsau˩ tɕʻi˧ lai˥˩ man˧ ʂan˩ pʻau˥˩，

踩个刺儿要姐挑，

tʂʻai˧ ·ko tsʻʅ˧ ·ɚ iau˧ tɕiɛ˧ tʻiau˩，

左手挽住姐的颈，

tʂo˧ ʂəu˧ uan˧ tʂʯ˧ tɕiɛ˧ ·ti tɕin˧，

右手抱着姐的腰，

iəu˧ ʂəu˧ pau˧ ·tʂo tɕiɛ˧ ·ti iau˩，

这个心思想得高。

tɛ˧ ·ko ɕin˩ ·sʅ ɕiaŋ˧ tɛ˨˩ kau˩。

（八）浠水方言歌

真周夜歇嘞，落雨了啊，我□哎睏着了，冒找到啊。

（今天晚上，下雨了，我妈妈睡着了，没有发现。）

tʂən˩ ·tʂəu iɛ˧ ·ɕiɛ ·lɛ，lo˨˩ ʯəi˧ ·liau ·ua，ŋo˨˩ mɛ˧ ·lɛ kʻuən˧ ·tʂʻo˧ ·liau，mau˧ tʂau˧ ·tau ·ua。

伢儿要吃妈，八门儿乱个□，饿到甩起来的□，

（小孩要吃奶，四处乱爬，饿得拼命哭叫，）

ŋa˥˩ ·ɚ iau˧ tɕi˨˩ ma˧，pa˨˩ mər˥˩ lan˧ ko˧ xa˩，ŋo˧ ·tau ʂʯai˧ tɕʻi˧ lai˥˩ ·ti ʯɛ˧，

哭到笔直儿□，哭到笔儿□哎。

（一直哭哟，哭得一直喊妈。）

ku˨˩ ·tau pi˨˩ tʂʅ˧ ·ɚ ʯa˧，ku˨˩ ·tau pi˨˩ tʂʅ˧ ·ɚ ʯa˧ ·lɛ。

昨儿晏昼儿啊，出□儿啊，他大儿□我，我怄肿了啊。

(昨天上午，出怪事，他的大儿子骂我，我气死了。)

ts'o˨ ·ɚ ŋan˥ ·tʂəur ·la，tʂ'ʮ˨ tɕ'iəu˨ ·ɚ ·la，ta˨ ta˧ ɚ˦ tan˥ ŋo˧，ŋo˧ ŋəu˥ tsoŋ˧ ·liau ·ua。

牛儿要喝水，憋死了他的□，

(牛儿要喝水，憋得直叫，)

ȵiəu˦ ·ɚ iau˥ xo˨ ʂʮəi˧，piɛ˨ sɿ˧ ·liau t'a˩ ·ti mɛ˧，

还自么儿地，速了啊，速了啊。

(现在怎么办，急死了，急死了。)

xai˦ ·tsɿ mo˧ ·ɚ ·ti，səu˨ liau˧ ·ua，səu˨ liau˧ ·ua。

我去拜菩萨儿，他□眯了啊，和尚在念经儿，

(我去拜菩萨，他笑得眼睛眯眯的，和尚在念经，)

ŋo˧ tɕi˥ pai˥ p'u˦ ·sar，ta˩ sɛ˩ mi˩ ·liau ·ua，xo˦ ·ʂaŋ tai˧ ȵian˧ tɕir˩，

说的是嘎鼓子话，下是嘎鼓子话。

(和尚说的都是听不清楚的话。)

ʂʮɛ˨ ·ti ʂɿ˧ ka˨ ku˧ ·tsɿ xua˧，xa˧ ʂɿ˧ ka˨ ku˧ ·tsɿ xua˧。

我的个活佛子儿，是个裹糊子儿啊，

(我的儿子，是个不讲道理的孩子，)

ŋo˧ ·ti ·ko xo˧ fu˨ ·tsɿ ·ɚ，ʂɿ˧ ·ko ko˧ xu˦ ·tsɿ ·ɚ ·ʮa，

山旮旯儿长大的，亘天儿鬼□粑，

(山旮旯儿长大的孩子，整天鬼混，)

ʂan˩ kɛ˨ ·lər tʂaŋ˥ ta˧ ·ti，kən˥ t'iar˩ kuəi˥ xa˩ pa˩，

整天儿鬼□粑啊。

(整天鬼混。)

kən˥ t'iar˩ kuəi˥ xa˩ pa˩。

么儿嘞，我就是爱唱歌，

(怎么的，我就是爱唱歌，)

mo˧ ·ɚ ·lɛ，ŋo˧ tsəu˧ ʂɿ˧ ŋai˥ tʂ'aŋ˥ ko˩，

我就是爱个儿地，个儿地，个儿地□啊。

(我就是爱唱歌，这样，这样地唱。)

ŋo˧ tsəu˧ ʂʅ˧ ŋai˥ ko˧ ·ɚ ·ti，ko˧ ·ɚ ·ti，ko˧ ·ɚ ·ti ʮɛ˥ ·la。

二、儿歌

（一）三岁伢儿穿红鞋

三岁伢儿穿红鞋，

san˩ ɕi˥ ŋa˦ ·ɚ tʂʻan˩ xoŋ˧ xai˧，

夹本书儿到学来。

ka˨ pən˥ ʂʮ˩ ·ɚ tau˥ ɕio˧ lai˦。

先生先生莫打我，

ɕian˩ ·sən ɕian˩ ·sən mo˧ ta˧ ŋo˧，

回去吃口妈儿着。

xuəi˧ ·tɕʻi tɕʻi˨ ·kəu ma˥ ·ɚ tʂo˧。

（二）黄鸡公儿尾巴拖

黄鸡公儿尾巴拖，

xaŋ˦ tɕi˩ ·koŋ ·ŋɚ uəi˧ ·pa tʻo˩，

三岁伢儿会唱歌。

san˩ ɕi˥ ŋa˦ ·ɚ xuəi˧ tʂʻaŋ˥ ko˩，

不是爷娘教的我，

pu˨ ʂʅ˧ iɛ˦ ȵiaŋ˦ tɕiau˩ ·ti ŋo˧，

自己聪明捞来的歌。

tsɿ˧ tɕi˧ tsʻoŋ˩ min˦ lau˥ nai˦ ·ti ko˩。

（三）花大姐做花鞋

梁山伯，祝英台，

liaŋ˦ ʂan˩ pɛ˨，tʂəu˨ in˩ tʻai˦，

花大姐，做花鞋。

xua˩ ta˧ tɕiɛ˧，tsəu˥ xoŋ˦ xai˦。

公一双，婆一双，

koŋ˩ i˨ ʂʮaŋ˩，p'o˧ i˨ ʂʮaŋ˩，

细姑儿细叔两箩筐。

ɕi˥ ku˩ ·ɚ ɕi˥ ʂəu˨ liaŋ˥ lo˧ kuaŋ˩。

尖嘴巴姑儿她冒得，

tɕian˩ tɕi˥ ·pa ku˩ ·ɚ ta˩ mo˧ tɛ˨，

躲在门洞儿哭一场。

to˧ tai˧ mən˧ toŋ˧ ·ɚ k'u˨ i˨ tʂ'aŋ˧。

细姑儿细姑儿你莫哭，

ɕi˥ ku˩ ·ɚ ɕi˥ ku˩ ·ɚ li˧ mo˧ k'u˨，

再做双花鞋你看屋。

tʂai˥ tʂəu˥ ʂʮaŋ˩ xua˩ xai˧ li˧ k'an˥ u˨。

（四）摇竹儿

竹儿爷，竹儿娘，我跟竹儿一样长。

tʂəu˨ ·ɚ iɛ˧，tʂəu˨ ·ɚ ȵiaŋ˧，ŋo˧ kən˩ tʂəu˨ ·ɚ i˨ ·iaŋ tʂ'aŋ˧。

竹儿长大做扁担，我长大了做栋梁。

tʂəu˨ ·ɚ tʂaŋ˥ ta˧ tsəu˥ pian˧ ·tan，ŋo˧ tʂaŋ˥ ta˧ ·liau tsəu˥ toŋ˥ liaŋ˧。

（五）无名儿歌

1. 风儿爷，风儿娘，发点风儿我乘凉。

foŋ˩ ·ŋɚ iɛ˧，foŋ˩ ·ŋɚ ȵiaŋ˧，fa˨ ·tian foŋ˩ ·ŋɚ ŋo˧ tʂ'ən˧ niaŋ˧。

2. 扇子扇清风，时常在手中，

ʂan˥ ·tsɿ ʂan˥ tɕ'in˩ foŋ˩，ʂʅ˧ ʂaŋ˧ tai˧ ʂəu˥ tʂoŋ˩，

有人来借扇，请问大相公。

iəu˥ ʐən˧ lai˧ tɕiɛ˥ ʂan˥，tɕ'in˥ uən˧ ta˧ ɕiaŋ˥ ·koŋ。

3. 六月炎天热，扇子借不得，

ləu˨ ʮɛ˨ ian˧ t'ian˩ ʮɛ˨，ʂan˥ ·tsɿ tɕiɛ˥ pu˨ tɛ˨，

不是我不肯，你热我也热。

pu˨ ʂʅ˧ ŋo˧ pu˨ kən˥，li˧ ʮɛ˨ ŋo˧ iɛ˧ ʮɛ˨。

4. 子轩□，子轩乖，我带子轩去上街。扯花布，做花鞋，子轩他媳妇

儿明昼来！

tsɿ˧ ɕian˩ k'əu˩˨，tsɿ˧ ɕian˩ kuai˩，ŋo˧ tai˥ tsɿ˧ ɕian˩ tɕ'i˥ ʂaŋ˧ kai˩。tʂ'ɛ˧ xua˩ pu˥，tsəu˥ xua˩ xai˦，tsɿ˥ ɕian˩ t'a˩ ɕi˩˨ ·fur mən˦ ·tʂən lai˦！

5. 表叔，表叔；土罐煮肉，土罐煮破了，表叔做过了。

piau˧ ʂəu˩˨，piau˧ ʂəu˩˨；t'əu˧ kuan˥ tʂʮ˧ zəu˩˨，t'əu˧ kuan˥ tʂʮ˧ p'o˥ ·liau，piau˧ ʂəu˩˨ tsəu˥ ko˥ ·liau。

6. 大舅，大舅，睏到饭熟。听到碗一响，跑起来一抢。抢个缺巴碗，吃一百碗。抢个穿子碗，吃一千碗。

ta˩ tɕiəu˧，ta˩ tɕiəu˧，k'uən˥ ·tau fan˧ ʂəu˧。t'in˥ ·tau uan˧ i˩˨ ɕiaŋ˧，p'au˦ tɕ'i˧ lai˦ i˩˨ tɕ'iaŋ˧。tɕ'iaŋ˧ ·ko tʂ'ʮɛ˩˨ ·pa uan˧，tɕ'i˩˨ i˩˨ pɛ˩˨ uan˧。tɕ'iaŋ˧ ·ko tʂ'ʮan˩ ·tsɿ uan˧，tɕ'i˩˨ i˩˨ tɕ'i an˩ uan˧。

7. 磨点麦，做点粑。大伢儿吃大粑，细伢儿吃细粑。大伢儿坐圆椅，细伢儿坐碓杈。碓杈不稳，跶了细伢儿狗颈！

mo˧ tian˧ mɛ˩˨，tsəu˥ tian˧ pa˩。ta˧ ŋa˦ ·ɚ tɕ'i˩˨ ta˧ pa˩，ɕi˥ ŋa˦ ·ɚ tɕ'i˩˨ ɕi˥ pa˩。ta˧ ŋa˦ ·ɚ tso˧ ʮan˦ i˧，ɕi˥ ŋa˦ ·ɚ tsəu˧ ti˥ tʂ'a˩。ti˥ tʂ'a˩ pu˩˨ uən˧，ta˩˨ ·liau ɕi˥ ŋa˦ ·ɚ kəu˧ tɕin˧！

8. 学样学样，屁股朝上。天上落雨，地下打凼。太湖佬，割茅草。割一根，压得一哼！割一担，压得一蹿！

ɕio˧ iaŋ˧ ɕio˧ iaŋ˧，p'i˥ ku˧ tʂ'au˦ ʂaŋ˧。t'ian˩ ·ʂaŋ lo˩˨ ʮ˧，ti˧ ·xa ta˧ taŋ˧。t'ai˥ xu˦ ·lau，ko˩˨ mau˦ ts'au˧。ko˩˨ i˩˨ kən˩，ŋa˩˨ ·tɛ i˩˨ xən˩！ko˩˨ i˩˨ tan˥，ŋa˩˨ ·tɛ i˩˨ ts'an˥！

9. 抽毛针，打毛饼。叫细婶，细婶要吊颈。叫大爹，大爹要开车。叫大叔，大叔要吃肉。

tʂ'əu˩ mau˦ ·tʂən，ta˥ mau˦ pin˧。tɕiau˥ ɕi˥ ʂən˧，ɕi˥ ʂən˧ iau˥ tiau˥ tɕin˧。tɕiau˥ ta˧ tiɛ˩，ta˧ tiɛ˩ iau˥ k'ai˩ tʂ'ɛ˩。tɕiau˥ ta˧ ʂəu˩˨，ta˧ ʂəu˩˨ iau˥ tɕ'i˩˨ zəu˩˨。

10. 肚子痛，叫猪拱。拱断了肠，叫爷娘。爷娘骂，死了罢！

təu˧ ·tsɿ t'oŋ˥，tɕiau˥ tʂʮ˩ koŋ˥。koŋ˥ tan˧ ·liau tʂ'aŋ˦，tɕiau˥ iɛ˦ ȵiaŋ˦。iɛ˦ ȵiaŋ˦ ma˧，sɿ˥ ·liau pa˧！

三、谜语

（一）筷子

姊妹两个一样长，

tsɿ˧ mi˧ liaŋ˧ ·ko i˩ iaŋ˧ tʂʻaŋ˨，

甜酸苦涩她先尝。

tʻian˨ san˩ ku˧ sɛ˩ tʻa˩ ɕian˩ ʂaŋ˨。

（二）火钳

姊妹两个一样长，

tsɿ˧ mi˧ liaŋ˧ ·ko i˩ iaŋ˧ tʂʻaŋ˨，

白天的烘火，

pɛ˧ tʻian˩ ·ti xoŋ˩ xo˧，

夜歇乘凉。

iɛ˧ ɕiɛ˩ ʂən˨ liaŋ˨。

（三）裤子

一个洞，

i˩ ·ko toŋ˧，

两个坑。

liaŋ˧ ·ko kʻən˩。

落下去，

lo˩ xa˧ tɕʻi˥，

半人深。

pan˥ ʐən˨ ʂən˩。

（四）蜂窠

一个葫芦七个眼，

i˩ ·ko xu˨ ·ləu tɕʻi˩ ·ko ŋan˧，

你要摘去好大胆。

li˧ iau˥ tsɛ˩ tɕʻi˥ xau˧ ta˧ tan˥。

（五）荸荠

红纸包白饭，

xoŋ˥ tʂʅ˧ pau˩ pɛ˧ fan˧，

丢到田里不烂。

tiəu˩ ·tau t‘ian˥ ·li pu˨ lan˧。

（六）灯

一粒谷，炸破了屋。

i˨ ·li ku˨，tʂa˧ p‘o˧ ·liau u˨。

（七）头发

背后山上有块儿韭菜，

pi˧ ·xəu ʂan˩ ·ʂaŋ iəu˧ k‘uai˧ ·iə˞ tɕiəu˧ ts‘ai˧，

割了一块儿有一块儿。

ko˨ ·liau i˨ k‘uai˧ ·iə˞ iəu˧ i˨ k‘uai˧ ·iə˞。

（八）鸡蛋

爷也有毛，

iɛ˥ iɛ˧ iəu˧ mau˥，

娘也有毛，

ȵiaŋ˥ iɛ˧ iəu˧ mau˥，

生个儿冒得毛。

sən˩ ·ko ə˞˥ mau˧ tɛ˨ mau˥。

（九）蒜头

弟兄七八个，

ti˧ ɕioŋ˩ tɕ‘i˨ pa˨ ·ko，

围到柱子坐。

uəi˥ ·tau tʂʮ˧ ·tsɿ tso˧。

一旦要分开，

i˨ tan˧ iau˧ fən˩ k‘ai˩，

衣裳都扯破。

i˩ ·ʂaŋ təu˩ tʂ‘ɛ˧ p‘o˧。

（十）烤红薯

朝天一个洞，

tʂʻau˧ tʻian˩ i˨ ·ko toŋ˧，

里面热烘烘，

li˧ ·mian ʅɛ˨ xoŋ˩ ·xoŋ，

进去硬邦邦，

tɕin˥ tɕʻi˥ ŋən˧ paŋ˩ ·paŋ，

出来软绒绒。

tʂʅ˨ lai˧ ʅan˧ ioŋ˧ ·ioŋ。

（十一）眼睛

毛对毛，

mau˧ ti˥ mau˧，

肉对肉，

ʐəu˨ ti˥ ʐəu˨，

一夜歇不挨就难受。

i˨ iɛ˩ ·ɕiɛ pu˨ ŋai˩ tsəu˧ lan˧ ʂəu˧。

（十二）蜡烛

一物七寸长，

i˨ ·u tɕʻi˨ tsʻən˥ tʂʻaŋ˧，

小姐带它上绣房。

ɕiau˧ ·ɕiɛ tai˥ ta˩ ʂaŋ˧ ɕiəu˥ faŋ˧。

半夜里来流出水，

pan˥ iɛ˧ ·li lai˧ liəu˧ tʂʅ˨ ʂʅəi˧，

只见短来不见长。

tʂʅ˧ tɕian˥ tan˧ lai˧ pu˨ tɕian˥ tʂʻaŋ˧。

（十三）锯木头

两人对着站，

liaŋ˧ ʐən˧ ti˥ tʂo˨ tʂan˥，

脱了衣裳干。

to˨ ·liau i˩ ·ʂaŋ kan˥。

为了一条缝，

uəi˦ ·liau i˩ t‘iau˨ foŋ˦，

累出一身汗。

li˦ tʂ‘ɥ˩ i˩ ʂən˩ xan˦。

（十四）蒸笼

弟兄四五个，

ti˦ ɕoŋ˩ sɿ˥ u˦ ko˥，

个个都有货。

ko˥ ·ko təu˩ iəu˦ xo˥。

大哥冒得货，

ta˦ ko˩ mau˦ tɛ˩ xo˥，

他就气不过。

ta˩ tsəu˦ tɕ‘i˥ pu˩ ko˥。

（十五）茶壶

黑鸡婆，

xəi˩ tɕi˩ p‘o˨，

爱□菢。

ŋai˥ lai˦ pau˦。

来个客，

lai˨ ·ko kɛ˩，

撒泡尿。

sa˦ p‘o˥ ȵiau˦。

四、俗语

一根独柴难引火，众人捧柴火焰高。

i˩ kən˩ təu˩ tʂ‘ai˨ lan˨ in˦ xo˦，tʂoŋ˥ ʐən˨ poŋ˥ tʂ‘ai˨ xo˦ ian˦ kau˩。

一人难合百人意。

i˩ ʐən˨ lan˨ xo˦ pɛ˩ ʐən˨ i˥。

一个野鸡护个山头。

i˨˩˦ ·ko iɛ˧ tɕi˩ xu˧ ·ko ʂan˩ təu˥˧。

一个字，两个杈，它认得我，我不认得它。

i˨˩˦ ·ko tsɿ˧，liaŋ˧ ·ko tʂʻa˩，tʻa˩ ʮən˧ tɛ˨˩˦ ŋo˧，ŋo˧ pu˨˩˦ ʮən˧ tɛ˨˩˦ tʻa˩。

一个找锅补，一个愿补锅。

i˨˩˦ ·ko tʂau˧ o˩ pu˥，i˨˩˦ ·ko ʮan˧ pu˥ o˩。

一口含两个汤圆——说不出话来。

i˨˩˦ kʻəu˧ xan˥˧ liaŋ˧ ·ko tʻaŋ˩ ʮan˥˧ ——ʂʮɛ˨˩˦ ·pu tʂʻʮ˨˩˦ xua˧ lai˥˧。

一条牛儿是放，两条牛儿也是放。

i˨˩˦ tʻiau˥˧ ȵiəu˥˧ ·ɚ ʂɿ˧ faŋ˥，liaŋ˧ tʻiau˥˧ ȵiəu˥˧ ·ɚ iɛ˧ ʂɿ˧ faŋ˥。

又要马儿不吃草，又要马儿长的好。

iəu˧ iau˥ ma˧ ·ɚ pu˨˩˦ tɕʻi˨˩˦ tsʻau˧，iəu˧ iau˥ ma˧ ·ɚ tʂaŋ˧ ·ti xau˧。

儿大爷难当。

ɚ˥˧ ta˧ iɛ˥˧ lan˥˧ taŋ˩。

人是铁，饭是钢，三餐不吃饿的慌。

ʐən˥˧ ʂɿ˧ tʻiɛ˨˩˦，fan˧ ʂɿ˧ kaŋ˩，san˩ tsʻan˩ pu˨˩˦ tɕʻi˨˩˦ ŋo˧ ·ti xuaŋ˩。

冒到八十八，莫笑跛和瞎。

mau˧ tau˥ pa˨˩˦ ʂɿ˧ pa˨˩˦，mo˧ ɕiau˥ po˧ xo˥˧ xa˨˩˦。

人老装苕，树老剜瓢。

ʐən˥˧ lau˧ tʂuaŋ˩ ʂau˥˧，ʂʮ˧ lau˧ ua˩ pʻiau˥˧。

三百斤的羊，四百斤的卵子，你拖的过，我也拖的过。

san˩ pɛ˨˩˦ ɕin˩ ·ti iaŋ˥˧，sɿ˥ pɛ˨˩˦ ɕin˩ ·ti lan˧ ·tsɿ，li˧ to˩ ·ti ko˥，ŋo˧ iɛ˧ to˩ ·ti ko˥。

大话莫说早了，找伴莫找老了。

ta˧ xua˧ mo˧ ʂʮɛ˨˩˦ tʂau˧ ·liau，tʂau˧ pan˧ mo˧ tʂau˧ lau˧ ·liau。

干锄棉花湿锄麻，不干不湿锄芝麻。

kan˩ tʂʻəu˥˧ mian˥˧ ·xua ʂɿ˨˩˦ tʂʻəu˥˧ ma˥˧，pu˨˩˦ kan˩ pu˨˩˦ ʂɿ˨˩˦ tʂʻəu˥˧ tʂɿ˩ ·ma。

久晴必有久雨，久雨必有久晴。

tɕiəu˧ tɕʻin˥˧ pi˨˩˦ iəu˧ tɕiəu˥˧ ʮ˧，tɕiəu˧ ʮ˧ pi˨˩˦ iəu˧ tɕiəu˥˧ tɕʻin˥˧。

长年有余粮，不怕闹饥荒。

tʂʻaŋ˥˧ ȵian˥˧ iəu˧ ʮ˥˧ liaŋ˥˧，pu˨˩˦ pa˥ lau˧ tɕi˩ xuaŋ˩。

长短是根绳，大小是个人。

tʂ'aŋ˥ tan˧ ʂɿ˧ kən˩ ʂən˥，ta˧ ɕiau˧ ʂɿ˧ ko˧ zʅən˥。

火烧眉毛顾眼前。

xo˧ ʂau˩ mi˥ ·mau ku˧ ŋan˧ ɕian˥。

火烧芭茅根不死。

xo˧ ʂau˩ pa˩ mau˥ kən˩ pu˨ sɿ˥。

牛眼看人高，狗眼看人低。

ȵiəu˥ ŋan˥ kan˧ zʅən˥ kau˩，kəu˧ ŋan˥ kan˧ zʅən˥ ti˩。

少吃四两肉，莫说不认得秤。

ʂau˧ tɕ'i˨ sɿ˧ liaŋ˧ zʅəu˨，mo˧ ʂʮɛ˨ pu˨ ʮən˧ tɛ˨ tʂ'ən˧。

见了瘌痢不说疮，见了瞎子不说光。

tɕian˧ ·liau la˨ ·li pu˨ ʂʮɛ˨ tʂ'ʮaŋ˩，tɕian˧ ·liau xa˨ ·tsɿ pu˨ ʂʮɛ˨ kuaŋ˩。

乌龟吃亮萌虫儿——心里明白。

u˩ kuəi˩ tɕ'i˨ liaŋ˧ ·moŋ tʂ'oŋ˥ ·ŋɚ——ɕin˩ ·li min˥ pɛ˧。

乌龟打架——各顾各。

u˩ kuəi˩ ta˧ ka˧ ——ko˨ ku˧ ko˨。

天怕乌云地怕荒，人怕害病草怕霜。

t'ian˩ pa˧ u˩ ʮən˥ ti˧ pa˧ xuaŋ˩，zʅən˥ pa˧ xai˧ pin˧ ts'au˧ pa˧ ʂʮaŋ˩。

天上落雨地下滑，自己跌倒自己爬。

t'ian˩ ·ʂaŋ lo˨ ʮ˧ ti˧ ·xa xa˧，tsɿ˧ tɕ'i˧ tiɛ˨ tau˧ tsɿ˧ tɕi˧ p'a˥。

犯法的事莫做，痨人的药莫吃。

fan˧ fa˨ ·ti sɿ˧ mo˧ tsəu˧，lau˧ zʅən˥ ·ti io˨ mo˧ tɕ'i˨。

平打米，算吃饭。

p'in˥ ta˧ mi˧，san˧ tɕ'i˨ fan˧。

宁吃笑脸粥，不吃垮脸肉。

ȵin˥ tɕ'i˨ ɕiau˧ lian˧ tʂəu˨，pu˨ tɕ'i˨ k'ua˧ lian˧ zʅəu˨。

宁穿朋友衣，不夺朋友妻。

ȵin˥ tʂ'ʮan˩ poŋ˥ iəu˧ i˩，pu˨ t'o˧ poŋ˥ iəu˧ tɕ'i˩。

白酒红人脸，黄金黑人心。

pɛ˧ tɕiəu˧ xoŋ˥ zʅən˥ lian˩，xuaŋ˥ tɕin˩ xɛ˨ zʅən˥ ɕin˩。

头难头难，开了头就不难。

t'əu˧ lan˧ t'əu˧ lan˧，k'ai˩ ·liau t'əu˧ tsəu˧ pu˧ lan˧。

生个么样虫儿，蛀个么样树儿。

sən˩ ·ko mo˧ iaŋ˧ tʂ'oŋ˧ ·ŋə˞，tʂɥ˥ ·ko mo˧ iaŋ˧ ʂɥ˧ ·ə˞。

打盅儿说盅儿，打碗说碗。

ta˧ tʂoŋ˩ ·ŋə˞ ʂɥɛ˧ tʂoŋ˩ ·ŋə˞，ta˧ uan˧ ʂɥɛ˧ uan˧。

驮扬叉打兔儿——从空幌里过身。

to˧ iaŋ˧ tʂ'a˩ ta˧ t'əu˥ ·uə˞——ts'oŋ˧ k'oŋ˥ xuaŋ˧ ·li ko˥ ʂən˩。

老鼠钻牛角——越钻越尖。

lau˧ ·ʂɥ tsan˩ ȵiəu˧ ko˧ ——ɥɛ˧ tsan˩ ɥɛ˧ tɕian˩。

老鼠钻风箱——两头受气。

lau˧ ·ʂɥ tsan˩ foŋ˩ ɕiaŋ˩ ——liaŋ˧ t'əu˧ ʂəu˧ tɕ'i˥。

老鼠拖葫芦——大头在后。

lau˧ ·ʂɥ to˩ xu˧ ·ləu——ta˧ t'əu˧ tai˧ xəu˧。

在家靠父母，出门靠朋友。

tai˧ tɕia˩ k'au˥ fu˧ mo˧，tʂ'ɥ ˧ mən˧ kau˥ poŋ˧ iəu˧。

自己打娘骂老子，劝别人行孝。

tsɿ˧ tɕi˧ ta˧ ȵiaŋ˧ ma˧ lau˧ ·tsɿ，tʂ'ɥan˥ p'iɛ˧ ʐən˧ ɕin˧ ɕiau˥。

把蛇啮一口，见了草要子也怕。

pa˧ ʂɛ˧ ŋɛ˧ i˧ kəu˧，tɕian˥ ·liau ts'au˧ iau˥ ·tsɿ iɛ˧ pa˥。

把人卖了还要帮人数钱。

pa˧ ʐən˧ mai˧ ·liau xai˧ iau˥ paŋ˩ ʐən˧ səu˧ tɕ'ian˧。

冻不死的葱，干不死的蒜。

toŋ˥ pu˧ sɿ˧ ·ti ts'oŋ˩，kan˩ pu˧ sɿ˧ ·ti san˥。

豆腐落到灰上——吹打不得。

təu˧ ·fu lo˧ ·tau xuəi˩ ·ʂaŋ——tʂ'uəi˩ ta˧ pu˧ tɛ˧。

豆腐落到水缸里——润散了。

təu˧ ·fu lo˧ ·tau ʂɥəi˧ kaŋ˩ ·li——ɥən˥ san˧ ·liau。

鸡蛋里挑碎骨儿。

tɕi˩ tan˧ ·li t'iau˩ tɕ'i˥ ku˧ ·ə˞。

冷水要人挑，热水要人烧。

lən˧ ʂɥəi˧ iau˥ zən˨ tʻiau˩，ɥɛ˨ ʂɥəi˧ iau˥ zən˨ ʂau˩。

张三有钱不会用，李四会用冒得钱。

tʂaŋ˩ san˩ iəu˧ tɕʻian˨ pu˨ xuəi˧ ioŋ˧，li˧ si˥ xuəi˧ ioŋ˧ mau˧ tɛ˨ tɕʻian˨。

走不尽的路，说不尽的话。

tsəu˧ pu˨ tɕin˧ ·ti ləu˧，ʂɥɛ˨ pu˨ tɕin˧ ·ti xua˧。

单身汉儿过年，自己恭喜自己。

tan˩ tʂʻar˥ ko˥ ȵian˨，tsɿ˧ tɕi˧ koŋ˩ ·ɕi tsɿ˧ tɕi˧。

河里淹死会水人。

xo˨ ·li ŋan˩ sɿ˧ xuəi˧ ʂɥəi˧ zən˨。

话到嘴边留半句。

xua˧ tau˥ tɕi˧ pian˩ liəu˨ pan˥ tʂɥ˥。

话说三遍狗也嫌。

xua˧ ʂɥɛ˨ san˩ pian˥ kəu˧ iɛ˧ ɕian˨。

金也好，银也好，死后不带一根草。

tɕin˩ iɛ˧ xau˧，ŋin˨ iɛ˧ xau˧，sɿ˧ xəu˧ pu˨ tai˥ i˨ ·kən tsʻau˧。

茅厕缸的石头，又臭又硬。

mau˨ sɿ˩ kaŋ˩ ·ti ʂɿ˧ ·tʻəu，iəu˧ tʂʻəu˥ iəu˧ ŋən˧。

怕人莫出世，出世莫怕人。

pa˥ zən˨ mo˧ tʂɥ˨ ʂɿ˥，tʂɥ˨ ʂɿ˥ mo˧ pa˥ zən˨。

知书不知理，书夹在了裤裆里。

tʂɿ˩ ʂɥ˩ pu˨ tʂɿ˩ li˧，ʂɥ˩ ka˨ tai˧ ·liau ku˥ taŋ˩ ·li。

扁担无捺，两头失塌。

pian˧ tan˥ u˨ la˨，liaŋ˧ ·təu ʂɿ˨ tʻa˨。

相打无好拳，相骂无好言。

ɕiaŋ˩ ta˧ u˨ xau˧ tʂɥan˨，ɕiaŋ˩ ma˧ u˨ xau˧ ian˨。

鸦雀打了蛋，吵翻了天。

ŋa˩ tɕʻio˨ ta˧ ·liau tan˧，tʂau˧ fan˩ ·liau tʻian˩。

病中好劝人，难中好看人。

pin˧ ·tʂoŋ xau˧ tʂʻɥan˥ zən˨，lan˧ ·tʂoŋ xau˧ kʻan˥ zən˨。

附　　录

一、浠水县地图

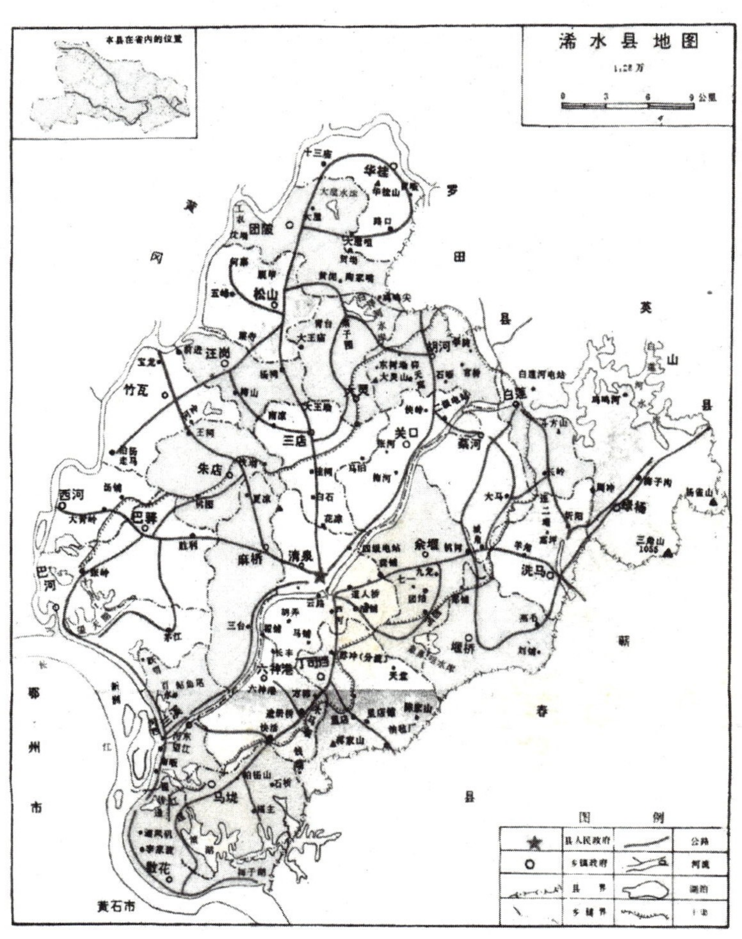

本县在省内的位置
浠水县地图
0
3
6
9 公里
黄
冈
罗
田
县
英
山
县
蕲
春
县
鄂
州
市
长
江
黄石市
华桂
团陂
松山
汪岗
竹瓦
朱店
西河
巴驿
巴河
麻桥
清泉
三店
大灵
关口
胡河
白莲
蔡河
绿杨
余堰
洗马
六神港
马垅
散花
十三店
大灵水库
白莲河电站
三角山
图
例
县人民政府
公路
乡镇政府
河流
县
界
湖泊
乡镇界

二、浠水方言地图

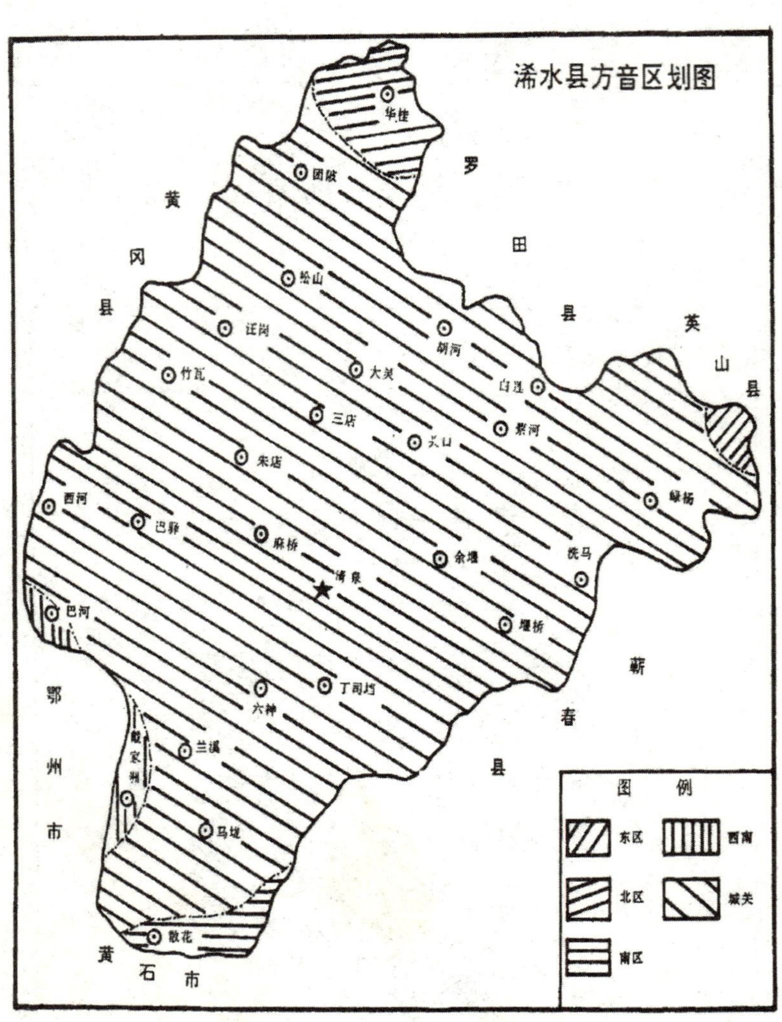

浠水县方音区划图
华桂
团陂
罗
田
县
黄
冈
县
蚣山
汪岗
胡河
竹瓦
大灵
白莲
英
山
县
三店
关口
蔡河
朱店
绿杨
西河
巴驿
麻桥
余堰
洗马
清泉
巴河
壇桥
蕲
春
县
丁司垱
六神
鄂
州
市
兰溪
戴家洲
马垅
散花
黄
石
市
图　例
东区
西南
北区
城关
南区

参考文献

[1] 赵元任，丁声树，杨时逢，等．湖北方言调查报告［M］．北京：商务印书馆，1948.

[2] 中国社会科学院语言研究所．方言调查字表（修订本）［M］．北京：商务印书馆，1988.

[3] 中国社会科学院语言研究所方言研究室资料室．汉语方言词语调查条目表［J］．方言，2003（7）．

[4] 丁声树编录，李荣参订．古今字音对照手册［M］．北京：中华书局，1981.

[5] 丁声树撰文，李荣制表．汉语音韵讲义［M］．上海：上海教育出版社，1984.

[6] 河北昌黎县县志编纂委员会，中国社会科学院语言研究所．昌黎方言志［M］．上海：上海教育出版社，1984.

[7] 陈淑梅．湖北英山方言志［M］．武汉：华中师范大学出版社，1989.

[8] 储泽祥．岳西方言志［M］．武汉：华中师范大学出版社，2009.

[9] 汪国胜．大冶方言语法研究［M］．武汉：湖北教育出版社，1994.

[10] 朱建颂．武汉方言研究［M］．武汉：武汉出版社，1992.

[11] 汪化云．鄂东方言研究［M］．成都：巴蜀书社，2004.

[12] 詹伯慧．浠水方言纪要［M］．东京：龙溪书舍，1981.

[13] 浠水地方志编辑委员会．浠水县志［M］．北京：中国文史出版社，1992.

[14] 潘自华．浠水方言词汇（内部出版）．

[15] 刘赜. 再答王屏楚先生问浠水方言 [J]. 武汉大学学报, 1957 (2).
[16] 詹伯慧. 浠水话动词“体”的表现方式 [J]. 中国语文, 1962 (9).
[17] 程从荣. 浠水方言的人称代词 [J]. 语言研究, 1997 (2).
[18] 程从荣. 浠水话双宾语句的特点 [J]. 中南民族学院学报, 1998 (1).
[19] 郭攀. 浠水方言中的“够冒” [J]. 语文研究, 2003 (1).
[20] 郭攀. 浠水方言中叠合式正反问 [J]. 中国语文, 2003 (3).
[21] 邢福义. 汉语语法学 [M]. 长春: 东北师范大学出版社, 1996.
[22] 吕叔湘. 现代汉语八百词 [M]. 北京: 商务印书馆, 1981.

后　记

我们都不是专门做方言研究的，但出于对浠水方言的一种责任感，同时，也多少有些心得，故大胆地承担起了“浠水方言研究”的工作。

研究过程中遇到的一些问题不得不做点说明。

一是部分内容难以创新，故直接参照了已有研究成果。其中，最突出的是整体研究模式和语音部分。整体研究模式是本丛书既定的，得依既定方案进行，写作过程中还着重参照了李崇兴先生的《宜都方言研究》。语音系统是一客观存在，短期内不会有太大的变化，故参照了《湖北方言调查报告》、《浠水县志》中有关浠水方言语音部分的成果和陈淑梅为新编《浠水县志》编写的方言语音部分的一些成果。

二是由于时间关系，有些内容的研究难以全部到位，故只能分别对待，能够做到什么程度算什么程度。本字的问题就是这样。我们的做法大致是这样的：

1. 尽可能选用较早的借字。方言词的用字基本都是借字。因中国古代缺少借字使用方面的规划，故借字往往不止一个。这样，就存在着一个选择的问题。我们选择的原则是尽可能选用较早的借字。如否定副词［mau˧］，较早的形式是“冒”，“冇”相对晚起，故选用借字“冒”形式。［tʂʻʅ˧ ʮ˧］之［tʂʻʅ˧］用“[illegible]”而不用“治”也是出于同样的考虑。

2. 照顾到俗用形式。有些方言词只发现俗用形式，就直接使用俗用借字。如“草要子”之“要”。

3. 结构助词“的”，在北京话书面上区分为“的”、“地”和“得”，因浠水方言中读音是一样的，故本书统一写作“的”。

4. 客观地使用阙如的做法。有些方言词一时未发现其本字，也难以对本字做出令人信服的考证，这种情况即采用阙如的做法。书中“□”标明的都是这种情况。

三是分工问题。第一章、第四章、第五章的内容主要由郭攀完成，第二章和第三章的内容由夏凤梅完成。

本书的写作得到许多乡亲和师友的帮助，尤其是张振兴先生的审订和指导，在此一并致以谢忱。

郭　攀　夏凤梅

2013 年 12 月

新出图证（鄂）字 10 号
图书在版编目（CIP）数据

浠水方言研究/郭攀，夏凤梅 著. —武汉：华中师范大学出版社，2016. 5
（湖北方言研究丛书）
ISBN 978-7-5622-7345-5

Ⅰ. ①浠…　Ⅱ. ①郭…　②夏…　Ⅲ. ①西南官话—方言研究—浠水县　Ⅳ. ①H172. 3

中国版本图书馆 CIP 数据核字（2016）第 093012 号

浠水方言研究

作　　者　郭　攀　夏凤梅
责任编辑　喻　彬
责任校对　肖绪旭
封面设计　罗明波
编 辑 室　学术出版中心
电　　话　027－67863220
出版发行　华中师范大学出版社
社　　址　湖北省武汉市洪山区珞喻路 152 号
电　　话　027－67863426/67863280（发行部）
　　　　　　027－67861321（邮购）
传　　真　027－67863291
网　　址　http://www. ccnupress. com
电子邮箱　press@mail. ccnu. edu. cn
印　　刷　湖北新华印务有限公司
督　　印　王兴平
字　　数　284 千字
开　　本　710mm×1000mm　1/16
印　　张　18. 5
版　　次　2016 年 5 月第 1 版
印　　次　2016 年 5 月第 1 次印刷

ISBN 978-7-5622-7345-5

定价：55. 00 元